# 新型智慧城市与城市运行
# 管理服务平台建设研究

王 磊 著

吉林大学出版社

·长 春·

图书在版编目（CIP）数据

新型智慧城市与城市运行管理服务平台建设研究 /
王磊著. --长春：吉林大学出版社，2023.7
ISBN 978 - 7 - 5768 - 1899 - 4

Ⅰ.①新… Ⅱ.①王… Ⅲ.①现代化城市－城市建设
－研究－中国 Ⅳ.①F299.2

中国国家版本馆 CIP 数据核字（2023）第 133898 号

书　　名：新型智慧城市与城市运行管理服务平台建设研究
XINXING ZHIHUI CHENGSHI YU CHENGSHI YUNXING GUANLI FUWU PINGTAI JIANSHE YANJIU

作　　者：王　磊
策划编辑：黄国彬
责任编辑：闫竞文
责任校对：马宁徽
装帧设计：姜　文
出版发行：吉林大学出版社
社　　址：长春市人民大街 4059 号
邮政编码：130021
发行电话：0431－89580036/58
网　　址：http://www.jlup.com.cn
电子邮箱：jldxcbs@sina.com
印　　刷：天津鑫恒彩印刷有限公司
开　　本：787mm×1092mm　　1/16
印　　张：19.25
字　　数：290 千字
版　　次：2025 年 1 月　第 1 版
印　　次：2025 年 1 月　第 1 次
书　　号：ISBN 978 - 7 - 5768 - 1899 - 4
定　　价：88.00 元

# 前　言

当前，我国新型智慧城市建设如火如荼、方兴未艾，全国各地智慧城市建设、智慧行业建设项目如同雨后春笋般快速启动。总体来看，当前我国的智慧城市建设还处于探索提升阶段，实践经验比较欠缺，在建设管理发展过程中出现了一些亟待解决的问题，比如普遍存在重规划、轻落实，重建设、轻应用，重速度、轻质量，重规模、轻效益的现象，造成了很多地方的智慧城市运行管理效率不高，监督保障力度不够，运营管理模式不清晰、不成熟的状况，不利于我国新型智慧城市的可持续发展。

本书第一章讲述了从智慧城市到新型智慧城市的发展演进过程，对智慧城市的涵盖范围、相关政策、发展现状、存在的问题、向新型智慧城市转变的过程进行了详细阐述。第二章从政府、企业、社会组织及公民个人几个方面详细阐述了新型智慧城市责任体系的建设要求。第三章详细阐述了新型智慧城市顶层设计、标准及评价体系等内容，重点阐述了新型智慧城市顶层设计的要点、标准体系、评价指标体系等内容。第四章重点阐述了我国新型智慧城市的总体建设思路、方略、经验总结及需注意的各类关键点等内容。第五章重点介绍了新型智慧城市建设中应用的新技术，详细阐述了这些新兴技术的起源、发展现状、未来发展趋势、如何在新型智慧城市建设中推广应用及需要注意的要点等。通过前五章，读者可以从多个纬度迅速了解认识当今新型智慧城市的发展现状，并能从整体上把握如何做好新型智慧城市建设工作。

因为新型智慧城市建设由各专项领域的智慧建设构成，新型智慧城市从概念理念向实际应用转化，需要在各专项领域进行大量的创新实践。作为我国新型智慧城市建设的急先锋之一——城市运行管理服务平台是我国新型智慧城市建设在城市管理与城市安全运行两个实践应用领域的重大创新实践，是新型智慧城市在专项领域建设发展到一定历史阶段的产物，是提升我国城市治理体系与治理能力现代化水平的重要载体，是我国新型智慧城市建设发展史上的里程碑，它将在我国新型智慧城市建设发展历程中占有重要的历史地位。建设城市运行管理服务平台，是贯彻落实习近平总书记重要指示批示精神和党中央决策部署的重要举措，是系统提升城市风险防控能力和精细化管理水平的重要途径，是运用数字技术推动城市管理手段、管理模式、管理理念创新的重要载体，对促进城市高质量发展、推进城市治理体系和治理能力现代化具有重要意义。本书第六章从"数字城管"到"城市运行管理服务平台"的发展演进、如何实现从"多网"到"一网"的转变、城市运行管理服务平台解读、技术标准及数据标准的贯彻落实、新型智慧城市治理视域下的价值思考、地级市及县区运行服务平台建设思路经验分享以及部分城市优秀建设案例等几个方面对城市运行管理服务平台进行了全方位的详细阐述，内容涵盖了城市运行管理服务平台的起源、发展、如何建设运营维护，可以帮助读者厘清其与新型智慧城市的关系，更加深刻地了解认识当前我国各大城市正在全面推广建设的城市运行管理服务平台，从而能更好地做好该项工作。

本书是作者在工作之余撰写的，为作者在工作学习过程中对我国新型智慧城市及城市运行管理服务平台建设经验的认识总结，一些观点看法可能失之偏颇，欢迎广大读者提出宝贵的建议及意见，笔者将会虚心学习接纳，并加以改正。

王 磊

2023 年 7 月 1 日

# 目　录

# 第一章　智慧城市与新型智慧城市概述

## 第一节　智慧城市的演进

### 一、智慧城市概念的起源

"城市"自原始社会末期兴起，经过几千年的发展与演变，始终围绕人、环境、信息等核心要素展开。城市在逐步完善基础设施过程中，出现了能源、医疗、住房、就业、交通等资源的紧张与浪费，以及环境资源污染等问题。便利、高效、环保、智能、宜居等需求是人类对城市生活提出的新要求。目前，我国正处于城镇化加速发展的时期，我国规模城市总数居世界首位，城镇人口数量已占据总人口数量的 60%，我国已成为全球城市化最快的地区之一。然而，急速扩张的城市规模，带来了能源、环境、交通、公共安全等一系列不可忽视的问题，部分地区"城市病"问题日益严峻，引发人们对城市未来发展的无限担忧。为解决城市发展难题，实现城市可持续发展，智慧城市的概念应运而生。智慧城市的出现改变了城市发展方式、治理体系与治理模式，激发了人们对美好城市生活的向往，建设智慧城市已成为当今世界城市发展不可逆转的历史潮流。

2008 年，"智慧地球""智慧城市"概念作为现代化城市运行治理的新模式和新理念被提出来。建立完备的网络通信基础设施、海量的数据资源、多领域业务流程整合等信息化和数字化设施，该理念迅速得到全世界的认同。2009 年 9 月，美国迪比克市与 IBM 共同宣布，建设美国第一个"智慧城市"，成立一个由高科技充分武装的 60 000 人的社区。[①] 该概念的提出引起了世界各国的高度关注，我国同样加紧了在智慧城市建设研究领域的步伐。

## 二、我国智慧城市发展历程

自 2008 年智慧地球概念提出后，世界各国给予了广泛关注，并聚焦经济发展最活跃、信息化程度最高、人口居住最集中、社会管理难度最大的城市区域，先后启动了智慧城市相关计划。我国也高度重视智慧城市建设，并且随着物联网、云计算、大数据、人工智能、移动通信、区块链等信息技术的发展，智慧城市逐步成为我国城市建设的新方向。整体来看，我国智慧城市的发展历程可分为以下四个阶段：

1. 第一阶段：初步探索阶段（2008—2012 年）

自 2008 年年底，我国进入智慧城市的初步探索阶段。随着云计算、物联网等技术应用加速，智慧城市概念逐步得到广泛认可，上海、南京等城市在 2011 年制定了相关规划，初步探索智慧城市建设发展。但整体上该时期智慧城市发展速度较为缓慢。

2. 第二阶段：试点发展阶段（2012—2014 年）

2012 年，我国智慧城市建设进入深入探索阶段，从上至下相关部委、各省及市级政府相继出台具体领域的细化政策，支持智慧城市建设。

其中，在住建部的推动下，智慧城市试点示范工作正式启动，相继发布第一批试点城市名单（90 个市、区县、乡镇）和第二批试点城市名单，并配套 4 400 亿[②]授信额度支持智慧城市建设。此外，科技部、国家发改委、工信部等部委也陆续发布了智慧城市试点名单。

3. 第三阶段：统筹发展阶段（2014—2016 年）

该阶段，经国务院同意，国家发改委、工信部、科技部、公安部、财政

---

① 徐向梅. 让城市更聪明更智慧[N]. 经济日报，2022-06-10.
② 前瞻产业研究院. 中国智慧城市建设行业发展趋势与投资决策支持报告，2022：3.

部、国土资源部、住建部、交通运输部等八部委印发《关于促进智慧城市健康发展的指导意见》，要求各地区、各有关部门落实本指导意见提出的各项任务，并在国家层面成立了"促进智慧城市健康发展部际协调工作组"。此后，各部门开始协同指导地方智慧城市建设，智慧城市建设进入统筹发展阶段。

4. 第四阶段：加速发展阶段（2016 年至今）

该阶段提出了新型智慧城市理念并上升为国家战略，明确了新型智慧城市的发展目标：形成无处不在的惠民服务、透明高效的在线政府、融合创新的信息经济、精准精细的城市治理、安全可靠的运行体系。分级分类推进新型智慧城市建设，打造智慧高效的城市治理，推动城际互联互通和信息共享，建立安全可靠的运行体系。

与此同时，智慧城市的建设标准和相关技术标准更加明确，各地新型智慧城市建设加速落地，智慧城市样本城市初步成型，建设成果逐步向区县和乡镇延伸，使智慧城市成为国家新型城镇化的重要抓手，政务信息系统整合共享不断加强，逐步打破了信息孤岛和数据分割。

# 第二节　智慧城市的定义、内涵特征、涵盖范围与建设意义

## 一、智慧城市的定义

智慧城市是通过整合大数据、区块链、云计算、网络通信、人工智能、物联网、生物识别、卫星遥感等新兴信息技术手段，结合科学的管理方法，以解决城市问题、服务城市发展为出发点和立足点，为解决人口、资源、环境等问题提供新思路和新方法的一种新型智能化城市发展治理模式。智慧城市本质上是一种变革和创新，其核心价值是通过建设智慧城市来实现兴业、强基、优政和惠民，满足人民对美好生活的向往，促进城市健康、和谐、可持续发展，进而提高城市的综合竞争力以及提升市民的幸福指数。

## 二、智慧城市的内涵特征

智慧城市建设是一项复杂的系统工程，涉及城市管理、民生服务、政府履职、产业转型、技术创新、环境改善等诸多方面。建设发展智慧城市要着眼于城市全局、夯实基础、突出重点、稳步推进。现阶段其内涵特征如下：

其一，是实现社会工业化、城镇化、信息化跨越式发展的重要载体。工业化、城镇化、信息化是我国当前社会发展的重要特征，实现三者的融合发展，是提高社会发展质量与效益的重要手段。而智慧城市正是工业化与信息化、城镇化与信息化相融合的必然产物，有助于推动工业化和城镇化的快速发展。

其二，是转变政府管理方式，破解城市发展难题的必然要求。随着城市化进程的加快，原有的政府管理方式无法迅速地响应、解决当前的城市问题。而智慧城市是通过运用信息技术手段，实现对城市资源的高效感知、监测、分析、整合和服务，有助于解决城市因人口、环境、工业、交通运输等过度集中带来的种种弊病，保障城市的正常运行。

其三，是提高城市运转效率，满足公众服务需求的重要手段。随着信息技术的飞速发展，原有的城市运转效率已明显无法满足要求。建设与发展智慧城市，采用数字化、网络化、智能化的手段提供公共服务，从而实现服务方式的方便、快捷，服务水平的高质、高效，有助于更好地满足社会公众和企业的生产生活需求，保障社会和谐稳定。

其四，是调整优化产业结构，推动经济持续增长的必然选择。当前我国经济发展仍然存在高能耗、高污染、处于产业链低端等普遍性问题，经济结构调整势在必行。而智慧产业是直接运用人的智慧进行研发、创造、生产、管理等活动，形成有形或无形的智慧产品以满足社会需要的产业，具有绿色、节能、环保的特点，是经济发展的新增长点。

其五，是新一代信息技术在城市建设和运行管理领域的创新应用。物联网、云计算、移动互联网等技术的快速发展，为城市的建设和运行管理提供了更加丰富的方式与手段。智慧城市可通过对信息资源进行实时采集、集约管理，构建以信息为中心、各主体共享协同的城市运行管理与服务平台，有助于优化城市资源配置，增强城市的综合承载能力。

## 三、智慧城市涵盖的范围

新型智慧城市以构建科学化、精细化、智能化的治理体系，提升城市治理能力现代化为目的，强化数字技术在城市规划、建设、治理和服务等领域的应用，其涵盖的范围主要包括：电子政务信息、市域治理、平安城市、基层治理、城市大脑、智慧应急、智慧城管、智慧教育、智慧交通、智慧水利、智慧环保、智慧园区、智慧金融、智慧物流、智慧文旅、智慧医疗、智慧农业、智慧能源、智慧社区、智慧安防等建设领域，主要目的为提升城市科学化、精细化、智能化治理水平，推动经济社会发展。

### (一)智慧城市产业涵盖的范围

智慧城市产业主要包括三大方面，即智慧经济产业、智慧政府产业、智慧社会产业，三者都是智慧城市产业的重要组成部分，三者互为支撑、彼此渗透、相互交融。

智慧经济产业：包括智能制造、工业互联网、智能机器人、智能驾驶、智能芯片、智能传感器、类脑智能计算、机器学习、语音识别、生物特征识别、计算机视觉、虚拟现实、云计算平台、数据中心、物联网、云计算、大数据、区块链、人工智能、新一代信息通信技术、遥感测绘、城市基础模型等以数字技术、软件服务和新基建为基础的智慧经济产业。

智慧政府产业：包括以电子政务(电子政务信息平台)、市域治理、平安城市、数字乡村、基层治理、城市大脑、智慧应急、智慧城管、智慧交通、智慧住建、智慧能源、智慧农业、智慧社保、智慧水利、智慧环保、智慧园区等为基础的智慧政府产业。

智慧社会产业：以服务第三产业、服务群众为主要目的，包括智慧金融、电子商务、智慧物流、智慧科教、智慧教育、智慧文旅、智慧医疗、智慧安防、智慧社区、智能家居、智能销售等基础的智慧社会产业。

### (二)智慧城市建设涵盖的范围

智慧城市建设主要涵盖七大环节，即标准规范、顶层设计、基础设施、智慧中枢、智慧应用、运营服务、网络安全。

标准规范为智慧城市建设打造一把统一的标尺，促进建设标准化，推动智慧城市建设可持续、可复制、可推广。据不完全统计，我国先后发布了涵盖智慧城市顶层设计、平台系统等方面共计 25 项智慧城市标准，智慧城市国家标准主要起草单位包括中国电子技术标准化研究院、中国信息通信研究院、北京市长城企业战略研究所、北京航空航天大学等。

顶层设计是从城市发展需求出发，运用体系工程方法统筹协调城市各要素，开展智慧城市需求分析，对智慧城市建设目标、总体框架、建设内容、实施路径等方面进行整体性规划和设计的过程，是智慧城市建设的前提。

基础设施是支撑智慧城市可持续发展的基石，其建设水平直接决定智慧城市的发展前景，既包括物联网、5G、数据中心等信息基础设施，也包括交通、能源和市政管网等传统设施数字化改造升级。

智慧中枢作为连接底层终端设施、驱动上层行业应用的核心环节，在传统智慧城市重大平台的建设基础上，进一步形成城市数据平台、城市信息模型平台、共性技术赋能与应用支撑平台等核心平台，面向各种智慧城市具体应用的共性需求实现有效支撑。目前，数字孪生城市核心技术基本成型，整体发展处于初级阶段，城市大脑发展迅速，互联网企业、硬件厂商、人工智能企业等纷纷进入市场。

智慧应用是智慧城市产业图谱中真正意义上的面向政府、企业以及个人实现交付的产业环节，包含惠民服务、精准治理、产业经济、生态宜居等重点领域。

运营服务是整个智慧城市建设过程中的重要一环，智慧城市的项目建设只是开始，后续如何持续运营才是关键，这种需求催生了智慧城市运营服务商。

网络安全是智慧城市健康发展的根基，随着我国政府网站受到针对性网络攻击越来越多，关键信息基础设施面临的安全风险不断加大，智慧城市建设对网络安全保障提出更高要求。

这七大环节环环相扣，缺一不可，涵盖了我国智慧城市建设的方方面面，构成了我国智慧城市建设的主要内容。

## 四、智慧城市建设的意义

智慧城市的核心是智慧，其根本目的是通过建设智慧城市来实现兴业、强基、优政和惠民的目标，进而实现提高城市综合竞争力以及提升市民幸福指数的目的。要想建好智慧城市，不能因循守旧，延续旧思维，需要能够采用新技术、新方法、新理论和新理念，让城市的数字化基础更加完善，让城市的管理和服务变得更加智慧。总结来说，建设智慧城市意义如下。

### (一)建设智慧城市是实现城市可持续发展的需要

改革开放40多年来，城镇化建设的步伐不断加快。随着城市人口不断膨胀，"城市病"成为困扰各个城市建设与管理的首要难题，资源短缺、环境污染、交通拥堵、安全隐患等问题日益突出。为了破解"城市病"困局，智慧城市应运而生。由于智慧城市综合采用了包括物联网、云计算、大数据、人工智能、区块链、新一代移动通信等新技术，采用更加先进的管理理念与服务方式，因此能够有效地化解"城市病"问题。这些技术的应用能够使城市变得更易于被感知，城市资源更易于被充分整合，在此基础上实现对城市的科学化、精细化和智能化管理，从而减少资源消耗，降低环境污染，解决交通拥堵，消除安全隐患，最终实现城市的可持续发展。

### (二)建设智慧城市是信息技术发展的需要

智慧城市是在充分整合、挖掘、利用信息技术与信息资源的基础上，汇聚人类的智慧，赋予物以智能，从而实现对城市各领域的科学化、精细化、智能化管理，实现对城市资源的集约化利用。鉴于信息资源在当今社会发展中的重要作用，发达国家纷纷出台智慧城市建设规划，以促进信息技术的快速发展，从而达到抢占新一轮信息技术产业制高点的目的。为避免在新一轮信息技术产业竞争中陷于被动，中国政府审时度势，及时作出了发展智慧城市的战略布局，以期更好地把握新一轮信息技术变革所带来的巨大机遇，进而促进中国经济社会又好又快地发展。

### (三)建设智慧城市是提高中国综合竞争力的战略选择

战略性新兴产业的发展往往伴随着重大的技术突破，会对经济社会全局和长远发展产生重大的引领带动作用，是引导未来经济社会发展的重要力量。

一方面，智慧城市的建设将极大地带动包括物联网、云计算、大数据、人工智能、区块链、三网融合、下一代互联网以及新一代信息技术在内的战略性新兴产业的发展；另一方面，智慧城市的建设对城市运行管理、交通、物流、金融、通信、教育、医疗、能源、环保等领域的发展也具有明显的带动作用，对中国扩大内需、调整结构、转变经济发展方式的促进作用同样显而易见。因此，建设智慧城市对中国综合竞争力的全面提高具有重要的战略意义。

## 第三节　我国关于智慧城市建设发展的相关政策

以习近平同志为核心的党中央高度重视数字化、智慧化发展，明确提出数字中国战略。党的十九届五中全会通过的《中共中央关于制定国民经济和社会发展第十四个五年规划和二〇三五年远景目标的建议》，明确提出要"加快数字化发展"，并对此作出了系统部署。目前，我国政府大力推进智慧城市建设，支持智慧城市产业，出台诸多政策措施促进产业进步，为智慧城市建设营造良好的环境。国家发改委等十三部门发布《关于支持新业态新模式健康发展激活消费市场带动扩大就业的意见》，其中对智慧城市产业布局和具体实践进行了建议指导：不断提升数字化治理水平。促进形成政企多方参与、高效联动、信息共享的现代化治理体系和治理能力。结合国家智慧城市试点建设，健全政府社会协同共治机制，构建政企数字供应链，以数据流引领带动物资流、技术流、人才流、资金流，有力支撑城市应急、治理和服务。支持民间资本参与水电路网等城市设施智慧化改造。结合国家区域发展战略及生产力布局，加快推进5G、数据中心、工业互联网等新型基础设施建设。探索完善智慧城市联网应用标准，推进京津冀、长三角、粤港澳大湾区、成渝等区域一体化数字治理和服务。自2012年以来，我国智慧城市建设步伐加快，国家每年都根据智慧城市的发展情况出台相应的政策，从智慧城市的建设标准、建设内容、技术大纲等多个维度进行支持，建立了良好的政策体系，进一步促进我国智慧城市又好又快地健康发展。[①] 2012年，《国家智慧城市试点暂行

---

① 刘丽靓. 加快推动5G、智能网联汽车等产业集群化发展[N]. 中国证券报，2020-03-23.

管理办法》颁布实施，这是我国出台的最早的关于智慧城市建设方面的政策，其主要目的是指导国家智慧城市试点申报和实施管理；2013年，国务院印发了《关于促进信息消费扩大内需的若干意见》，意见提出要加快智慧城市建设，并提出在有条件的城市开展智慧城市试点示范建设。2014年，国家发改委出台了《关于促进智慧城市健康发展的指导意见》，指出到2020年建成一批特色鲜明的智慧城市，主要目标包括城市管理精细化、生活环境宜居化和基础设施智能化等五个方面。2015年，国家测绘地理信息局发布了《关于推进数字城市向智慧城市转型升级有关工作的通知》，通知要求夯实数字城市地理空间框架成果，构建智慧城市时空信息基础设施，加快向智慧城市时空云平台的转型升级。2016年，国务院发布《关于进一步加强城市规划建设管理工作的若干意见》，意见指出，到2020年建成一批特色鲜明的智慧城市，通过智慧城市建设和其他一系列规划建设管理措施，不断提升城市运行效率。2016年，国务院发布《"十三五"国家信息化规划》，要求到2020年，新型智慧城市建设取得显著成效，形成无处不在的惠民服务、透明高效的在线政府、融合创新的信息经济、精准精细的城市治理、安全可靠的运行体系。2017年，交通运输部发布《智慧交通让出行更便捷行动方案（2017—2020年）》，方案要求监控交通运输领域的信息化、智慧化发展。2017年，国务院发布了《国务院关于印发新一代人工智能发展规划的通知》，通知内容涉及构建城市智能化基础设施、发展智能建筑、推动地下管廊等市政基础设施智能化改造提升、建设城市大数据平台等方面。2018年，工信部印发了《促进新一代人工智能产业发展三年行动计划（2018—2020年）》，要求加快建设智能化网络基础设施，提升各产业行业的支撑服务能力；同年，交通运输部发布了《关于加快推进新一代国家交通控制网和智慧公路试点的通知》，通知要求推进但不限于基础设施数字化、陆运一体化车路协同、北斗高精度定位综合应用、基于大数据的路网综合管理、"互联网＋"路网综合服务、新一代国家交通控制网等重点工作。2019年，自然资源部印发了《智慧城市时空大数据平台建设技术大纲（2019版）》，要求在数字城市地理空间框架的基础上，依托城市云支撑环境，实现向智慧城市时空大数据平台的提升，开发智慧专题应用系统，为智慧城市时空大数据平台的全面应用积累经验；2020年，国家发展改革委办公厅发布《关于加快落实新型城镇化建设补短板强弱项工作有序推进县城智慧化改造的通知》，要求针对县城基础设施、公共服务、社会治理、产业发展、数字生态等方面存在的短板和薄弱环节，利用大数据、人工智能、5G等数字技术，在具备一定基础的地区推进县城智慧化改造建设，着力补短板、强弱项、重实效，发挥项目的引领示范作用，提升县城数字化、网络化、智能化基础设施水平，有效提高政务服务公共服务水平、社会治理效能，不断增强人民群众的获得感、幸福感、安全感，持续优化产业发展环境，有力支撑新型城镇化建设和县域经济高质量发展。2021年，工信部发布了《工业互联网创新发展行动计划（2021—2023年）》，要求培育一批系统集成解决方案供应商，拓展冷链物流、应急物资智慧化管理等领域规模化应用。同年，中共中央、国务院印发了《国家综合立体交通网规划纲要》，要求推动智能网联汽车与智慧城市协同发展，建设城市道路、建筑、公共设施融合感知体系，打造基于城市信息模型平台、集城市动态静态数据于一体的智慧出行平台。同年，国家发改委印发了《2021年新型城镇化和城乡融合发展重点任务》，文件指出，"十四五"开局之年，继续深入实施新型城镇化战略。做到促进农业转移人口有序、有效地融入城市，增强城市群和都市圈的承载能力；转变超大特大城市发展方式，提升城市建设与治理现代化水平；加快推进城乡融合发展。2022年，国务院发布了《"十四五"数字经济发展规划》（以下简称《规划》），要求到2025年数字经济核心产业增加值占国内生产总值比重达到10%，2035年数字经济发展水平位居世界前列；此外，《规划》还重点部署了"十四五"期间数字经济八大任务，在政策引导下传统产业链将实现全面数字化转型，我国数字经济产业发展将进入加速期。同年，国家发改委发布了《2022年新型城镇化和城乡融合发展重点任务》，要求加快推进新型城市建设，坚持人民城市人民建、人民城市为人民，建设宜居、韧性、创新、智慧、绿色、人文城市。同年，国务院发布了《"十四五"新型城镇化实施方案》，要求推进智慧化改造，丰富数字技术应用场景，发展远程办公、远程教育、远程医疗、智慧出行、智慧街区、智慧社区、智慧楼宇、智慧商圈、智慧安防和智慧应急。

这些智慧城市建设发展的政策紧密出台，充分说明了我国政府对于智慧城市建设发展的高度重视，近年来，我国大力推进智慧城市建设，支持智慧城市产业，多措并举促进智慧产业进步，为智慧城市建设营造良好的环境（如表1.1所示）。

表 1.1　2012—2022 年我国关于智慧城市建设及相关技术产业方面政策一览表

| 地区 | 时间 | 政策名称 | 政策要点 |
|---|---|---|---|
| 全国 | 2012 | 《国家智慧城市试点暂行管理办法》 | 指导国家智慧城市试点申报和实施管理 |
| | 2013 | 《关于促进信息消费扩大内需的若干意见》 | 提出要加快智慧城市建设,并提出在有条件的城市开展智慧城市试点示范建设,在促进公共信息资源共享和开发利用、实施"信息惠民"工程的同时,要加快智慧城市的建设,鼓励各类市场主体共同参与智慧城市建设 |
| | 2014 | 《关于促进智慧城市健康发展的指导意见》 | 到 2020 年建成一批特色鲜明的智慧城市,主要目标包括城市管理精细化、生活环境宜居化和基础设施智能化 |
| | 2015 | 《关于推进数字城市向智慧城市转型升级有关工作的通知》 | 夯实数字城市地理空间框架成果,构建智慧城市时空信息基础设施,加快向智慧城市时空信息云平台的转型升级 |
| | 2016 | 《关于进一步加强城市规划建设管理工作的若干意见》 | 到 2020 年建成一批特色鲜明的智慧城市,通过智慧城市建设和其他一系列规划建设管理措施,不断提高城市运行效率 |
| | 2016 | 《"十三五"国家信息化规划》 | 到 2020 年,新型智慧城市建设取得显著成效,形成无处不在的惠民服务、透明高效的在线政府、融合创新的信息经济、精准精细的城市治理、安全可靠的运行体系。<br>分级分类推进新型智慧城市建设,打造智慧高效的城市治理,推动城际互联互通和信息共享,建立安全可靠的运行体系 |

续表

| | | | |
|---|---|---|---|
| 全国 | 2017 | 《智慧交通让出行更便捷行动方案（2017—2020年)》 | 2020年基本实现全国范围内旅客联程运输服务，推动道路客运电子客票应用；实现道路客运联网售票二级及以上客运站覆盖率90%以上；完成京津冀道路客运信息联网服务工程主体建设，向社会正式推出京津冀区域道路客运联网售票服务等 |
| | 2017 | 《新一代人工智能发展规划》 | 构建城市智能化基础设施、发展智能建筑、推动地下管廊等市政基础设施智能化改造升级；建设城市大数据平台，构建多元异构数据融合的城市运行管理体系，实现对城市基础设施和城市绿地、湿地等重要生态的全面感知以及对城市负载系统运行的深度认知；研发构建社区公共服务信息系统，促进社区服务系统与居民智能化家庭系统协同；推进城市规划、建设、管理、运营全生命周期智能化 |
| | 2018 | 《促进新一代人工智能产业发展三年行动计划（2018—2020年)》 | 加快建设智能化网络基础设施，加快高度智能化的下一代互联网、高速率大容量低延时的第五代移动通信(5G)网、快速高精度定位的导航网、融合高效互联的天地一体化信息网络部署和建设，加快工业互联网、车联网建设，逐步形成智能化网络基础设施体系，提升支撑服务能力 |
| | 2018 | 《关于加快推进新一代国家交通控制网和智慧公路试点的通知》 | 推进但不限于基础设施数字化、陆运一体化车路协同、北斗高精度定位综合应用、基于大数据的路网综合管理、"互联网＋"路网综合服务、新一代国家交通控制网等工作 |

| 全国 | 2019 | 《智慧城市时空大数据平台建设技术大纲(2019版)》 | 目标是在数字城市地理空间框架的基础上,依托城市云支撑环境,实现向智慧城市时空大数据平台的提升,开发智慧专题应用系统,为智慧城市时空大数据平台的全面应用积累经验;鼓励其在国土空间规划、市政建设与管理、自然资源开发利用、生态文明建设以及公众服务中的智能化应用,促进城市科学、高效、可持续发展 |
|---|---|---|---|
| | 2020 | 《关于加快落实新型城镇化建设补短板强弱项工作有序推进县城智慧化改造的通知》 | 针对县城基础设施、公共服务、社会治理、产业发展、数字生态等方面存在的短板和薄弱环节,利用大数据、人工智能、5G等数字技术,在具备一定基础的地区推进县城智慧化改造建设,着力补短板、强弱项、重实效、发挥项目的引领示范作用,提升县城数字化、网络化、智能化基础设施水平,有效提高政务服务公共服务水平、社会治理效能,不断增强人民群众的获得感、幸福感、安全感,持续优化产业发展环境,有力支撑新型城镇化建设和县域经济高质量发展 |
| | 2021 | 《工业互联网创新发展行动计划(2021—2023年)》 | 培育一批系统集成解决方案供应商,拓展冷链物流、应急物资智慧化管理等领域规模化应用 |
| | 2021 | 《国家综合立体交通网规划纲要》 | 推动智能网联汽车与智慧城市协同发展,建设城市道路、建筑、公共设施融合感知体系,打造基于城市信息模型平台、集城市动态静态数据于一体的智慧出行平台 |

续表

| | | | |
|---|---|---|---|
| 全国 | 2021 | 《2021年新型城镇化和城乡融合发展重点任务》 | "十四五"开局之年，继续深入实施新型城镇化战略。做到促进农业转移人口有序、有效地融入城市，增强城市群和都市圈的承载能力；转变超大特大城市的发展方式，提升城市建设与治理现代化水平；加快推进城乡融合发展 |
| | 2022 | 《"十四五"数字经济发展规划》 | 要求到2025年数字经济核心产业增加值占国内生产总值比重达到10%，2035年数字经济发展水平位居世界前列；此外，《规划》还重点部署了"十四五"期间数字经济八大任务，在政策引导下传统产业链将实现全面数字化转型，我国数字经济产业发展将进入加速期 |
| | 2022 | 《2022年新型城镇化和城乡融合发展重点任务》 | 加快推进新型城市建设，坚持人民城市人民建、人民城市为人民，建设宜居、韧性、创新、智慧、绿色、人文城市 |
| | 2022 | 《"十四五"新型城镇化实施方案》 | 推进智慧化改造，丰富数字技术应用场景，发展远程办公、远程教育、远程医疗、智慧出行、智慧街区、智慧社区、智慧楼宇、智慧商圈、智慧安防和智慧应急 |

# 第四节　我国智慧城市建设发展现状及存在的问题

## 一、我国智慧城市建设发展情况

智慧城市在全国范围内完成规划部署，成为"十四五"期间我国城市发展的新主题。从国家开始推进智慧城市建设以来，住建部发布三批智慧城市试点名单，加上科技部、工信部、自然资源部、国家发改委所确定的智慧城市相关试点数量，截至 2021 年 12 月，我国智慧城市试点数量已经超过 900 个，年度总投资规模近 3 000 亿元。① 各地智慧城市建设的关注重点存在明显差异。当前，各地智慧城市建设的关注重点大致可分为社会应用工程、基础设施建设、智慧产业发展、新一代信息技术应用四个方面。总体来看，对社会应用工程和基础设施建设的关注程度较高，在明确提出智慧城市发展战略的城市中，优先发展民生、城市运行管理等社会应用工程和基础设施建设占比较高，达到 72.7%，其他地方以智慧产业或新一代信息技术应用为优先发展内容。

随着城市信息化基础设施建设迅速发展，各类信息化应用范围日趋广泛。目前，我国主要城市的 4G 网络已基本实现全覆盖，5G 业务正在快速推进，光纤入户率快速增长，宽带普及率和接入带宽全面提高。我国智能手机已经基本普及，使用 4M 及以上宽带产品的用户比例达到 86%，互联网网民数量达到 9.3 亿人，互联网普及率超过 65%。② 城市信息化基础设施建设水平飞速提升，为智慧城市的建设与发展提供了良好的基础。目前，我国已形成多层次的智慧城市建设体系、完整的产业链，建设投资支出仅次于美国，智慧城市市场空间巨大。但从智慧城市市场内部和我国各主要区域的智慧城市发展情况来看，还存在着发展不平衡等诸多问题。

## 二、我国智慧城市建设已取得的成就

### (一)政策文件的出台为智慧城市建设提供支持

为转变城市发展方式、创新城市治理、提升服务水平、重塑城市竞争力，我国在国家和地方层面出台了一系列智慧城市建设相关试点规划、评价标准等政策法规文件，从顶层设计上为建设智慧城市提供政策支持。

### (二)多部门联动推进智慧城市建设全面展开

在住建部、国家发改委、工信部、科技部等多个部门的联动推进下，目前我国 100% 的副省级以上城市，90% 以上的地级城市以及 50% 以上的县

---

① 王舒嫄. 推进城市智慧化转型发展[N]. 中国证券报，2022-07-30(2).
② 王舒嫄. 推进城市智慧化转型发展[N]. 中国证券报，2022-07-30(2).

(市)级城市共计900多个已经开始了智慧城市规划和建设。[①] 北京、天津、大连、青岛、济南主导的环渤海区域，上海、杭州、南京、无锡、合肥、宁波主导的长三角区域，深圳、广州、佛山主导的珠三角区域和重庆、成都、武汉、西安主导的中西部区域，已经形成了四大智慧城市集群。

**(三)各项应用落地使得智能城市建设亮点纷呈**

当前智慧城市建设的各项应用逐渐落地，在政府服务、生活服务、城市运行管理、交通、资源能源、基础设施等方面取得了一定的成果。各城市对信息科技的不同理解和运用，使得智能城市建设亮点纷呈，上海是其中的突出代表。其他城市也纷纷加入了智慧城市建设战队，如杭州从安防角度切入，成功进行了智慧社区推广试点工作；北京启动了"感知北京"示范工程建设；深圳成功实现了"一区四市"模式，推进了三网融合和智慧产业体系的发展；南京建设了综合交通数据交换平台；等等。

**(四)我国智慧城市建设规模已居于全球智慧城市发展的第一方阵**

中国智慧城市建设规模已居于全球智慧城市发展的第一方阵，目前全球已启动或在建的智慧城市达1 000多个，中国占据其中的50％以上，并已形成珠江三角洲、长江三角洲、京津冀等多个大型智慧城市群，智慧城市产业链的延长和聚集，使这一领域成为新的投资热点。随着国内政策红利进一步释放以及资金的大量投入，智慧城市产业将迎来新的发展高潮。2017年我国智慧城市投资规模达到3 752亿元，2021年投资规模达到12 341亿元。[②] 目前，全国进入国家智慧城市试点名单的城市已超过500个，超过700个城市制定出智慧城市发展规划，并在城市交通管理、金融、教育、电子商务、旅游、安防、治安、环境监测、水电气供应系统等众多领域开始实施。目前，智慧城市正成为投资热点，数千家科技企业进入智慧城市产业领域，智慧城市产业集群快速崛起，进入智慧产业爆发期。2017年中国智慧城市市场规模达到6万亿元，2018年中国智慧城市市场规模达到7.9亿元。2022年中国智慧城市市场规模已达到25万亿元，未来五年年均复合增长率为30％以上。[③]

---

① 王舒嫄. 推进城市智慧化转型发展[N]. 中国证券报，2022-07-30(2).
② 王舒嫄. 推进城市智慧化转型发展[N]. 中国证券报，2022-07-30(2).
③ 王舒嫄. 推进城市智慧化转型发展[N]. 中国证券报，2022-07-30(2).

目前，中国市场的三大重点投资领域依次为弹性能源管理与基础设施、数据驱动的公共安全治理以及智能交通。据有关机构预测（2020—2025年），三者支出总额将持续超出智慧城市整体投资的一半。[①]

## 三、我国智慧城市建设存在的问题

当前我国的智慧城市建设还处于探索提升阶段，总体来说，实践经验比较欠缺，在智慧城市建设发展过程中出现了一些亟待解决的问题，突出表现在以下几个方面。

### （一）规划缺乏顶层设计，缺乏统一的标准体系和信息平台，缺乏科学的规划体系

智慧城市建设是一项复杂的系统工程，城市治理面临多层次、多维度的复杂"城市病"问题。由于初期缺乏顶层设计，很多城市不能从全局和长远的角度统筹规划，数据"聚而不通、通而不用"。智慧城市建设在总体规划中往往不能达成跨领域、跨系统之间接口和标准的统一，在维持城市常规运行时尚可，一旦遇到重大突发事件就难免出现混乱，从应对2020年初突如其来的新冠肺炎疫情考验就可见一斑。为了保障智慧城市建设中数据资源的有效利用，需要统一的规划与开发，形成统一的标准体系。虽然各地区已经建立了物联网、云计算平台等信息平台，但各地区所采用的信息平台均是自主研发，无法有效整合各地区现有资源。

很多城市的智慧城市建设缺乏科学、合理、系统的顶层设计和规划，事先调研评估不足，重视技术投入，忽视上层架构和群众情感，缺乏针对不同智慧城市建设的运行模式。从我国智慧城市建设现状来看，各地区对智慧城市建设重视程度存在差异，不少地区对智慧城市的功能定位缺乏科学规划和长远布局，缺乏科学的规划体系。比如，有的地区将智慧城市建设作为一项新兴产业发展，采取了片面追求高科技、大投入、快产出的方式进行发展；有的地区则将其作为政府招商引资和承接产业转移的一种手段。这些现象严重影响了智慧城市的可持续发展。

---

① 王舒媛. 推进城市智慧化转型发展[N]. 中国证券报，2022-07-30(2).

**(二)信息屏障和信息壁垒严重，缺乏有效的协调机制，无法形成合力**

我国智慧城市建设普遍存在平台众多、信息共享难的问题，各政府部门自主开发系统众多，存在信息屏障和信息壁垒。智慧城市建设需要政府部门的协调，在信息共享方面需要政府部门的参与，在智慧城市建设过程中，要形成政府、市场与社会协同配合的模式，才能有效提升智慧城市建设水平。但是，在我国现有的体制下，部门之间信息孤岛现象严重，缺乏政府与市场之间的有效协调机制，无法有效发挥市场的作用，政府干预过多也会造成市场机制发挥不完善，从而影响智慧城市建设效果。

**(三)建设资金压力大，建设盲目追求规模速度**

智慧城市建设资金短缺，一直是困扰各地区智慧城市建设的通病。

"重硬件、轻应用"的观念和跟风建设的现象仍然存在。一些地方盲目追求规模和速度，把智慧城市建设作为"形象工程"，将大量资金投入硬件设备的采购和基础设施的搭建中，忽视了城市公共服务的有效供给和社会生态结构的合理布局，没有充分考虑"技术为人所用"的人本价值。

**(四)城市运营管理能力不足、效率不高，管理机制不健全，缺乏长效运营发展机制**

一是数据治理能力不足，智慧城市的核心是数据，数据的核心是互联互通，数据治理体系不健全，数据就无法高效流转与整合，也就无法快速匹配高精度要求的应用分析场景；二是应急保障、信息安全保障能力不足，一些城市的监管体系不够完备，导致系统故障、个人隐私泄露等问题时有发生；三是运行反馈机制不健全，智慧城市建设是一个迭代演进的过程，既要有自上而下的设计，也要有自下而上的反馈。

当前，我国城市建设管理过程中普遍存在重规划、轻落实，重建设、轻应用，重速度、轻质量，重规模、轻效益的现象，造成城市运行管理效率不高，监督保障力度不够，运营管理模式不清晰、不成熟的状况，不利于智慧城市的可持续发展。从我国智慧城市建设现状来看，目前主要还是政府主导模式，缺乏合适的吸引企业和社会参与机制，难以形成长效发展机制。所以需要通过建立科学、合理的长效运营发展机制来实现智慧城市建设水平的提升。

**(五)部分城市技术基础无法满足智慧城市的发展要求**

部分城市在城市信息化基础设施方面的发展水平不高，技术应用准备不足、保障条件不配套的情况下，盲目推动智慧城市建设，造成投入产出效益不理想，无法吸引社会力量共同参与，严重影响智慧城市的建设进度和效果。

**(六)存在千城一面的现象，华而不实，未坚持问题导向，信息项目建设与公众服务需求匹配度不高**

在智慧城市设计与建设的过程中，有的地方政府不注重考虑城市自身的特色优势以及经济建设、民生建设和生态建设中的主要问题和实际状况，而是一味地照抄先进城市和示范城市的经验和做法，大大降低了智慧城市建设应该取得的社会、经济和环境效益。

有的地方政府在智慧城市的设计与建设过程中不大注重实际效益，而是片面追求表面功夫。例如，有的城市到处都是摄像头和大屏展示，但却不大追求数据感知的质量、完整性和数据的整合共享，让大量的数据只停留在大屏展示的初始阶段，并没有对采集到的数据通过数据开放平台，让相关领域的专家和企业通过智慧分析、智慧计算和智慧运行得出具有指导意义的分析结论，导致数据难以真正地在城市的智慧运行和智慧管理中发挥应有的作用。

我国的智慧城市建设，很多是从技术角度出发，追求新技术、新理念在应用平台上的实现，不是从公众的实际需求出发，没有坚持问题导向，没有厘清社会应用工程建设与公众服务需求的本质关系，进而造成社会应用工程建设整体服务质量和服务效率提升缓慢。信息项目建设不能很好地满足市民的需要，市民没有享受到智慧城市所带来的便利，就会造成社会资源的浪费，影响民众对智慧城市建设的支持度，降低政府的公信力。

**(七)信息安全保障体系建设还不充分，整体信息安全应急保障能力偏低**

目前，我国在信息安全保障方面能力不足，各地区在智慧城市建设中普遍存在信息安全投入较低的情况，信息安全有漏洞，整体信息安全应急保障能力偏低，群众普遍存在安全保护意识不到位和防范能力弱的问题。

**(八)人力资源相对匮乏**

人才是社会发展过程中最为重要的资源。目前，我国智慧城市建设存在起步晚和尖端领域专业人才不足的问题，技术创新人才缺乏，部分管理人员对智慧城市建设发展的认知水平较低，或者缺乏综合型的人才，高级专业技术人才以及懂技术和了解政府流程与企业管理的复合型人才尤为紧缺，难以实现管理信息系统与政府和城市管理、经营等方面的有机结合，严重影响了信息化平台的运行效率与质量，这些因素都在制约我国智慧城市的建设和发展。

# 第五节　从智慧城市到新型智慧城市的转变

## 一、从智慧城市到新型智慧城市的转变历程

纵观智慧城市概念提出的这十几年，中国在智慧城市领域取得了巨大发展，已从最初的舶来品变为推动我国新型城镇化的战略抓手。中国智慧城市建设先后经历了概念导入阶段、试点探索阶段以及如今的新型智慧城市发展阶段。新型智慧城市是独具中国特色的智慧城市建设，坚持以人为本、成效导向、统筹集约、协同创新，本质是全心全意为人民服务的具体措施与体现。如今，新型智慧城市建设已成为我国城市发展的方向。

城市化进程加快使得现代城市变得日趋庞大和复杂，对城市治理工作提出了全新的挑战。自 2013 年首批 90 个国家智慧城市试点公布以后，智慧城市建设如火如荼，各地纷纷试水。但快速的发展也带来了新的问题：由于各部委标准不同，智慧城市建设乱象渐生，重复建设问题严重，一些工程成为烂尾项目，大量基础设施搭建好后软件系统和后续服务跟不上，硬件成为摆设。传统的智慧城市建设重技术和管理，忽视了"技术"与"人"的互动、"信息化"与"城市有机整体"的协调，导致了"信息烟囱""数据孤岛"，重技术轻应用、重投入轻实效，公共数据难以互联互通，市民感知度较差。

如何夯实城市运行"一网通管"，实现高效扎实的城市精细化治理，是现代城市管理者面临的一个重大课题。针对新时期的城市发展形势和人民的需求，2015 年 10 月，党的十八届五中全会强调"创新、协调、绿色、开放、共享"新发展理念，为城市发展赋予了新的内涵，也对智慧城市建设提出了新的

要求。为响应新时期的建设要求、落实党中央对城市工作的指示,2015 年年底,中央网信办、国家发改委提出了"新型智慧城市"的概念。

2015 年 12 月,根据国务院领导批示,由国家发展改革委会同 24 个部门联合成立的"促进智慧城市健康发展部际协调工作组"更名为"新型智慧城市建设部际协调工作组",原有各部门司局级层面的协调工作组升级为由部级领导同志担任工作组成员的协调工作机制,并由国家发展改革委和中央网信办共同担任组长单位。2016 年 3 月,中共中央办公厅、国务院办公厅印发了《中华人民共和国国民经济和社会发展第十三个五年规划纲要》,明确提出要建设一批新型示范性智慧城市。2016 年 4 月,习近平总书记在网络安全和信息化工作座谈会上,首次正式提出了新型智慧城市的概念,明确了新时期新型智慧城市建设的重要性,并提出了相关的建设要求。习近平总书记指出,"要以信息化推进国家治理体系和治理能力现代化,统筹发展电子政务,构建一体化在线服务平台,分级分类推进新型智慧城市建设,打通信息壁垒,构建全国信息资源共享体系,更好用信息化手段感知社会态势、畅通沟通渠道、辅助科学决策"[①]。随后,由国务院 2016 年 12 月印发并实施的《"十三五"国家信息化规划》明确了新型智慧城市建设的行动目标:"到 2018 年,分级分类建设100 个新型示范性智慧城市;到 2020 年,新型智慧城市建设取得卓著成效。"党中央、国务院作出的一系列重大部署,以及国家相关部委、各地政府出台的一系列政策文件,拉开了新型智慧城市建设的大幕。[②]

2023 年 7 月 15 日,习近平总书记对网络安全和信息化工作作出重要指示强调:深入贯彻党中央关于网络强国的重要思想,大力推动网信事业高质量发展。[③] 这对互联网时代的新型智慧城市建设这一重大主题具有十分重要的指导作用,尤其是坚持党管互联网,坚持网信为民,坚持走中国特色治网之道,坚持统筹发展和安全,坚持正能量是总要求、管得住是硬道理、用得好是真本事,坚持筑牢国家网络安全屏障,坚持发挥信息化驱动引领作用,坚持依

---

① 习近平在网络安全和信息化工作座谈会上的讲话[N]. 人民日报,2016-04-26(1).

② 从智慧城市到新型智慧城市[EB/OL]. [2021-01-06]. https://mp. weixin. qq. com/s/f0MRdV9khW2v6wIynvh—Lg

③ 习近平对网络安全和信息化工作作出重要指示强调:深入贯彻党中央关于网络强国的重要思想 大力推动网信事业高质量发展[N]. 人民日报,2023-07-16(1).

法管网、依法办网、依法上网，坚持推动构建网络空间命运共同体，坚持建设忠诚干净担当的网信工作队伍，大力推动网信事业高质量发展，以网络强国建设新成效为全面建设社会主义现代化国家、全面推进中华民族伟大复兴作出新贡献等主张，指明了新型智慧城市建设的关键所在。

## 二、新型智慧城市"新"在哪儿

新型智慧城市以为民服务全程全时、城市治理高效有序、数据开放共融共享、经济发展绿色开源、网络空间安全清朗为主要目标，通过体系规划、信息主导、改革创新，推进新一代信息技术与城市现代化深度融合、迭代演进，实现国家与城市协调发展的新生态。新型智慧城市以自主安全为保障基石，以数据资源为驱动引擎，以模式创新为推进路径，实现经济、社会、政府等领域重塑与能力提升，以城市治理体系、治理能力的现代化和城市经济体系的现代化支撑城市发展。党的二十大报告指出，要推动互联网、大数据、人工智能和实体经济的深度融合，建设网络强国、数字中国和智慧社会。新型智慧城市是数字中国建设的重要内容，是智慧社会的发展基础，是促进新型城镇化、发展数字经济、推进经济社会高质量发展的综合载体。加强新型智慧城市建设是落实国家关于加快新型基础设施建设、推进"上云用数赋智"行动等最新战略部署的重要抓手。

相较于传统的智慧城市，新型智慧城市强调以数据为驱动，以人为本、统筹集约、注重实效，重点技术包括 NB-IoT、5G、大数据、人工智能、区块链、云计算、智慧城市平台和各类产业行业应用系统等，信息系统向横纵联合大系统方向演变，信息共享方式从运动式向职能共享转变。推进方式上逐步形成政府指导、市场主导的格局，国家多部委全面统筹，电信运营商、软件商、集成商、互联网企业各聚生态。①

和传统智慧城市相比，新型智慧城市建设的关键在于打通传统智慧城市的各类信息和数据孤岛，实现城市各类数据的采集、共享和利用，建立统一

---

① 从智慧城市到新型智慧城市［EB/OL］.［2021-01-06］. https：// mp. weixin. qq. com/s/ f0MRdV9khW2v6wIynvh—Lg

的城市大数据运营平台,有效发挥大数据在"优政、惠民、强基、兴业"等方面的作用。同时,更加注重城市信息安全,保障城市各类信息和大数据安全。

国家信息中心副主任张学颖认为,新型智慧城市是统筹推进数字政府建设、促进城乡融合、加快数字经济发展的综合载体。深入推进新型智慧城市建设,一要强化体制机制创新,发挥统筹协调效能,建立高效顺畅的组织机制、管理机制和运营机制;二要加强数据融合共享,打破部门信息壁垒,激发数据要素价值,培育数据要素市场;三要推动系统整合集成,促进治理能力提升;四要创新数字科技应用,加快数字经济发展,以大数据优化产业合作方式,以"互联网+"提升产业组织效率,促进经济转型升级和就业提质扩面。

对传统智慧城市与新型智慧城市的区别,中国工程院院士王家耀总结:"智慧城市的主要目标是让城市及作为城市主体的人更聪明;新型智慧城市,应该是智慧的、互联的、融合的。"

可以说,新型智慧城市建设是以习近平同志为核心的党中央立足我国城市发展实际,顺应信息化和城市发展趋势,主动适应经济发展新常态、培育新的增长点、增强发展新动能而作出的重大决策部署。

### 三、新型智慧城市建设是我国重要的国家发展战略,是各方大显身手的新舞台

2020年4月9日,国家发展改革委印发《2020年新型城镇化建设和城乡融合发展重点任务》,提出"实施新型智慧城市行动",要求完善城市数字化管理平台和感知系统,打通社区末端,织密数据网格,整合卫生健康、公共安全、应急管理、交通运输等领域信息系统和数据资源,深化政务服务"一网通办"、城市运行"一网统管",支撑城市健康高效运行和突发事件快速智能响应。

近年来,全国各地坚持以人民为中心的发展思想,积极推动新型智慧城市建设,在政务服务、交通出行、医疗健康、公共安全等方面取得了显著成就和进展。

新型智慧城市定义宽泛,几乎涵盖了各行各业。在政策支持及基础设施

逐渐完备的基础上，新型智慧城市的应用场景日益丰富，如智慧物流体系、智慧制造体系、智慧贸易体系、智慧能源应用体系、智慧公共服务、智慧社会管理体系、智慧交通体系、智慧健康保障体系、智慧安居服务体系、智慧文化服务体系等。而每一个体系又可以分为若干个领域。在新型智慧城市建设上，各主力企业的打法也不尽相同。譬如阿里巴巴主要以"云"为起点和支撑，通过"业务中台＋数据中台"参与建设城市大脑；华为因其网络设备厂商基因，更强调从 5G 端切入新型智慧城市数字基础建设；腾讯则在"社交＋内容"应用服务之外，开始通过腾讯云、算法平台等向基础建设渗透，更强调连接和赋能作用；平安智慧城市则以"i 深圳"产品模型为切入点，另辟蹊径，将包含智慧政务、智慧医疗、智慧生活、智慧交通、智慧环保、智慧教育等在内的不同场景浓缩在"i 深圳"这一完整的产品之中。"AI 智道"发布的 2015—2022 年科技巨头中标的 117 个新型智慧城市（城市大脑）项目信息显示：华为系中标的 11 个项目中标金额为 38 亿元，腾讯系中标的 33 个项目中标金额为 35 亿元，阿里系中标 68 个项目中标金额为 23 亿元，百度系中标 1 个项目中标金额 1.4 亿元。① 可以说，新型智慧城市的万米长跑，如今正迎来中途加速阶段，不论是城市主体意志，还是置身其中的玩家，都是这个加速期的核心。总之，新型智慧城市建设未来拥有无限的可能。

---

① 从智慧城市到新型智慧城市［EB/OL］．［2021-01-06］．https：//mp．weixin．qq．com/s/f0MRdV9khW2v6wIynvh—Lg

# 第二章 新型智慧城市建设的责任体系

## 第一节 新型智慧城市建设中的政府责任

### 一、政府在新型智慧城市建设中的社会责任、政治责任

新型智慧城市建设，各级政府主管部门应当一马当先，责无旁贷。毫无疑问，各级政府主管部门是新型智慧城市规划、建设、运营、产业布局的"领头羊"，所以政府主管部门在新型智慧城市规划、建设、运营、产业布局上要高瞻远瞩，统筹兼顾，深入了解行业格局和国内国际行业态势，具备前瞻性和战略眼光，具备高度的社会责任感、政治使命感，对各自城市进行深入细致全面的调研、规划、建设、运营、产业布局。政府在促进新型智慧城市建设、引导其建设发展方面具有独一无二的先天优势，要充分发挥积极作用。

新型智慧城市建设，涉及企业布局、项目选择、分工协作关系等多个方面的因素，不能仅仅依靠企业自发选择，需要有效地发挥政府作用。同时，由于新型智慧城市是一个地域性的综合建设组织体系，它能有效提升地区企业竞争力，提高民众福祉，对地方经济社会发展影响深远，因此，需要政府给予有效的扶持和引导。政府在新型智慧城市建设中的具体责任和作用如下。

**(一)加强新型智慧城市建设政策扶持引导，促进新型智慧城市的形成和发展**

政府面对新型智慧城市建设，需要从国家或区域发展的总体部署出发，

布局相关新型智慧城市建设发展要素，加强新型智慧城市建设活动的扶持和资助。政府可以通过政策杠杆优先引导与新型智慧城市建设相关的主导企业进入，通过限制性政策，限制和阻止高能耗、高污染、低附加值的企业项目进入新型智慧城市建设项目。

**(二)制定科学的新型智慧城市建设发展政策和规划，引导创新新型智慧城市建设**

新型智慧城市建设所在地政府应该科学地制定新型智慧城市建设发展政策和规划，并保证专项政策和规划的落实，包括充分运用优惠贷款、生产控制、政府采购等投资鼓励政策，建立和健全财政、税收、金融、外贸等与企业政策相配套的保障体系，以保证新型智慧城市建设政策自身与相关政策的协调和完善，推动新型智慧城市建设的形成与发展。地方政府要结合本地实际，发挥政府主导作用，通过环境营造、优化服务，加大招才引智和招商引资力度，集聚科技资源和生产要素，吸引企业聚集，加速形成新型智慧城市产业。加强发展和竞争战略研究，加强评价和指导，提升新型智慧城市建设发展水平。

**(三)建立和维护新型智慧城市建设形成及发展的秩序，加强市场环境监管服务**

在建立和维护新型智慧城市建设形成及发展的秩序方面，政府应担负起不可推卸的责任。因为就解决秩序问题而言，政府拥有独特的优势。政府本身的强制力和再分配能力，使其自身在提供秩序的服务方面，能够实现规模效益。如财产权利的有效保护、契约责任的严格履行、市场本身竞争性的切实维护等，需要政府在相关法律的订立和司法服务等方面发挥积极作用。政府是建立并维护与秩序有关的产权制度体系、市场法律体系和提供相应司法服务的最合适的主体。在政府对新型智慧城市建设形成及发展的市场环境监管方面，政府不仅要提供如工商注册、资格认定、税收、年检等硬服务，更要提供更加配套的软服务项目。政府的服务水平和工作效率直接关系到企业开办、运营的效率和交易成本。政府是新型智慧城市建设发展中最重要的软环境，政府的服务质量和办事效率直接影响到投资者的信心，因而政府应该创造一个优美、和谐、积极向上的环境来吸引和鼓励新型智慧城市建设。

### (四)构建完善的社会服务体系及技术创新服务体系

新型智慧城市建设发展离不开现代化的基础设施、便利的交通、配套的生产服务设施等，因此，政府在完善交通设施、建设通信网络、管理与培训外来人口、树立区域品质形象等方面有着重要的作用。建立强大发达的服务网络，提供良好的道路交通、现代通信、供水及供电等基础设施和公共设施条件。在新型智慧城市建设中，政府还要负责为企业提供市场信息、技术信息、政策信息和人才信息，为集群内的企业提供技术培训，协调企业与科研机构之间、企业与企业之间开展经济协作，构建产、学、研、用的良好生态。

建立健全有利于新型智慧城市发展的技术创新服务体系。围绕企业链和企业联盟建设，通过建立集群公共技术服务平台，支持创新发展，促进创新集群的整体技术升级。鼓励企业提高科技投入，提高创新能力，培育创新型基地。对基地发展有重大影响的产品，在技术方面要组织联合攻关，务求突破，以增强基地的整体竞争能力。通过政府引导，鼓励在基地内搭建公共技术开发平台、公共检测平台和信息共享服务平台，在相关企业领域建立一批工程技术中心和重点实验室，对行业共性关键技术，通过政府参与招投标的形式，鼓励企业加大科技投入，实现重点突破，提高自主创新能力。

## 二、政府在新型智慧城市建设中的法律责任

政府应当制定相关法律，筑牢新型智慧城市建设的法治基石，为新型智慧城市建设管理保驾护航，提供法律保障。通过立法的形式明确主管部门及其具体责任，具体应当包括发展规划、信息基础设施共享、信息采集共享、应用推广措施、安全管理、法律责任等方面，以促进新型智慧城市规划、建设、管理和服务，构建惠民、利民、便民的现代城市智慧管理、运行和公共服务体系。目前，我国很多地方城市已经出台了新型智慧城市建设方面的法律和管理条例，为新型智慧城市建设提供法律依据，为新型智慧城市建设发展保驾护航。

## 三、政府在新型智慧城市建设中的行政责任

### (一)加强新型智慧城市建设的组织领导

政府是新型智慧城市建设的领头羊,政府各级各行业行政主管部门的行政职能是其根本保证。若要全面、细致、高效地实现新型智慧城市的调研、规划、建设、运营、产业布局,必须自上而下建立强有力的政府管理部门,建立领导有力、办事高效的新型智慧城市建设领导班子,建立强有力的领导机制。这个管理部门应当由各级政府主要领导亲自挂帅,同时要建立一个能够高瞻远瞩、统筹兼顾、深入了解行业格局和国内国际行业态势,具备前瞻性和战略眼光,具备高度的社会责任感、政治使命感的领导班子,对新型智慧城市的调研、规划、建设、运营、产业布局进行研究决策,各行业主管部门也应当成立专门领导机构,配备专门人员加强对涉及相关行业的新型智慧城市的调研、规划、建设、运营、产业布局。主要领导支持并参与是新型智慧城市建设顺利推进的重要前提。[①]

### (二)建立新型智慧城市各行业建设项目产业布局、科研、规划、立项、建设验收、运营维护管理等各个环节完善的管理保障机制和财政保障机制

完善的管理保障机制和财政保障机制是新型智慧城市各行业建设项目顺利实施、顺利进行的重要前提,同时也是实现新型智慧城市长效运营管理的重要保障。新型智慧城市各行业建设项目很多都是由政府各行业主管部门牵头建设的,这些项目是实现政府各行业高效运转的重要保障,建立完善的管理保障机制是实现新型智慧城市各行业建设项目顺利进行的重要保障。新型智慧城市各行业建设项目无论是产业布局、科研、规划、立项、建设验收,还是运营维护管理都要有完善的财政保障机制,这是新型智慧城市各行业建设项目顺利建设实施以及运营的根本保障。

### (三)建立新型智慧城市各行业项目建设推进、推广应用、运营保障机制

新型智慧城市各行业项目建设需要政府行政主管部门建立强有力的推进机制和政策措施保障,以保障新型智慧城市各行业建设项目的快速顺利推进,

---

① 王益民. 以数字政府建设推进职能转变[N]. 经济日报,2022-07-31(2).

在项目建成后，还需要有项目的长效运营机制，进行项目的全生命周期管理，以保障项目的持久生命力。在条件成熟的情况下，可以引入社会资本或国有资本参与部分新型智慧城市行业项目的持续运营，实现收支平衡，避免部分地区城市财政持续性的投入不见收益，不堪重负，如很多城市建设的智慧停车、共享单车管理运营项目，就是一个很好的尝试。

**（四）政府主管部门应进行新型智慧城市的前期规划设计、产业布局、协同政企，给予相应的政策支持，加强引导**

建设和运作新型智慧城市是一项循序渐进且长期复杂的工程，政府是行政主体，对其发展方向有指导性和权威性。因此，政府主管部门应该高瞻远瞩，科学地制定政策，充分发挥好自身的作用，对新型智慧城市建设进行科学的设计规划、产业布局。政府只有具有更高的国际视野、行业视野，细致地调研分析，更全面地思考，才能更好地规划设计。

一方面，需要通过规划和整合城市现有资源，构建出新型智慧城市建设和发展的总体框架，制定好不同发展阶段的发展目标，进行有针对性的指导。同时，政府要根据每个城市地区的产业特点和现实条件，因地制宜、因需制宜、因时制宜，有针对性地规划设计各个城市地区的新型智慧城市建设，发挥其优势和特色，避免千篇一律的现象。要把握好建设的方向，及时对规划进行改进和完善，杜绝建设中资源浪费的现象，最大限度地利用好城市的资源。另一方面，政府要制定相关的政策和标准来促进和保证规划的有序实施。制定的政策既要有针对性，又要顾及建设的各个方面和各个领域，同时政府可以出台优惠措施，比如在税收、土地拨付等方面给予一定的优惠，通过政策的支持力度来促进新型智慧城市的建设。一是财政政策，要综合评估财政状况，制定有针对性的财政优惠政策，通过投资补助、基金参股、前期费用补贴、担保补贴、贷款贴息等方式给予相关扶持。二是金融政策，要鼓励金融机构探索适合新型智慧城市建设项目特点的信贷产品和贷款模式，在授信额度、质押融资、专项债券、保函业务等方面提供融资服务，支持项目公司依照国家有关规定通过债券市场筹措投资资金。三是审批政策，要明确市场准入标准、服务质量和监管细则，强化对政府和社会资本合作的评估论证、执行监管、绩效评价等工作。四是数据管理政策，要加强数据分类管理和共享开放，促进数据资源在政府、企业和社会间合规有序流动，推动打破数据垄断，在数据保护、人工智能、关键信息基础设施等领域强化法规制度建设。

**（五）政府应当提高新型智慧城市建设的公共服务能力，发挥其便民惠民的功能，让人民群众共享新型智慧城市建设发展成果**

新型智慧城市是独具中国特色的智慧城市，其建设坚持以人为本、成效导向、统筹集约、协同创新，本质是全心全意为人民服务。新型智慧城市以为民服务全程全时、城市治理高效有序、数据开放共融共享、经济发展绿色开源、网络空间安全清朗为主要目标。由于新型智慧城市的建设以人民的满意度为其目标之一，实现这一目标需要政府发挥好公共服务的职能。传统的行政管理方式下，居民能够参与城市管理的方式有限，参与度和积极性不高。新型智慧城市下智慧政府的建设，会有更多的参与方式，营造良好民主的氛围，有利于社会大众积极参与到城市的治理中。建设新型智慧政府可以增强政府自身的执政和政务服务能力。通过建设公共服务平台，可以减少政府、民众、企业间的信息壁垒，政府能够及时了解和响应民众的诉求，提高行政效率。新型智慧城市建设涉及人民群众生活的方方面面，智慧养老、智慧教育、智慧安防、智慧医疗等方面都离不开政府发挥作用，政府在新型智慧城市的建设中承担着公共服务的职能和作用，是连接城市和民众的纽带，及时了解民众的想法和意见，并不断调整创新政府的服务理念和工作方式，有利于促进政府和居民之间的互相理解和支持，鼓励社会力量积极参与到新型智慧城市的建设中，提升民众的满意度和幸福感。

**（六）政府合理配置城市资源为新型智慧城市的建设发展服务，应当建立智慧各行业建设发展的协同机制**

城市的各种资源是有限的，而新型智慧城市的建设能够科学利用城市的资源，让资源利用率达到最大，减少资源的浪费。在城市资源利用整合上，政府要发挥"有形之手"的作用，实现城市资源配置公开公平，实现利用效率的最大化，进而让新型智慧城市实现可持续建设。

由于新型智慧城市坚持统筹集约、协同创新、数据开放共融共享、经济发展绿色开源，所以在新型智慧城市建设过程中，一方面需要整合城市现有的硬件基础设施，这样可以减少重复建设，以最小的投入实现城市资源的合理配置。同时整合好政府、企业、社会各方的数据信息，实现一定程度的信息融合和共享，科学、及时、有效地整理和分析信息，最大化地利用好这些信息资源，能进行有效的反馈，并且保护好这些信息资源，避免个人隐私和政府机密信息的泄露。另一方面，经济发展是建设新型智慧城市的动力之一，政府要制定相关的市场规则，发挥好市场"无形的手"的作用，政府通过发挥自身的作用和职能，减少建设过程中"市场失灵"现象的发生。优化好市场资源的配置，制定相关的发展战略，加以引导，避免资源过度集中的现象，创造公平创新的市场环境，保障市场参与主体的合法权益。努力实现新型智慧城市各行业企业百花齐放、百家争鸣，不断开创新型智慧城市各行业建设的新局面。

**(七)政府应当建立完善新型智慧城市建设和运营监督管理机制，建立完善新型智慧城市建设的激励约束机制**

新型智慧城市建设的过程中，不可避免会产生大量的利益及其分配问题，分配的过程也随之会出现不规范不合理的现象。这时，政府就应发挥其监管的作用，对建设过程中不合理的现象和行为及时制止和严格处理，政府需要进行有效的监督和科学的管理。

目前建设新型智慧城市的模式越来越多样化，有政府出资、企业承建的模式，有政府和企业共同出资建设的模式，还有企业出资建设运行、政府购买的模式。不难发现，建设新型智慧城市需要企业的参与，政府在与企业合作的情况下，要正视自身监管的作用，政府要对企业承担的建设运营进行严格监管，保证企业间公平公正竞争，发挥好政府对市场的监管作用，避免不合格的建设及出现浪费资源的现象。

同时也要对政府各相关部门做好监管，避免出现"面子工程"，从规划设计到建设到运行，注重每一个环节，制定评价细则，加强绩效考核评价，加强实时监督，互相监督，出现问题在审查时要及时纠正。对违规违纪的一方必须严格问责，绝不容忍。对做出贡献的部门、企业要给予大力表彰奖励，规范政府和企业的行为，更好地发挥政府和企业的作用，营造良好的政务环境和建设氛围。

总体来看，我国在由智慧城市向新型智慧城市发展演进过程中，其建设运营发展基本上可以分为三个阶段。

第一阶段，以政府投入为主，市场介入比较少。

第二阶段，政府开始引入市场，因为经过一段时间的建设，政府发现仅靠自身来推动建设，不管是从资金、技术，还是从组织、运营上，都有一定的困难，需要联合企业一起推动。

第三阶段，政府再往后退一步，主要起到市场监管和总体协调统筹作用，市场开始慢慢唱主角。而目前，我国新型智慧城市建设正处在第二阶段向第三阶段的转换期。

这个阶段，需要政府对新型智慧城市建设运营进行总的设计和规划，明确发展方向。政府通过提高公共服务能力，合理配置城市资源，让新型智慧城市运行更健康有效。通过建设和运营监督管理机制、激励约束机制，使其合理运行。总之，政府应当牢牢把握新型智慧城市建设发展运营的主动权，同时又要为新型智慧城市建设搞好服务，保驾护航。

# 第二节　新型智慧城市建设中的企业责任

目前，我国各级城市新型智慧城市建设的模式呈现出越来越多样化的发展趋势。有政府出资，企业承建的模式；有政府和企业共同出资建设的模式；还有企业出资建设运行，政府购买的模式。新型智慧城市是实现治理体系和治理能力现代化的重要载体，政府是社会治理的主角，主要在规划上要起主导作用；企业是完成任务的主角，能够为政府提供差异化解决方案。但是无论何种方式，企业都会在新型智慧城市各行业建设中发挥着重要作用。

我国各级城市在由智慧城市向新型智慧城市发展演进过程中，其政府与市场的定位关系及占比大小方面大体经历了三个阶段。

第一阶段，以政府投入为主，市场介入比较少；第二阶段，政府开始引入市场，因为经过一段时间的建设，政府发现仅靠自身来推动建设，不管是从资金、技术，还是从组织、运营上，都有一定的困难，需要联合企业一起推动；第三阶段，政府再往后退一步，主要起市场监管和总体协调统筹作用，市场开始慢慢唱主角。而目前，我国各级城市正在由智慧城市向新型智慧城市发展演进，正处在第二阶段向第三阶段的转换期。目前各行业项目的建设模式仍存在建设效果烟囱化、财政资金压力大等问题。一边是不断增长的市场规模，另一边是持续短缺的建设资金，这是从建设伊始就面临的矛盾问题，至今仍未解决。"只靠政府是不行的，因为财政资金不足，而且没有 IT 技术能力，这样做不成新型智慧城市；光靠企业也不行，因为企业是追求利益最大化的，需要加以监管、监督。"由于新型智慧城市需要坚持成效导向、统筹集约、协同创新，所以，新型智慧城市建设必须将政府与市场二者科学有机地结合起来，二者缺一不可。

如何将二者有效结合起来？一般情况下，财政投入占合资公司总投资额的 10%～30%，主要起监督引导作用，企业投 60%，其他社会资本占 10%～30%。政府主要负责项目顶层规划、建设招标、融资，企业则负责项目长期运营。目前很多项目只靠政府购买服务是不能满足企业日常运营的，还要进行社会化运营。建设部分社会付费模式，让企业能够盈利并长久地存活下去，形成良性循环，如很多城市建设的智慧停车和共享单车平台项目就是一个非常成功的探索尝试。

在新型智慧城市建设中企业的责任重大，但是总体来说企业要承担好以下几个方面的责任。

## 一、从事新型智慧城市建设的企业要具备高度的社会责任感

从事新型智慧城市建设运营的企业除了维护自身的利益之外，更要实现好、维护好、发展好政府和人民群众的利益。新型智慧城市各行业建设项目涉及政府各级部门对各行业进行管理，涉及人民群众工作、生产、生活，甚至涉及国家各行业安全和公众利益。进行新型智慧城市的建设运营，企业需要具备高度的社会责任感和使命感，实现好、维护好、发展好政府和人民群众的利益，保障好数据安全和公民个人隐私，决不能唯利是图，见利忘义，更不能触碰违反法律道德红线。

## 二、从事新型智慧城市建设的企业要深入了解行业发展趋势，加大研发投入，不断推陈出新

技术创新是新型智慧城市建设企业的生命力源泉，从事新型智慧城市建设的企业要深入了解行业发展趋势，紧追时代步伐，将科技创新视作企业生命，加大研发投入，不断推出新技术、新产品、新应用、新解决方案和新商业模式，努力实现新型智慧城市各行业建设百花齐放、百家争鸣，不断开创各行业建设的新局面，不断实现以科技创新应用驱动企业发展的良好局面。

我国硬件设备制造业还不能满足支撑新型智慧城市建设的需要，硬件设备制造企业与国外相关企业的研发创新能力和速度还存在较大的差距。国内大部分硬件设备制造企业还没有完全准备好应对新型智慧城市的转型升级，相关基础设施建设后备能力不足的现象较为普遍。尤其是我国的芯片制造业在国际竞争中处于劣势，我国半导体集成电路行业在国际竞争中也处于弱势。同样，软件是构建新型智慧城市的基本技术手段，新型智慧城市各行业建设中软件将会与硬件更加紧密地结合，我国在软件产业方面自主创新能力弱，核心技术缺乏，这些问题都制约了我国新型智慧城市可持续发展能力。目前，我国软件和通信服务业正面临着巨大的机遇与挑战，"技术创新"和"深度融合"也必将成为推动软件服务业转型升级的重要突破口。所有这些，都需要相关企业勇挑重担、担当作为、排除困难、不懈努力。

# 第三节　新型智慧城市建设中的社会组织及公民责任

## 一、新型智慧城市建设中社会组织的责任

新型智慧城市建设中各类行业发展协会属于非营利性质的社会组织或者学术团体，它们在我国新型智慧城市建设中发挥着桥梁和纽带的作用。这些各行业建设的协会和组织都是由各行业专家、学者和专业技术人才组成的，他们通过沟通了解地方政府发展新型智慧城市和新型城镇化建设的实际需求，

通过整合资源，融合新型智慧城市产业及新型城镇化建设的各项技术制定解决方案，综合协调政、产、学、研、用各方资源和优势服务于新型智慧城市项目，促进新型智慧城市工业化、信息化、城镇化、农业现代化同步发展，服务于政府，服务于企业。这些行业协会和组织通过学术交流探讨国家治理、社会管理，领域涉及公共服务、城市运行管理、安全保障、智能基础设施、城市数据资源、可持续发展产业、环保生态等新型城市治理要素，从多维度、多视角对新型智慧城市发展战略、方向及政策等进行分析和解读，总结国内外新型智慧城市建设成果，展望我国新型智慧城市创新发展新模式，最终实现新型智慧城市服务于优政、强基、兴业和惠民的目标，为我国城市治理体系、治理能力的现代化，为各类行业新型智慧城市建设发展提供新思路、新办法、新模式，对我国各级城市新型智慧城市建设方案、模式、思路和成果进行及时归纳总结，并且对成功案例加以推广，在我国新型智慧城市建设中发挥着桥梁和纽带作用，为我国新型智慧城市建设提供重要的智力支持，是我国新型智慧城市建设的有益补充。

新型智慧城市建设各类行业发展协会等社会组织或者学术团体是我国新型智慧城市建设的智库和大脑，同样肩负着重要责任。

**（一）从事新型智慧城市建设的各类社会组织与学术团体同样要具备高度的社会责任感和使命感**

从事新型智慧城市建设的各类社会组织或者学术团体，更要实现好、维护好、发展好政府和人民群众的利益，充分发挥好桥梁和纽带的作用，高瞻远瞩，紧密关注国际国内行业发展动态方向以及发展趋势，充分发挥智库和大脑的作用，对我国各级城市新型智慧城市建设方案、模式、思路和成果进行及时分析归纳总结，为我国各类行业新型智慧城市建设发展提供新思路、新办法、新模式、新解决方案，综合协调政、产、学、研、用各方资源和优势服务新型智慧城市项目，促进我国工业化、信息化、城镇化、农业现代化同步发展，服务于政府，服务于企业。新型智慧城市建设各类行业发展协会等社会组织或者学术团体要实现好、维护好、发展好政府和人民群众的利益，决不能将团体组织作为谋取私利的工具组织，更不能碰法律道德红线。

**(二)从事新型智慧城市建设的各类社会组织与学术团体要不断提升自己的专业水平与学术素养**

从事新型智慧城市建设的各类社会组织与学术团体要不断深入了解行业发展趋势、先进国家行业发展形势，紧追时代步伐，不断提升自身的专业水平与学术素养，提升自己服务政府、企业和社会的本领，及时归纳总结我国各级城市新型智慧城市建设方案、模式、思路和成果的成功经验和失败教训，努力实现新型智慧城市建设各行业各类社会组织或者学术团体百花齐放、百家争鸣，不断为新型智慧城市各行业建设提供智力支持，不断提升我国各行业新型智慧城市建设发展水平。

## 二、新型智慧城市建设中的公民责任

由于新型智慧城市强调"创新、协调、绿色、开放、共享"，以为民服务全程全时、城市治理高效有序、数据开放共融共享、经济发展绿色开源、网络空间安全清朗为主要目标，在这些目标要求中，新型智慧城市建设最为重要的目的就是实现城市治理体系和治理能力的现代化，服务民生，方便人民群众的工作、生产和生活，让人民群众共享技术创新和改革发展成果，提升城市的竞争力，提升人民群众的获得感和幸福指数。

目前，我国公民对新型智慧城市的认知度不高，提到新型智慧城市，很多人还会把它等同于无线城市、智能城市和数字城市等。很多城市也的确把新型智慧城市的重点放在了基础设施的建设上，但是对民生、经济、政务等其他方面的关心较少。对任何一个城市的发展来说，公民意识和参与都是必要的。但目前即使在发达国家，公民对新型智慧城市的认知度也比较低，在发展中国家这种情况则更糟，大多数公民在认知上还没有为全面采用现代技术和新型智慧城市发展的新政策做好准备，这种情况显然对公民参与新型智慧城市建设有着不利影响。因此，我国要大力提升公民参与度就必须先从提高公民对新型智慧城市的认知度着手，深入普及新型智慧城市的概念。虽然公民在新型智慧城市建设过程中处于相对被动的地位，但是公民在这个过程中并不是无所作为，同样需要承担相应的责任。

（一）树立社会主义核心价值观，遵守社会公德和公序良俗，不得危害信息安全

作为新型智慧城市的成员，公民个人应当遵守宪法和法律，遵守公共秩序，不得触碰法律红线，不得从事入侵他人网络、干扰他人网络正常功能、窃取网络数据等危害网络安全的活动，不得出售或者非法向他人提供公民个人信息，增强网络安全、信息安全法律意识。

（二）主动提高新型智慧城市各类行业应用的参与度，主动提高自身数字素养，加强对新型智慧城市各类行业软件的应用

作为新型智慧城市的成员，公民个人应当主动提高自身的数字素养，主动提高新型智慧城市各类行业应用软件的参与度，加强对各类新型智慧城市各类行业应用软件，如电子政务系统、智慧社区、智慧教育、智慧医疗、智能家居等的使用，提升自身适应信息化和智慧化社会的能力，通过自身体验积极为新型智慧城市各类行业应用建言献策，形成新型智慧城市建设发展的良好社会氛围，以此促进新型智慧城市各类行业应用软硬件的建设发展。

总之，无论政府、企业、社会组织还是普通公民在新型智慧城市建设中都发挥着不可或缺的作用，"天下兴亡，匹夫有责"，新型智慧城市建设决定了我国未来的国际竞争力，意义重大，影响深远，各方都要有高度的责任感和使命感，在自己的领域为我国新型智慧城市建设发展添砖加瓦，贡献自己的一分力量。

# 第三章　新型智慧城市顶层设计、标准及评价体系

## 第一节　新型智慧城市顶层设计

### 一、新型智慧城市顶层设计的重要性

在智慧城市向新型智慧城市发展演进的过程中，当前新型智慧城市试点主要集中在各领域的智慧应用建设上，缺乏统一的顶层设计规范，导致新型智慧城市顶层设计的定位和主要内容存在差异。为更好地满足人们的城市生活需要，解决城市发展难题，实现城市可持续发展，让广大市民享受高质量的城市生活，实现创新、协调、绿色、开放、共享的城市发展目标，建设新型智慧城市成为城市发展之必然。新型智慧城市顶层设计较之于以前智慧城市建设，是从全局的视角出发，进行总体架构的设计，对整个架构的各个方面、各个层次、各种参与力量、各种正面的促进因素和负面的限制因素进行统筹考虑和设计。新型智慧城市顶层设计是在开展城市现状调研基础上，结合城市自身对本地区智慧化愿景目标的初步设想，从城市面临的问题、城市发展需求出发，明确城市智慧化建设目标，并将目标进行细化、拆解，针对每个细化目标规划、设计相应的建设内容和实施路径，明确相关信息技术手段及相关资源要素等内容。新型智慧城市顶层设计是介于新型智慧城市总体规划和具体建设规划之间的关键环节，具有承上启下的重要作用，是指导后续建设工作的重要基础。新型智慧城市是政府在城市治理理念和模式上的改

革，是一个只有起点没有终点的长期持续的系统工程，只有做好顶层设计，才能推进系统工程。

## 二、我国智慧城市顶层设计的现状及存在的问题

中国智慧城市建设已经取得了举世瞩目的成就，全国智慧城市试点已达到 409 个，全国 100％的副省级以上城市、76％以上的地级城市和 32％的县级市，总计约有 700 座城市已经明确提出正在建设新型智慧城市，智慧城市已经逐步成为城市发展的潮流。①

然而，在智慧城市火热建设的表象之下，一些问题已初露端倪。国家也意识到了这一点，专门由八部委联合出台的《关于促进智慧城市健康发展的指导意见》的开篇就明确指出了当前智慧城市的四类主要问题，摆在第一位的就是缺乏顶层设计和统筹规划(其他三个问题是：体制机制创新滞后，网络安全隐患和风险突出，一些地方思路不清、盲目建设)，简单概括一下，主要问题就是"三无"。

### (一)无统筹

主要表现为"杂乱无章"现象。在提出建设智慧城市后，有的城市在未做好顶层设计、未充分调研、没有充分考虑关联系统及其配套措施时，就盲目开始上马项目；有的单位缺乏共享意识，各类资源、数据难以共享，形成大量信息孤岛，造成大量的重复建设，浪费人力、财力和物力；有的城市对智慧城市建设重视程度不够，体制机制建设不到位，项目交由某单位牵头负责，缺乏协调力度，无法实现跨部门、跨行业、跨地区的政务信息共享和业务协同。

### (二)无生命力

主要表现为"无底洞"现象。对智慧城市建设的长期性、系统性的认识明显不足，简单把智慧城市当作技术问题，将时下流行的、先进的信息技术都加载堆砌到城市之上，缺乏运营和管理的长效机制，过分依赖政府投资，无法激发社会力量参与智慧城市建设的积极性和创造性，产业带动效果也不明

---

① 王晶晶. "智慧政府"推动"智慧城市"建设步伐[N]. 中国经济时报，2018-09-13(3).

显，无法实现自我运营，创造效益，从而导致财政压力加大，出现资金投入"无底洞"的现象，长期收益更是无从谈起，最终将导致财政不堪重负，建设难以为继，不可持续。

**（三）无差异**

主要表现为"千城一面"现象。有的城市规划定位不清晰，不考虑自身的地理位置、历史文化、产业结构、经济状况、人口因素和城市特点，直接套用一些国际或国内知名企业的智慧城市解决方案，一股脑地购买设备、建设机房、建云中心、铺宽带网、搞产业园、开发房地产，场面热烈、内容精彩、千城一面，但与城市与公众的真正需求却并不匹配，变成形式主义、门面工程。在外地调研时，听到中西部地区某地级市政府领导曾很深刻地指出：有些地方，智慧建设与城市需求存在严重脱节，建好之日就是废弃之时！

上述城市病，从另一方面揭示了智慧城市不是万能的。诸如地面沉降、空气和水环境污染、城市地面不透水层、超大城市中的蜗居、基础设施跟不上城市的发展等问题，是智慧城市无法解决的。要解决以上城市病，只有同时抓好现实城市的设计、规划和基础设施建设，落实关于城市发展的一系列政策，才能使新型智慧城市落到实处。新型智慧城市如果想要解决城市化进程中出现的一些问题，就要从更高的角度进行整体设计。

## 三、我国新型智慧城市顶层设计的基本原则和遵循

"顶层设计"是一个工程学术语，其字面含义是自高端开始的总体构想，"不谋万世者，不足谋一时；不谋全局者，不足谋一域"。同时也是一种民主集中，是从若干的谋一时、谋一域中科学抽象出来的。"顶层设计"不是闭门造车，更不是拍脑袋，而是从全局的角度进行总体架构的设计，对总体架构的各方面、各层次、各要素、各促进因素、各限制因素等进行统筹考虑和规划，以集中所有有效资源，追根溯源，统揽全局，在最高层次上寻求问题的解决之道。

目前，我国各新型智慧城市试点也已展开顶层设计工作。但就新型智慧城市的顶层设计而言，怎样的架构设计理念既能摆脱千篇一律的现状，又能做到足够"接地气"，以更快的速度落地实施？新型智慧城市建设首先要做好

顶层设计，而顶层设计的作用体现在"三能"上，这是我国新型智慧城市顶层设计的基本原则和遵循。

**(一)能妥善处理局部利益和整体利益的矛盾**

经验表明，许多问题的出现不在于缺少资金，也不在于缺少专业技术队伍，而是没能协调好各方利益群体。社会经济系统之所以复杂，源于它由多种具有不同利益追求和行为方式的主体组成。社会经济系统的和谐与健康发展，依赖于组成主体(即人类的不同群体)各得其所、有效合作。新型智慧城市的建立，首先不是技术的改进或名称的变革，而是对客观现实的深入分析和了解，对相关各方情况和诉求的切实掌握。其中最关键的就是统筹部门利益，形成部门间的整合，防止各自为政的局面发生，并做出合理的安排。顶层设计应最大限度地统筹部门职能和社会资源，畅通资源流动渠道，消除各方资源流动壁垒，使人才、资金、技术等要素和资源高效融合，释放发展潜力。

**(二)能从城市发展的高度思考和解决问题**

如果新型智慧城市建设缺失"市长视野"，没有城市发展的高度思考，寻找适当的发展路径与建设模式，就无法解决城市问题，城市的发展也就丢失了灵魂。顶层设计并不是要把复杂的、完整的治理机制一下子规划出来，也不是把每个部分的细节和设计方案确定下来，而是在客观地了解和分析事情涉及的所有方面和所有因素的基础上，厘清要做哪些事情，现存的系统要发生哪些改变，这些变化将给各方面的利益和位置带来什么变化。

**(三)能对新型智慧城市建设提供可持续的指导**

新型智慧城市建设并非一蹴而就，其建设热潮在"十四五"之后仍将持续，顶层设计正是实现这种持续性的总体规划，既能突出阶段性重点，也能通盘考虑各个环节的衔接配套。

顶层设计是新型智慧城市建设的行动指南，也是检验新型智慧城市成果的工具。好的顶层设计，可以根据科学的评价指标及时对建设进度和效果进行评价，并依据评价结果和城市所处发展阶段对建设理念、评价指标进行合理的调整和创新。

## 四、如何做好新型智慧城市的顶层设计

要想做好顶层设计，简要说就是要做到"三有"和"六个统筹"。

### (一)有态度

为响应新时期的建设要求、落实党中央对城市工作的指示，2015 年年底，中央网信办、国家发改委提出了"新型智慧城市"的概念，强调"创新、协调、绿色、开放、共享"新发展理念，为城市发展赋予了新的内涵，也对智慧城市建设提出了新的要求，即新型智慧城市是运用物联网、云计算、大数据、人工智能、空间地理信息集成等新一代信息技术，促进城市规划、建设、管理和服务智慧化的新理念和新模式。可以说，新型智慧城市是政府运作在体制机制方面的改革和创新，要对政府各职能部门和城市各类资源进行通盘考虑、统筹调度、科学配置。

新型智慧城市必须以最高规格做好顶层设计，一是必须由书记、市长亲自抓；二是必须成立由政府一把手挂帅的新型智慧城市建设领导小组及专门办事机构(如新型智慧办)；三是必须将新型智慧城市纳入城市发展规划，给予充分的政策保障。只有这样表达出改革的决心，传递出政府建设好新型智慧城市的态度，才能真正打破固有部门的利益格局，消除信息壁垒，整合各方资源，实现数据共享，为全面推进新型智慧城市全面、协调、可持续发展奠定坚实基础，真正实现"创新、协调、绿色、开放、共享"新发展理念。

### (二)有特色

新型智慧城市中智慧是手段，城市才是核心。决不能为了智慧而智慧，而是应立足城市实际，用智慧去为城市服务。由于新型智慧城市是独具中国特色的智慧城市建设，坚持以人为本、成效导向、统筹集约、协同创新，本质是全心全意为人民服务。所以，在顶层设计方面，一是要强化"以人为本，为人服务"的理念，最大限度地把城市特有的历史和文化要素融入新型智慧城市建设，做到"一城一策"，体现出城市独有的个性和特色；二是聚焦城市存在和潜在的问题，以"问题导向"专门治理"城市病"，实现城市问题的可预知、可预防、可调控；三是要与国民经济和社会发展总体规划、主体功能区规划、相关行业发展规划、区域规划、城乡规划以及有关专项规划衔接，做好统筹城乡发展布局。

### (三)有运营

新型智慧城市三分建设，七分运营；建设是基础，运营是关键。在顶层设计过程中，必须要把运营的理念贯穿始终，使新型智慧城市成为一个有动力、有活动、有生命力的良性循环系统。

一是要厘清政府和企业的关系，发挥政府主导作用和市场的决定性作用，搞清楚哪些是政府必须做的，哪些是企业可以做的，哪些是市场竞争来调节的，政府可以释放哪些资源，企业可以运营哪些产业，社会资本可以投资哪些项目。

二是要通过新型智慧城市的运营服务创造吸引人才与留住人才的良好环境，产生持续的经济收入，用来支持自我运转，解决政府资金投入"无底洞"的问题。

三是要通过新型智慧城市运营，盘活政府资产与市场资源，把税收和就业留在地方，拉动产业的转型升级。

城市既要融合社会、文化、历史、经济、产业等因素，向更全面的方向发展；也要保持"天蓝、地绿、水清"的生态机制，使城市的生态形象与生态功能相统一、相协调。这是使城市拥有独特个性、风格和传统的必要前提。新型智慧城市的顶层设计同样需要考虑到这些因素，做到"六个统筹"。

一是要统筹好人、城市、生态和智慧建设之间的关系，坚持以人为核心，以生态为本，实现智慧发展。城市的主体并不是建筑，而是生活在其中的人。以生态为本的实质则是尊重、顺应自然，保护自然的生物多样性、生态链，从而实现绿色发展。新型智慧城市就是要实现数字化、信息化、智能化，实施新的工业与产业革命，实现高效、低耗、减排、可持续发展，筑造"创新、协调、绿色、开放、共享"的美丽城市。

二是要统筹空间、规模、产业三大结构。在以城市群为主体形态的基础上，科学地规划城市空间布局，力求达到紧凑集约、高效绿色的目的。城市可以结合本身的资源禀赋和区位优势，明确主导及特色产业，强化大中小城市与小城镇的产业协作协同，逐步形成横向错位发展、纵向分工协作的发展格局。另外，还要建设创新合作机制，构建开放、高效的创新资源共享网络，以协同创新牵引城市协同发展。特别要注意的一点是，新型智慧城市工作要与"三农"工作共同推动，形成城乡发展一体化的格局。

三是要统筹规划、建设、管理环节。这是一项系统思维，要从构成城市的诸多要素入手，综合考虑城市的功能定位、文化特色、建设管理等内容，进而再去制定规划，这样做显然能增强规划的科学性与指导性。在建设上，要强化城市设计，提倡城市修补，对城市的空间立体性、平面协调性、风貌整体性、文脉延续性等方面进行规划和管控，从而使城市特有的地域环境、文化特色、建筑风格等"基因"得以留存。

四是要统筹改革、科技、文化这三大动力。改革的内容包括规划、建设、管理、户籍等，规划上，要以主体功能区规划为基础统筹各类空间性规划，推进"多规合一"。户籍问题上，要加强对农业转移人口市民化的战略研究，统筹推进土地、财政、教育、就业、医疗、养老、住房保障等领域的配套改革。在科技这一问题上，应推进城市科技、文化等领域的改革与创新，让创新成为城市发展的主动力，这是释放城市发展新动能的重要手段。此外，加强城市运行管理数字化平台建设和功能整合，建设综合性城市运行管理数据库，发展民生服务智慧应用也是科技改革的重要组成内容。文化上，要延续城市历史文脉，保护好前人留下的文化遗产，再结合城市的历史传承、区域文化、时代要求，打造出个性化的城市精神。

五是要统筹生产、生活、生态布局，提升城市的宜居性。通过把握生产、生活、生态空间的内在联系，提升城市的通透性和微循环能力，进而使生产空间集约高效、生活空间宜居适度、生态空间山清水秀。自然之美，好山、好水、好风光其实完全可以通过多种手段被融入城市之中。还需强调的是，要做到科学划定城市开发边界，推动城市发展由外延扩张式向内涵提升式转变，采取划定水体保护线、绿地系统线、基础设施建设控制线、历史文化保护线、永久基本农田和生态保护红线等手段，推动形成绿色低碳的生产生活方式和新型智慧城市建设运营模式。

六是要统筹政府、社会、市民这三大主体。政府有形之手、市场无形之手、市民勤劳之手同向发力，才能积聚起促进城市发展的正能量。我们应尊重市民对新型智慧城市发展决策的知情权、参与权、监督权，鼓励企业和市民通过各种方式参与新型智慧城市建设、管理，真正实现新型智慧城市共治共管、共建共享。

新型智慧城市建设不仅是一个工程，而且是一个过程，因此需要我们建设者们在设计之初，就要从全局以及长远的考虑出发，因地制宜、一城一策、尊重自然、传承历史，把环境容量和城市综合承载能力作为确定城市定位和规模的基本依据，把创造优良人居环境作为中心目标，坚持政府引导、社会参与，加强对新型智慧城市建设的顶层设计和滚动规划。

## 五、新型智慧城市顶层设计的具体内容

新型智慧城市顶层设计是从城市发展需求出发，运用体系工程方法统筹协调城市各要素，开展新型智慧城市需求分析，对新型智慧城市建设目标、总体框架、建设内容、实施路径等方面进行整体性规划和设计的过程。新型智慧城市顶层设计的目的是统一和规范相关单位在开展新型智慧城市顶层设计时的相关要求，明确新型智慧城市顶层设计的概念范畴、实现过程，指导相关单位开展新型智慧城市设计工作。

## 六、新型智慧城市顶层设计的范围

新型智慧城市顶层设计的范围包括：总体原则、基本原则、基本过程及需求分析、总体设计、架构设计、实施路径规划等。

### (一)总体原则

新型智慧城市顶层设计需考虑的因素：应与国家城镇化、信息化发展规划进行有机结合，与城市其他相关规划、政策文件相衔接；应推进公共服务便捷化、城市管理精细化、生活环境宜居化、基础设施智能化、网络安全长效化等目标的实现；应从城市整体发展战略层面对新型智慧城市建设目标、总体架构及业务架构、数据架构、应用架构、基础设施架构、安全体系、标准体系、产业体系等进行规划和设计，从操作层面对主要任务、重点工程、运营模式、实施阶段、保障措施等进行设计；应考虑政府、企业、居民等多元主体的实际需求；应以目标导向、问题导向和需求导向展开，确定发展方向、建设目标、总体架构与实施路径等内容，并宜区分需求和目标的轻重缓急；应重点围绕跨部门、跨领域、跨层级的资源统筹、数据共享、业务协同，从体制机制和技术应用两个方面进行创新。

### (二)基本原则

新型智慧城市顶层设计应遵循以下基本原则：以人为本，以"为民、便

民、惠民"为导向，因城施策，依据城市战略定位、历史文化、资源禀赋、信息化基础以及经济社会发展水平等方面进行科学定位，合理配置资源，有针对性地进行规划和设计；成效导向，将建设成果是否方便提升人民群众的学习、生活、工作、生产效能，是否真正解决城市运行发展中的痛点难点堵点问题作为目标导向和检验手段；融合共享，以"实现数据融合、业务融合、技术融合，以及跨部门、跨系统、跨业务、跨层级、跨地域的协同管理和服务"为目标；协同发展，体现数据流在城市群、中心城市以及周边县镇的汇聚和辐射应用，建立城市管理、产业发展、社会保障、公共服务等多方面的协同发展体系；统筹集约，统筹好人、城市、生态和智慧建设的关系，在充分利用现有各类资源及信息化建设成果的基础上进行建设；多元参与，在开展新型智慧城市顶层设计过程中应考虑政府、企业、居民等不同角色的意见及建议，吸引各方力量参与；绿色发展，考虑城市资源环境承载力，以实现"可持续发展、节能环保发展、低碳循环发展"为导向；创新驱动，体现新技术在新型智慧城市中的应用，体现新型智慧城市与创新创业之间的有机结合，将新型智慧城市作为创新驱动的重要载体，推动统筹机制、管理机制、运营机制、信息技术创新。

新型智慧城市顶层设计的规划期限一般以 3 年至 5 年为周期。

**（三）基本过程**

1. 整体描述

新型智慧城市顶层设计在明确新型智慧城市建设具体目标的基础上，自上向下将目标层层分解，对新型智慧城市的建设任务、总体架构、实施路径等进行设计。新型智慧城市顶层设计基本过程可分为需求分析、总体设计、架构设计、实施路径设计、实施路径规划五项活动，在开展总体设计、架构设计、实施路径设计三项活动的过程中，应针对上一项活动的输出内容进行检验并反馈。

2. 新型智慧城市顶层设计基本内容

包括需求分析、总体设计、架构设计、实施路径、设计业务架构、城市发展战略与目标分析、主要任务和重点工程、指导思想与基本原则、数据架构、城市现状、调研分析、新型智慧城市建设需求应用架构、运营模式、建设目标、基础设施架构、新型智慧城市现状评估、实施阶段、安全体系、总体架构、标准体系、其他相关规划分析、保障措施、产业体系。[①]

3.各项活动的主要任务

需求分析、总体设计、架构设计、实施路径设计、实施路径规划。

(1)需求分析

通过城市发展战略与目标分析、城市现状调研分析、新型智慧城市现状评估、其他相关规划分析等方面的工作，梳理出政府、企业、居民等主体对新型智慧城市的建设需求。

①城市发展战略与目标分析。

需求分析方法。

通过资料分析法、现场调研、召开部门座谈会、领导访谈以及专家访谈等方式，明确城市发展战略与目标。

需求分析内容。

a)战略定位。

分析城市发展规划，明确城市未来发展定位和目标，形成制定新型智慧城市发展目标的依据。

b)智慧化愿景。

分析城市自身对本地区开展智慧化建设有哪些设想，重点解决哪些问题，明确新型智慧城市建设的整体目标。

c)发展形势。

从国家战略、区域发展环境、居民美好生活的需要、技术和产业发展趋势等方面分析城市发展过程中面临的机遇。

d)面临挑战。

从宏观环境、城市治理模式、产业发展创新、公共安全、生态宜居等方面分析城市发展过程中面临的外部环境要求。

②城市现状调研分析。

资源环境。

从地理信息、气候、水环境、生物资源、矿产资源、自然灾害等角度分

---

① 中国国家标准化管理委员会.智慧城市顶层设计指南：GB/T 36333—2018[S].北京：中国标准出版社，2019-01-01：9－10.

析城市信息化所处自然环境的特征与相关性。

经济发展。

针对经济发展现状，调研分析的内容如下：

a)从区域三产结构、布局、优势产业、园区建设、产业链及产业集群等方面分析区域产业发展现状、特点和不足。

b)将城市的产业发展情况与周边区域或标杆区域进行比对，分析竞争与合作关系，确定产业发展方向、存在问题及重点建设内容。

社会治理。

针对社会治理现状，调研分析的内容如下：

a)从人居角度出发，分析人口规模、年龄结构、学历结构、就业结构等。

b)从空间尺度分析人口密度空间分布情况，人口居住平衡情况，主要居住区域周围的学校、医院、公园、交通等配套设施建设情况等。

c)从城市管理角度分析城市社会治安、公共安全等现状。

d)基于以上分析，确定社会治理存在的问题及信息化重点建设内容。

信息化建设。

围绕政府管理、基础设施、民生服务、产业发展、环境优化、投资运营等方面，调研分析城市信息化建设现状。针对信息化建设现状，调研分析的内容如下：

a)被调研单位的信息化建设情况、资源共享情况、基础网络及信息安全建设情况、系统内数据运营中心建设情况。

b)相关行业的发展战略和规划。

c)在调研基础上，梳理分析区域信息化建设现状并确定信息化重点建设内容。

体制机制。

针对体制机制现状，调研分析的内容如下：

a) 调研城市政府管理架构、业务管理架构、信息化建设组织管理架构等。

b) 分析城市组织建设新型智慧城市存在的体制机制问题与可改进的方向。

c) 分析城市管理者对体制机制改革的接受度。

d) 梳理可行的新型智慧城市建设管理体制以及相关的改进措施。

③新型智慧城市建设现状评估。

按照 GB/T 33356－2022，GB/T 34680.1－2017 明确适用于本地区的新

型智慧城市评价指标体系，并进一步开展新型智慧城市建设现状评估。

④ 其他相关规划分析。

建议收集本地区国民经济和社会发展总体规划、主体功能区规划、土地利用总体规划、城乡建设规划、生态环境保护规划、信息化规划、城市适应气候变化应对方案、节能减排工作方案等相关资料，并分析、提炼其中与智慧化建设相关的规划内容。

新型智慧城市建设需求分析要基于城市发展战略与目标、城市现状调研分析及现状评估和其他相关规划等维度，明确提出新型智慧城市建设需求。新型智慧城市建设需求分析包括但不限于以下内容：目标分析，用户分析，业务需求分析，系统功能需求分析，信息资源需求分析，信息共享和业务协同需求分析，基础设施建设需求分析，性能需求分析，安全需求分析，接口需求分析。

（2）总体设计

在需求分析基础上，确定新型智慧城市建设的指导思想、基本原则、建设目标等内容，识别新型智慧城市重点建设任务，提出新型智慧城市建设总体架构。

总体设计宜以新型智慧城市建设需求为依据，包括新型智慧城市建设的指导思想、基本原则、建设目标、总体架构等方面的设计。结合城市现状及新型智慧城市建设需求，从新型智慧城市的理论支撑基础、主要建设方向和目标等方面提出新型智慧城市建设的指导思想。以解决城市问题为出发点，围绕城市基础设施建设、城市发展模式转变、社会民生发展、城市运行管理服务创新等方面的基础条件及实际需求，确定新型智慧城市建设的基本原则。

新型智慧城市总体设计的建设目标宜分为总体目标、细分目标、阶段目标。阶段目标宜明确各个阶段的主要任务、建设内容、建设成果。建设目标的设计宜考虑以下基本要求。

①建设目标应是明确的。

②建设目标应是可衡量的。

③建设目标应是可达成的。

④建设目标应与城市自身的智慧化发展设想相一致。

⑤建设目标应与其他城市规划目标具有一致性。

⑥建设目标应具有明确的时限。

在新型智慧城市建设过程中，宜根据实际建设情况对阶段目标实时进行调整。

（3）架构设计

新型智慧城市总体架构宜包括业务架构、数据架构、应用架构、基础设施架构、安全体系、标准体系、产业体系等设计内容。根据新型智慧城市建设的总体目标，从智慧应用、数据及服务融合、计算与存储、网络通信、物联感知、建设管理、安全保障、运维管理等多维角度设计新型智慧城市总体架构。总体架构宜从技术实现的角度，以结构化的形式展现新型智慧城市发展愿景。

新型智慧城市架构设计依据新型智慧城市建设需求和目标，从业务、数据、应用、基础设施、安全、标准、产业等七个维度和各维度之间的关系出发，对业务架构、数据架构、应用架构、基础设施架构、安全体系、标准体系及产业体系进行设计。具体应包括以下几个方面的内容。

①业务架构。

宜考虑本地区的战略定位和目标、经济与产业发展、自然和人文条件等因素，制定出符合本地区特色的业务架构。依据建设的业务需求，分析业务提供方、业务服务对象、业务服务渠道等多方面因素，梳理、构建形成新型智慧城市的业务架构。业务架构一般为多级结构，宜从城市功能、政府职能、行业领域划分等维度进行层层细化与分解。

②数据架构。

依据新型智慧城市数据共享交换现状和需求分析，结合业务架构，识别出业务流程中所依赖的数据、数据提供方、数据需求方、对数据的操作、安全和隐私保护要求等。在分析城市数据资源、相关角色、IT支撑平台和工具、政策法规和监督机制等数据共享环境和城市数据共享目标的基础上，开展新型智慧城市数据架构的设计。

数据架构设计如下：

a)数据资源框架：对来自不同应用领域、不同形态的数据进行整理、分类和分层。

b)数据服务：包括数据采集、预处理、存储、管理、共享交换、建模、分析挖掘、可视化等服务。

c)数据治理：包括数据治理的战略、相关组织架构、数据治理域和数据治理过程等。

③应用架构。

依据现有应用系统建设现状和需求分析，结合城市业务架构及数据架构要求等，对应用系统功能模块、系统接口进行规划和设计。应用系统功能模块的设计应明确各应用系统的建设目标、建设内容、系统主要功能等，应明确需要新建或改建的系统，识别可重用或者共用的系统及系统模块，提出统筹建设要求。应用系统接口的设计应明确系统、节点、数据交互关系。

④基础设施架构。

依据基础设施建设现状，结合应用架构的设计，识别可重用或者共用的基础设施，提出新建或改建的基础设施，依据"集约建设、资源共享、适度超前"的原则，设计开放、面向服务的基础设施架构。根据 GB/T 34678—2017，针对以下四种基础设施进行设计。

a)物联感知层基础设施：包括地下、地面、空中等全空间的泛在感知设备。

b)网络通信层基础设施：包括城市公共基础网络、政务网络及其他专用网络等网络。

c)计算与存储层基础设施：包括城市公共计算与存储服务中心等。

d)数据与服务融合层基础设施：包括城市数据资源、应用支撑服务、系统接口等方面的基础设施。

⑤安全体系。

依据新型智慧城市信息安全相关标准规范，结合国家政策文件中有关网络和信息安全治理要求，从规则、技术、管理等维度进行综合设计。结合城市信息通信基础设施的规划，设计网络和信息安全的部署结构。安全体系设计内容如下：

a)规则方面：提出应遵循的建议及完善的安全技术、安全管理相关规章制度与标准规范。

b)技术方面：可依据 GB/T 34678—2017 第 7 章规定的 ICT 技术参考模型，明确应采取安全防护保障的对象，及针对各对象需要采取的技术措施。

c)管理方面：可对从事安全管理的组织机构、管理制度及管理措施等方面提出相应的管理要求。

⑥标准体系。

从新型智慧城市总体基础性标准、支撑技术与平台标准、基础设施标准、建设与宜居标准、管理与服务标准、产业与经济标准、安全与保障标准等维度开展本地区标准体系的规划与设计工作。结合本地区特点，注重实践经验的固化，在遵循、实施现有国家行业及地方标准基础上，规划、设计可支撑当地新型智慧城市建设与发展的标准。

⑦产业体系。

围绕新型智慧城市建设目标，结合新技术、新产业、新业态、新模式的发展趋势，基于城市产业基础，提出城市智慧产业发展目标，规划产业体系。宜通过定位城市的细分产业领域，从基础设施服务商、信息技术服务商、系统集成商、公共服务平台企业、专业领域创新应用商、行业智慧化解决方案商等角度梳理、提出重点发展培育的领域方向。宜从创业服务、数据开放平台、创新资源链接、新技术研发应用等角度设计支撑产业生态的智慧产业创新体系。

(4)实施路径设计

在前期阶段成果的基础上，依据新型智慧城市重点建设任务，提出新型智慧城市建设重点工程，并明确工程属性、目标任务、实施周期、成本效益、政府与社会资金、阶段建设目标等，设计各工程项目的建设运营模式、实施阶段计划和风险保障措施，确保新型智慧城市建设顺利推进。

(5)实施路径规划

①主要任务和重点工程。

新型智慧城市建设实施路径规划应明确主要任务和重点工程。从新型智慧城市建设目标出发，依据系统论和结构分析等方法论，结合总体设计和架构设计的内容，提出智慧建设的主要任务和重点工程。新型智慧城市建设主要任务宜依据业务架构划分方法，从政府部门工作角度展开描述。应根据城市发展需求和资源禀赋，区分各项任务的轻重缓急。新型智慧城市建设重点工程一般涉及城市经济和对社会发展有重大影响的平台建设、行业发展、城市治理等方面的任务。重大工程的设计宜明确以下内容。

a)建设目标：宜提出明确的、可量化的工程目标。

b)建设内容及规模：明确工程的建设内容、建设模式、建设周期、资金估算、负责单位等。

②运营模式。

常见的新型智慧城市运营模式包括：政府投资建设政府运营、政府投资建设企业运营、企业投资建设企业运营、合伙投资建设企业运营。宜通过对城市的投融资渠道与主体、市场能力、产业链、项目资金来源、财政承受能力、使用需求、市场化程度、回报机制、风险管理等多个维度进行定性定量分析，提出新型智慧城市运营模式建议，明确不同角色的职责分工、投融资方式及运营方式。

③实施阶段。

宜通过分析现状与新型智慧城市目标的差距，提出有效的、可操作的过渡路径。基于新型智慧城市建设阶段目标，宜按照项目与业务的依赖程度、紧迫程度以及难易程度等，明确各阶段实施计划、目标、任务等。

④保障措施。

针对保障措施，新型智慧城市顶层设计的内容如下：

a)组织保障：应针对新型智慧城市建设的组织架构、决策主体、责任主体、监管主体和考核主体等方面提供意见和建议；以"加强统筹、集约建设、资源共享、流程优化"为目标，明确建设管控思路；针对网络设备、安全等方面，提供运行维护措施。

b)政策保障：应针对相关法律法规、政策文件和标准规范的建立和完善提供指导和建议。

c)人才保障：应针对新型智慧城市发展目标和建设内容，提供人才保障方面的建议。

d)资金保障：应针对新型智慧城市相关建设内容，提出资金保障方面的建议。

总之，新型智慧城市的顶层设计应该以解决城市问题为出发点，围绕城市基础设施建设、城市发展模式转变、社会民生发展、城市管理创新等方面的基础条件及实际需求，确定新型智慧城市建设的基本原则。

## 七、新型智慧城市顶层设计方案

### (一)新型智慧城市对顶层设计的要求

新型智慧城市对顶层设计的要求是很高的，政府主管部门既要照顾当下，又要着眼未来，关注未来发展的各个方面，充分考虑各种影响因素和重点领域需要。政府主管部门对新型智慧城市的发展重心应当坚持问题导向，更加聚焦民生与服务；对新型智慧城市的发展理念应当更加鼓励创新与发展；对新型智慧城市的发展路径应当注重集约建设、信息共享与部门间的业务协同；对新型智慧城市的发展手段应当重视网格化管理、物联感知、实现智慧分析；在突出重点的同时，也要重视满足不同群体用户的需要；同时要注重全业务领域的整合，全服务环节的延伸，全技术要素发展。

### (二)新型智慧城市顶层设计方法论

在多年智慧城市建设中，形成了智慧城市规划方法论，新型智慧城市顶层设计应当同样遵循借鉴，新型智慧城市顶层设计方法要强调"顶层设计、整体规划、分步实施"，既要按照自上而下的方法进行规划设计，分解实施，也要按照自下而上的方法进行智慧城市的战略研究，通过对主要任务、重点领域和重点工程的调研分析进行设计。

### (三)新型智慧城市顶层设计总体实施策略

总体来说，新型智慧城市建设顶层设计总体实施策略主要包括打基础、拓应用、全覆盖三个阶段；新型智慧城市的建设投资方式主要包括政府投资、企业投资、政企合作投资三种模式；新型智慧城市的建设领域主要涵盖政务、民生、城市运行管理、产业经济、环境、资源等方面。智慧城市建设在顶层设计时要做到六个统一：统一规划、统一建设、统一管理、统一规范、统一数据、统一平台。

### (四)新型智慧城市顶层设计总体框架之纵向解构

新型智慧城市顶层设计总体框架在纵向层面上主要包括：公共管理层、社会生产层、社会生活层、城市基础设施层、资源环境层。在保障信息安全的前提下，发展智慧信息产业，其最终目标是要实现"优政、兴业、惠民、强基"的经济社会发展总体目标。

### (五)新型智慧城市顶层设计之总体建设思路

新型智慧城市的总体建设思路可以概括为"1＋2＋3"：一套设计理念，即要实现"优政、兴业、惠民、强基"的经济社会发展总目标；两层支撑平台，即新型智慧城市云计算中心平台与新型智慧城市大数据平台；三大应用领域，即政务民生服务应用领域、城市运行管理应用领域和产业经济应用领域。

**(六)新型智慧城市顶层设计之需求调研、需求分析总体框架**

新型智慧城市需求调研工作应做到广泛、深入,通过事先制定周密、严谨的调研计划,开展形式多样的调查、走访和研究,充分了解掌握各行业层面对于新型智慧城市建设的业务需求、发展诉求、项目要求以及战略要求,发现问题、确定建设目标,发现新情况、新问题及时补充完善,进行差距对比,进行需求分析,确定主要任务,编制形成调研报告,在充分考虑各方要素的情况下,最终形成顶层设计方案。

**(七)新型智慧城市顶层设计之系统架构设计**

新型智慧城市系统架构涵盖新型智慧城市公共服务平台、智慧政务服务平台、新型智慧城市运营管理平台共同组成新型智慧城市运营决策中心,具体包括:政务服务、民生服务、城市经济、教育医疗、城市运行管理、城市交通、智能基础设施、智能运行中枢、智慧生产生活、智慧治理、智慧生态等。这些应用离不开大数据共享开放平台以及数据可视化平台两大平台的技术支持,而这两大平台的数据又主要来自政务数据、物联数据与社会数据。

**(八)新型智慧城市顶层设计之云中心基础架构设计**

新型智慧城市云计算平台的基础设施架构总共分为 IaaS 层、PaaS 层、SaaS 层、业务管理平台与云管理平台五个部分的内容。总体功能架构侧重于说明云计算平台的功能模块类型及内容,而要明确各功能模块之间的相互关系,则需要对云计算平台的逻辑结构进行分析。通常处于不同地理位置的资源池均由管理中心引擎的资源池管理模块进行管理,而位于管理中心引擎的能力开放引擎核心具有服务总线的功能,能为管理中心门户提供统一的接口,包括监控接口(用于对管理中心门户各资源池进行监控及告警管理)、计量接口(帮助管理中心门户计量针对资源)、资源接口(可实现云平台上各种类型资源的获取与管理,包括应用协同资源、虚拟化基础资源及各种类型的服务资源)、应用接口(主要用于提供各类型应用系统的上传、运维及部署)、服务接口(用于帮助管理中心门户管理接入系统的各类型服务)。对管理中心引擎而言,针对所有应用系统的管理都需要在应用管理模块的支持下完成,而对这些被管理的应用系统而言,它们会被统一存储在管理中心,不会因地域的不同有所差别。应用管理模块在管理这些应用的过程中会对其系统进行定义并上传相应程序，同时也会部署相应的规格模板。管理中心引擎能借助服务代理的形式将对各种资源池资源的具体操作发送至资源池，从资源池的角度来看，服务代理在发挥了服务总线作用的同时，会为所有出现注册服务需求的资源值生成代理对象，用于处理具体资源池的代理工作。

**（九）新型智慧城市顶层设计之数据架构**

1. 新型智慧城市数据中心大数据平台架构

新型智慧城市数据中心大数据平台架构主要包含：数据集成、存储与计算、分布式调度、查询分析、数据管控、可视化展示、建模平台等核心模块。

2. 新型智慧城市数据中心城市公共基础数据库

新型智慧城市数据中心公共基础数据库主要包括人口、法人、宏观经济、城市基础地理信息等城市公共数据库。以城市信息中心为载体，建立信息更新维护与安全保障机制，对各类公共基础数据进行梳理，实现数据增量采集、更新、关联、分析等操作，完成城市基础数据采集及应用系统建设。

**（十）新型智慧城市顶层设计之总体架构设计**

新型智慧城市总体框架内容如下。

基础设施层：提供对环境的智能感知能力和执行能力，通过感知设备、执行设备及传输网络实现对城市范围内的基础设施、环境、设备和人员等要素的识别、信息采集、监测和控制。

基础平台支撑层：通过数据和服务的融合支撑，承载智慧应用层中的相关应用，提供应用所需的各种服务，为构建上层各类智慧应用提供支撑，本层处于新型智慧城市总体参考模型的中上层，具有重要的承上启下的作用。

智慧应用层：在物联感知层、网络通信层、计算与存储层、数据及服务融合层之上建立的各种基于行业或领域的智慧应用及应用整合，如智慧政务、智慧交通、智慧公共服务、智慧医疗、智慧园区、智慧社区、智慧旅游等，涉及民生、城市治理、创新产业经济等方面，为社会公众、企业用户、城市管理决策用户等提供整体的信息化应用和服务。

展示层：统一安全保障和管理体系，为新型智慧城市构建统一的安全平台，实现统一入口、统一认证、统一授权、日志记录，涉及各横向层次；提供整体的运维管理机制，涉及各横向层次，以确保新型智慧城市整体的建设管理和长效运行。

## 第二节　新型智慧城市标准体系及部分新标准解读

标准化是推动新型智慧城市健康发展的基础支撑，在指导顶层设计、规范技术架构、促进融合应用等方面发挥着重要作用。深入贯彻落实习近平总书记关于分级分类推进新型智慧城市建设的重要指示精神，要继续统筹推进新型智慧城市标准建设，加强重点标准研制，加快标准推广应用，深化国际合作。新型智慧城市需要充分利用物联网、云计算、大数据、人工智能、区块链、新一代移动通信等新兴信息化技术进行建设，但是新型智慧城市的建设过程、建设结果是否符合新型、智慧的要求，这需要制定相关的国家标准，进行系统性的指导与规范，对于建设成果按照标准进行客观评价。

2018 年 12 月 28 日，国家市场监督管理总局、国家标准化管理委员会批准发布了 2018 年第 17 号中国国家标准公告，共包含 646 项国家标准和 11 项国家标准修改单。其中涉及智慧城市建设部分标准，具体包括 GB/T 36622.3—2018《智慧城市公共信息与服务支撑平台第 3 部分：测试要求》，GB/T 37043—2018《智慧城市术语》。①

《智慧城市术语》(GB/T 37043—2018)标准作为智慧城市标准体系中的基础性标准，界定了智慧城市领域中常用的术语和定义，包括智慧城市基本术语、框架与模型、数据资源、基础设施与平台、支撑技术、风险与安全、管理与服务等七大项相关术语，适用于智慧城市的规划、设计、实施与运维，该标准自 2018 年 12 月 28 日公布之日起正式实施。

《智慧城市公共信息与服务支撑平台第 3 部分：测试要求》(GB/T 36622. 3—2018)标准于 2021 年 1 月 1 日正式实施，是对新型智慧城市公共信息与服

---

①　韧性城市交流. 两项智慧城市建设的国家标准发布［EB/OL］.［2019-01-07］. https：//mp. weixin. qq. com/s/Rj6Y3oN6qXKWXIBL3dh34Q

务支撑平台功能及性能测试要点做出要求的依据，包括测试总则、测试环境与工具、测试管理、测试内容、测试方法、测试评价等，适用于新型智慧城市公共信息与服务支撑平台的测试。

回顾智慧城市标准体系建设，早在 2012 年，全国信息技术标准化技术委员会就已发布了包括基础、支撑技术、建设管理、信息安全和应用 5 个大类的智慧标准体系框架。2013 年 11 月，全国智能建筑及居住区数字化标准技术委员会发行了《中国智慧城市标准体系研究》，其中包括基础设施、建设与宜居、管理与服务、产业与经济、安全与运维 5 个大类的标准，分 4 个层次、覆盖了 16 个技术领域，包含 101 个专业标准，涉及国家、行业、地方标准3 255个。[①]

科技部 2014 年参与支持成立了国家智慧城市标准化总体组，支持总体组围绕智慧城市技术创新、标准建设、产品应用等方向开展了一系列重要研究活动，推动了科技创新、标准应用和产业发展。标准化是推动新型智慧城市健康发展的基础支撑，在指导顶层设计、规范技术架构、促进融合应用等方面发挥着重要作用。统筹推进新型智慧城市标准建设，需要加强重点标准研制，加快标准推广应用，深化国际合作。

《新型智慧城市评价指标》(GB/T 33356—2022)经国家市场监管总局正式批准发布，已于 2023 年 5 月 1 日起正式实施，并替代《新型智慧城市评价指标》(GB/T 33356—2016)。新版评价标准一方面明确了新型智慧城市工作方向，指导各级政府基于评价指标清晰了解建设现状及存在问题，制定了新型智慧城市的发展方向和建设重点，有针对性地提升智慧城市建设的实效和水平；另一方面，以评价工作为抓手，可以促进智慧城市建设经验的共享和推广，及时发现不同地区、不同层级、不同规模智慧城市建设的优秀案例、实践经验和共性问题，总结提炼一批可复制、可推广的最佳实践，使新型智慧城市的最佳实践得以固化，为其他城市的新型智慧城市建设提供指导。

## 一、新型智慧城市标准体系建设

据国家智慧城市标准化总体组标准组最新会议资料显示，我国已立项的

---

① 国家智慧城市标准化总体组. 智慧城市标准化白皮书 2022，2022(3)：6—7.

31 项智慧城市国标中，1 项国标已发布，8 项国标已进入报批阶段，约 10 项国标进入征求意见阶段。已进入报批阶段的 8 项国标包括：《智慧城市技术参考模型》《智慧城市评价模型及基础评价指标体系第 1 部分：总体框架及分项评价指标的制定要求》《智慧城市评价模型及基础评价指标体系第 2 部分：信息基础设施》《智慧城市评价模型及基础评价指标体系第 3 部分：信息资源》《智慧城市评价模型及基础评价指标体系第 4 部分：建设管理》《智慧城市运营中心第 1 部分：指挥中心建设框架及要求》《智慧矿山信息系统基础设施通用技术规范》《智慧城市软件服务预算管理规范》。[①]

中国城市科学研究会对牵头的四项国标编制进行了汇报，分别为《智慧城市运营中心第 1 部分：指挥中心建设框架及要求》《智慧城市多规合一技术导则》《智慧城市数据融合第 3 部分：数据采集规范》《智慧城市公共信息与服务支撑平台第 2 部分：目录管理与服务要求》，其中《智慧城市运营中心第 1 部分：指挥中心建设框架及要求》已经进入报批阶段。

2016 年，《新型智慧城市评价指标》(GB/T 33356—2016)颁布。2023 年 5 月 1 日，经国家市场监管总局正式批准发布，《新型智慧城市评价指标》(GB/T 33356—2022)正式实施，成为我国关于新型智慧城市评价的最新标准。

## 二、新型智慧城市部分新标准解读

### (一)GB/T 34680.4—2018《智慧城市评价模型及基础评价指标体系第 4 部分：建设管理》

由全国智标委指导编写并归口管理的关于智慧城市建设方面的国家标准 GB/T 34680.4—2018《智慧城市评价模型及基础评价指标体系第 4 部分：建设管理》，已由国家标准化管理委员会在《中华人民共和国国家标准公告》(2018 年第 9 号)予以批准发布，2019 年 1 月 1 日正式开始实施。

该标准的评价指标体系主要包括机制保障、基础设施、社会管理、生态宜居等四个一级指标，涉及多规合一信息化平台业务集成度、规划数据业务支撑度、绿色建筑覆盖率、公共建筑运行能耗率、建筑智慧化设计利用率、

---

① 国家智慧城市标准化总体组. 智慧城市标准化白皮书 2022，2022(3)：41—42.

智慧工程管理普及率、市政管网管线智能化监测管理率、数字化城市管理事部件结案率、建设工程环境质量信息化监控覆盖率、可再生能源利用比重、智慧住区惠及人口百分比等 11 个二级指标。

该标准的发布，贯彻落实了《国家新型城镇化规划（2014—2020 年）》，为智慧城市建设提供了标准支撑，有利于促进城市建设的信息网络宽带化、规划管理信息化、基础设施智能化、公共服务便捷化、产业发展现代化、社会治理精细化发展。

**（二）GB/T 36332—2018《智慧城市领域知识模型核心概念模型》**

由全国信息技术标准化技术委员会编写并归口管理的关于智慧城市建设方面的国家标准 GB/T 36332—2018《智慧城市领域知识模型核心概念模型》，已由国家市场监督管理总局、中国国家标准化管理委员会在 2018 年 6 月 7 日发布，并于 2019 年 1 月 1 日正式开始实施。

标准规定了智慧城市领域知识模型的核心概念及模型组成、核心概念以及核心概念之间的关系。本标准适用于智慧城市领域知识模型的构造，也适用于智慧城市信息系统之间的交换共享。

**（三）GB/T 36333—2018《智慧城市顶层设计指南》**

由全国信息技术标准化技术委员会编写并归口管理的关于智慧城市建设方面的国家标准 GB/T 36333—2018《智慧城市顶层设计指南》，已由国家市场监督管理总局、中国国家标准化管理委员会在 2018 年 6 月 7 日发布，并于 2019 年 1 月 1 日正式开始实施。

标准规定了智慧城市顶层设计的总体要求、基本过程及需求分析、总体设计、架构设计、实施路径设计等，适用于智慧城市的顶层设计，也可指导信息化领域的顶层设计。

**（四）GB/T 36334—2018《智慧城市软件服务预算管理规范》**

由全国信息技术标准化技术委员会编写并归口管理的关于智慧城市建设方面的国家标准 GB/T 36334—2018《智慧城市软件服务预算管理规范》，已由国家市场监督管理总局、中国国家标准化管理委员会在 2018 年 6 月 7 日发布，并于 2019 年 1 月 1 日正式开始实施。

本标准规定了智慧城市软件服务的范围、成本构成和预算管理的基本过程。

**（五）GB/T 36445—2018《智慧城市 SOA 标准应用指南》**

由全国信息技术标准化技术委员会编写并归口管理的关于智慧城市建设方面的国家标准，GB/T 36445—2018《智慧城市 SOA 标准应用指南》已由国家市场监督管理总局、中国国家标准化管理委员会在 2018 年 6 月 7 日发布，并于 2019 年 1 月 1 日正式开始实施。

本标准给出了智慧城市技术参考模型、建设阶段、服务水平和典型应用场景采纳 SOA 标准应用的建议，是适用于指导智慧城市信息化项目的规划、设计、建设与运维的 SOA 标准应用指南。

**（六）GB/T 33356—2016《新型智慧城市评价指标》**

2016 年，《新型智慧城市评价指标》（GB/T 33356—2016）给出了适用于直辖市、计划单列市、地级及以上城市评价工作的一系列指标，其中的指标不唯"技术先进、投资规模、工程建设"论绩效，更多地体现新型智慧城市服务的成效能力，注重市民体验的获得感、满意度和幸福感，有效指导了智慧城市健康发展。但随着新型智慧城市相关理念、技术和应用不断发展和演进，其评价指标也需要进行动态更新，以形成更符合当前新型智慧城市建设与发展需求的评价指标体系，更加精准地为各地提供参考。

**（七）GB/T 33356—2022《新型智慧城市评价指标》**

新版评价指标是对 2016 年已发布的《新型智慧城市评价指标》（GB/T 33356—2016）的首次修订，规定了面向地级及以上城市的新型智慧城市评价指标体系、指标说明和指标权重，共包含 9 项一级指标、29 项二级指标、62 项二级指标分项。另外，此次标准修订首次在附录 A 中针对县及县级市的新型智慧城市建设给出了评价指标，引导县域智慧城市规范、合理建设。

新版评价指标从惠民服务、精准治理、生态宜居、精准治理、信息基础设施、信息资源、产业发展、信息安全、创新发展、市民体验等维度设计新型智慧城市评价指标，对新型智慧城市建设绩效进行全方位评价，新版评价指标的发布与实施，将更好地支撑开展新型智慧城市评价工作。一方面明确了新型智慧城市工作方向，指导各级政府基于评价指标清晰了解建设现状及存在问题，制定了新型智慧城市的发展方向和建设重点，有针对性地提升智慧城市建设的实效和水平；另一方面，以评价工作为抓手，可以促进智慧城市建设经验的共享和推广，及时发现不同地区、不同层级、不同规模智慧城市建设的优秀案例、实践经验和共性问题，总结提炼一批可复制、可推广的最佳实践成果，使新型智慧城市的最佳实践成果得以固化，为其他城市的新型智慧城市建设提供指导。总之，新版评价指标重在以评促建，让新型智慧城市可复制、可推广。

除了建立新型智慧城市总的标准体系，由于各个行业业务场景、工作情况不尽相同，各个行业同样需要根据自己的工作需求和服务场景建立适合其业务工作的新型智慧城市行业标准体系，这样才能更接地气、更有针对性，避免泛泛而谈，更好地指导促进各行业工作的开展。

像住建部针对城市运行管理出台的行业标准《城市运行管理服务平台建设指南》《城市运行管理服务平台技术标准》和《城市运行管理服务平台数据标准》，主要解决了数字化城市管理平台在目前发展阶段该如何转型升级等我国城市管理领域面临的一系列重大问题，介绍了我国城市运行管理服务平台该如何规划、建设、管理、验收、运维等关键问题。

同样，住建部近期出台的行业标准《城市信息模型（CIM）基础平台技术导则》，提出了 CIM 基础平台建设在平台构成、功能、数据、运维等方面的技术要求。明确了 CIM 基础平台定位于城市智慧化运营管理的基础平台，由城市人民政府主导建设，负责全面协调和统筹管理，并明确责任部门推进 CIM 基础平台的规划建设、运行管理、更新维护工作。指出 CIM 基础平台建设应遵循"政府主导、多方参与，因地制宜、以用促建，融合共享、安全可靠，产用结合、协同突破"的原则，统一管理 CIM 数据资源，提供各类数据、服务和应用接口，满足数据汇聚、业务协同和信息联动的要求。明确了 CIM 基础平台的建设和使用及 CIM 数据采集、处理、传输、存储、交换和共享应符合国家相关法律法规、政策和标准规范的安全要求。这将为我国各行业新型智慧城市建设中 CIM 基础平台的应用推广打下一个坚实的基础。

还有像公安、教育、医疗卫生、交通运输、环保、自然资源、金融行业、电子商务、工业生产控制等行业部门都需要建立并完善各自行业相关的行业标准，通过建立这些行业标准体系，在新型智慧城市标准体系的统领下，逐步更新完善、逐步扩大覆盖范围，协同配合发挥作用，共同为我国的新型智慧城市建设以及各行业各部门的智慧化提供指引。

# 第三节　新型智慧城市评价指标体系

新型智慧城市以为民服务全程全时、城市治理高效有序、数据开放共融共享、经济发展绿色开源、网络空间安全清朗为主要目标，通过体系规划、信息主导、改革创新，推进新一代信息技术与城市现代化深度融合、迭代演进，实现国家与城市协调发展的新生态。新型智慧城市以自主安全为保障基石，以数据资源为驱动引擎，以模式创新为推进路径，实现经济、社会、政府等领域重塑与能力提升，以城市治理体系、治理能力的现代化和城市经济体系的现代化支撑城市发展。相较于传统智慧城市，新型智慧城市强调以数据为驱动，以人为本、统筹集约、注重实效，打通了传统智慧城市的各类信息和数据孤岛，实现城市各类数据的采集、共享和利用，建立统一的城市大数据运营平台，有效发挥大数据在"优政、惠民、强基、兴业"等方面的作用。同时，更加注重城市信息安全，保障城市各类信息和大数据安全。建设和发展新型智慧城市，是我国实现工业化、城镇化、信息化发展目标的重要举措，也是破解城市发展难题、提升公共服务能力、转变经济发展方式的必然要求。当前，亟须构建并完善一套科学合理的评价指标体系，来客观反映和评价我国新型智慧城市的建设水平与发展状况，引导并推动新型智慧城市的健康有序发展。

## 一、建立新型智慧城市评价指标体系的重要意义

"十四五"时期，是我国突破城市发展瓶颈，创新城市管理模式，提高城市服务效率，提升治理体系与治理能力现代化水平，实现新型智慧城市快速建设发展的关键时期。加强对新型智慧城市发展水平的评估和研究，有利于引导新型智慧城市的建设方向，推动我国城市信息化的科学、健康、有序发展。

一是科学衡量新型智慧城市建设成效的迫切需要。新型智慧城市的建设体现在感知、互联、开放、融合、协调、集成等诸多方面，但其核心目标是为了提升城市的管理能力和服务水平。目前，缺乏对新型智慧城市建设效果的全面、准确评价，亟须构建一套系统科学的新型智慧城市评估指标体系，从而客观反映各地新型智慧城市建设成效，及时总结经验教训，为新型智慧城市的发展提供帮助。

二是正确引导城市实现可持续发展的有效手段。随着我国城市化进程的不断提速，城市人口迅速膨胀，资源环境约束日益凸显，由此引发交通拥挤、能源短缺、环境污染、公用设施发展滞后、管理不到位、公共服务水平亟待提升等一系列问题。加强对新型智慧城市发展情况的评估，有利于引导各级政府优化资源配置，为新型智慧城市发展创造良好的政策环境、技术环境和网络环境，从而解决各类城市问题，引导城市走向资源整合、管理集约、服务便捷的可持续发展道路。

三是探寻新型智慧城市发展规律的内在要求。新型智慧城市是一个动态发展的过程，不同的发展阶段存在不同的特征与要求。因此，结合各地新型智慧城市的推进状况，对新型智慧城市发展情况进行分析，建立长效评估机制，有利于我们全面了解不同阶段发展的特点和影响因素，深刻剖析新型智慧城市发展过程中可能遇到的问题和矛盾，准确把握新型智慧城市运行的客观规律，为新型智慧城市的建设和管理工作提供参考。

新型智慧城市评价指标体系一方面可以帮助各城市明确新型智慧城市工作方向，指导各级政府基于评价指标清晰了解建设现状及存在问题，制定新型智慧城市的发展方向和建设重点，有针对性地提升智慧城市建设的实效和水平；另一方面，以评价工作为抓手，可以帮助各城市促进智慧城市建设经验的共享和推广，进而及时发现不同地区、不同层级、不同规模智慧城市建设的优秀案例、实践经验和共性问题，总结提炼一批可复制、可推广的最佳实践成果，使新型智慧城市的最佳实践成果得以固化，为其他城市的新型智慧城市建设提供指导。

## 二、新型智慧城市评价指标体系设计思路

新型智慧城市评价指标体系的构建是一个理论与实践不断结合的过程，通过理论研究来指导实践，并在实践中不断地验证完善。新型智慧城市评价指标体系的设计，首先要明确指标范围，选取能够反映现阶段我国新型智慧城市建设发展水平的指标，再选择适当样本做试评估，对初步测算结果进行检测和验证，根据验证结果对指标体系进行必要的调整和修正，最终确立适合我国国情和当前新型智慧城市发展阶段特点的评估指标体系。①

指标范围：在明确新型智慧城市内涵的基础上，结合我国新型智慧城市建设现状以及存在的问题，确定新型智慧城市评价的指标范围，从新型智慧城市的准备情况、管理能力、服务水平等三个方面考察新型智慧城市的发展水平。

指标选取：选取的特征指标必须能够体现我国新型智慧城市发展的阶段特征，指标之间具有较强的逻辑性，同一层级下的指标能够综合反映新型智慧城市某个方面的发展水平，且具有可操作性，以定量指标为主、定性指标为辅。主要指标数据来源有：城市统计年鉴、城市信息化年鉴、各地制定的相关政策文件与规划、《中国互联网络发展状况统计报告》、政务网站统计数据、相关行业研究报告、城市实地调研和问卷调查结果等。

指标验证：新型智慧城市评估指标体系初步确定后，应向公众征集意见，并进行专家评审，广泛吸收各方建议。同时，可考虑在东部沿海、中部和西部地区各选择一些有代表性的城市进行抽样评估。通过对新型智慧城市建设成效的横向对比，发现指标体系存在的问题并找出原因，对不符合要求的指标进行调整和修正，确定最终的评估指标体系。

## 三、新型智慧城市评价指标体系构建

在国内外智慧城市评价指标体系差异性基础上，提出对比新型智慧城市评价工作应以分级分类为方法路径，国家、省、市和县（市）从不同层面分工

---

① 郭周祥. 新型智慧城市考核评价指标体系研究[J]. 数字社会，2021(10)：36.

明确，协同推进。建议国家层面重点考核国家部委垂直系统之间的数据共享交换推进水平，新型智慧城市在东、中、西部发展差异，注重城市群/都市圈新型智慧城市协同联动机制的建设发展，以及优秀建设经验在全国范围的示范推广。省级层面重点对各地民生服务便捷度、政府治理能力提升、资源环境保护力度等方面进行考核评价。市、县对照指标体系积极发挥主体作用开展自评，明确现状与战略目标之间的发展差异，指导制定切实可行的实施方案。其中，市级在利用智慧化手段提升城市病治理水平的同时，还应加强全市域公共服务平台支撑能力以及数据开发应用水平；县级加强对自身信息基础设施承载能力的考核评估，提高线上、线下服务的便捷化水平，挖掘智慧城市的特色亮点应用需求。

**(一)构建思路**

在对国内外已有新型智慧城市指标体系框架进行研究的基础上，重点分析当前我国市、县在推进新型智慧城市统筹力度、自主程度、发展重心、产业水平、人口规模等方面存在的差异，分别提出市、县不同的新型智慧城市评价指标体系。在具体指标的选取方面，市级指标覆盖面相对更广、指标数量更多，侧重于对统筹引导能力的考核，比如制定全市整体的新型智慧城市规划方案，加强数据中心等平台设施在支撑全市新型智慧城市建设方面的能力等；县级指标数量相对较少，侧重于对应用创新能力以及基础设施的改造升级等方面的考核。

**(二) 指标体系构建**

指标体系注重对新型智慧城市建设实际效果的评价，同时加强了在机制保障体系建设、地方特色亮点创新等方面的引导，新版《新型智慧城市评价指标》(GB/T 33356—2022)规定了面向地级及以上城市的新型智慧城市评价指标体系、指标说明和指标权重，共包含9项一级指标、29项二级指标、62项二级指标分项。同时，该标准针对县及县级市的新型智慧城市建设给出了可参考使用的评价指标。该标准适用于新型智慧城市评价工作，并可用于指导新型智慧城市的规划、设计、实施、运营与持续改进等活动。

总体来说，指标权重设计应具有合理性和科学性，反映出城市智慧化建设水平。常用的评价指标权重设置方法包括专家咨询法、层次分析法（AHP

法)、模糊综合评判法、聚类分析法、熵权法、神经网络法等。不同赋权方法各有优劣，主观赋权受专家或评价者的影响较大，而客观赋权存在对数学计算方法的过分依赖。可采用基于偏差最小原则的组合赋权模型，对多种方法提供的权重进行优化处理。[①]

为了引导各地有序推进新型智慧城市建设，目前，我国已经根据新型智慧城市建设需求制定了《新型智慧城市评价指标》国家标准，包括 2018 版、2022 最新版，并对各类地级市和有代表性的县和县级市开展通用性评价，其评价结果成为衡量我国新型智慧城市建设水平的权威性标尺，这些标准将为我国的新型智慧城市的建设及评价工作提供指导依据。

**(三)目前新型智慧城市考核评价指标体系构建存在的问题及改进建议**

目前，《新型智慧城市评价指标》(2022 版)国家标准已经出台，此套评价体系是从惠民服务、精准治理、生态宜居、智能设施、信息资源、网络安全、改革创新、市民体验等维度对全国新型智慧城市发展水平的一个综合性评估，其目的是从全局分析评价新型智慧城市建设的问题和差距，客观反映建设现状与发展水平，该标准可用于对新型智慧城市建设绩效进行全局分析和整体评价，但是无法针对新型智慧城市具体建设项目成效进行考核，对建设工程的巨额投入也没有清晰的反馈。

因此，新型智慧城市顶层设计之初就应构建考核评价指标体系，对新型智慧城市建成后所达到的实际效果进行预判，设定约束性指标和预期性指标，提升政府绩效管理水平，保障新型智慧城市建设可以得到预期成果。

**(四)新型智慧城市考核评价指标体系构建原则**

1. 精准性原则

新型智慧城市考核评价指标体系必须准确地体现出该城市智慧化建设的成效，因此，如何将建设目标实现程度精准反映到考核评价指标体系中是首先要考虑的问题。

---

① 庄广新，方可，王妍. 新型智慧城市评价指标体系研究[J]. 信息技术与标准化，2021(3)：16.

2. 系统性原则

新型智慧城市是一个有机的系统，其规划建设涉及城市的方方面面，考核评价体系不应该是指标的简单堆砌，而应该是一个层次分明的整体，不同维度的指标应处于不同层级，形成一定的逻辑关系。

3. 科学性原则

考核评价指标的选择过程应尽量排除主观意识的影响，在指标体系的构建过程中，以定量指标为主、定性指标为辅，每一个指标都能客观反映新型智慧城市建设工程、任务或项目。

4. 可操作性原则

考核评价指标应该是在实际操作中易于量化处理的指标，以便于对建设成效进行定量评价与比较，反映指标的数据或信息应易于采集，以充分体现其实际的应用价值和运作的可能性。

**(五)新型智慧城市考核评价指标体系构建过程**

新型智慧城市考核评价体系在构建上必须参考国家评价标准，立足于城市发展实际情况与规划文件任务要求，构建考核评价指标体系框架，进而选择和调整具体评价指标，最终确定的所有指标项均需通过有效性与可行性验证，其构建思路如图 3.1 所示。

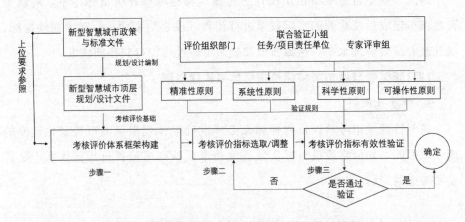

**图 3.1　新型智慧城市考核评价指标体系构建流程**

具体构建思路如下：

①步骤一：考核评价指标体系框架构建。

因城市规模、资源禀赋、社会文化、经济发展等的水平迥异，信息化建设基础不同，各地对新型智慧城市建设的需求差异也较大。考核评价指标体系框架构建以新型智慧城市建设任务/项目体系为依据，全面覆盖新型智慧城市建设的关键要素，一般包括感知设施、网络设施、信息平台、数据资源、应用服务、媒介互动、标准体系、管理体系、安全体系、产业体系等10个方面（如图3.2所示）。

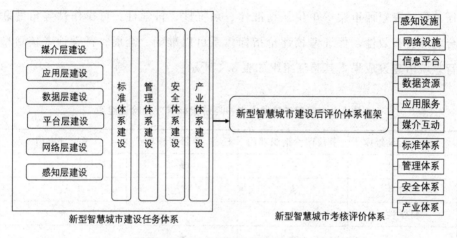

图3.2　新型智慧城市考核评价指标体系框架构建图解

②步骤二：考核评价指标选取/调整。

以考核评价指标体系框架为基础，参考各类智慧城市现状评价指标、上位文件的信息化建设量化指标等，结合新型智慧城市顶层规划/设计任务要求，选取能够体现建设成效的指标，并根据联合验证小组意见进行调整。

考核评价指标选取渠道有三，内容如下：

一是现行的智慧城市评价指标。如智慧校园建设项目，可以《新型智慧城市评价指标》（2018）为依据，选取学校无线网络覆盖率、学校多媒体教室普及率作为考核指标。

二是上位文件信息化建设量化指标。如智慧政务建设项目，可以省文件《深化"最多跑一次"改革推进政府数字化转型工作总体方案》为依据，选取非涉密政务服务事项网上办理率作为考核指标。

三是针对任务目标的初步设计指标。如园区管理领航仓建设项目，可以客户工作目标为依据，选取园区管理领航仓监测指标量、园区管理领航仓覆盖率作为考核指标。

③步骤三：考核评价指标有效性验证。

考核评价指标的有效性直接影响新型智慧城市的最终评估结果的可靠性，从源头上确定了新型智慧城市建设成效评价的口径、标准与方法。因此，新型智慧城市考核评价指标选取后需经考核评价组织部门、任务/工程/项目责任单位、专家评审组等单位从精准性、系统性、科学性、可操作性等角度联合验证其有效性，保证考核评价指标体系可以准确、全面、科学地考核新型智慧城市建设成果，其验证组织如表3.1所示。

表3.1 新型智慧城市考核评价指标有效性验证组织

| 有效性验证维度 | 考核评价组织部门 | 任务/项目责任单位 | 专家评审组 |
|---|---|---|---|
| 精准性 | ☆ | ★ | ☆ |
| 系统性 | ★ | ☆ | ☆ |
| 科学性 | ☆ | ☆ | ★ |
| 可操作性 | ★ | ★ | ☆ |

注：★为主验证单位　☆为副验证单位

**（六）新型智慧城市考核评价指标数据获取方式**

新型智慧城市考核评价体系中指标数据主要来源于政府部门与社会平台，通过系统抽取、调研访谈两种方式搜集，以政府部门系统抽取方式为主，社会平台主要是指支付宝、微信等便民服务平台，指标数据截止时间按考核年度计划执行。

## 四、关于新版《新型智慧城市评价指标》(GB/T 33356—2022)解读

《新型智慧城市评价指标》(GB/T 33356—2022)(以下简称新版《评价指

标》)经市场监管总局(标准委)批准发布,已于 2023 年 5 月 1 日起正式实施。这是 2016 年原《新型智慧城市评价指标》(GB/T 33356—2016)发布后首次修订。

　　新版《评价指标》按照"以人为本、成效引导、客观规范、成熟可测、注重时效"的原则,在 2016 版基础上完成调整和优化。新版《评价指标》规定了面向地级及以上城市的新型智慧城市评价指标体系、指标说明和指标权重,共包含 9 项一级指标、29 项二级指标、62 项二级指标分项。同时,该标准在附录 A 中针对县及县级市的新型智慧城市建设给出了可参考使用的评价指标。该标准适用于新型智慧城市评价工作,并可用于指导新型智慧城市的规划、设计、实施、运营与持续改进等活动。

**(一)新版《评价指标》的适用范围**

　　新版《评价指标》规定了新型智慧城市评价指标体系、指标说明和指标权重。新版《评价指标》适用于地级及以上城市的新型智慧城市评价和指导开展新型智慧城市的规划、设计、实施、运营与持续改进。

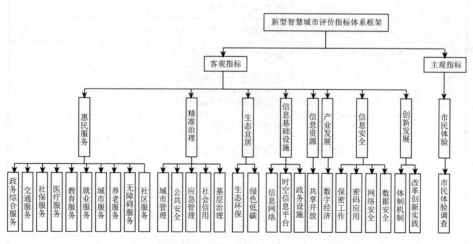

图 3.3　新型智慧城市评价指标体系框架(地级及以上城市)

　　根据图 3.3,面向地级及以上城市的新型智慧城市评价指标体系框架描述如下。

　　①新型智慧城市评价指标包括客观、主观两类指标:

②客观指标包括惠民服务、精准治理、生态宜居、信息基础设施、信息资源、产业发展、信息安全、创新发展 8 个一级指标、28 个二级指标。

③主观指标设有 1 个一级指标"市民体验"，1 个二级指标"市民体验调查"。

**(二)新型智慧城市评价指标及权重**

各地方在计算新型智慧城市建设水平总体得分时，可通过加权求和并扣除"信息安全 L7"的方式进行计算(如表 3.2 所示)。

表 3.2  地级及以上城市新型智慧城市评价指标及权重一览表

| 一级指标及权重 | 二级指标及权重 |
| --- | --- |
| 惠民服务 L1(24%) | 政务综合服务 L1P1(5%) |
| | 交通服务 L1P2(3%) |
| | 社保服务 L1P3(2%) |
| | 医疗服务 L1P4(3%) |
| | 教育服务 L1P5(2%) |
| | 就业服务 L1P6(2%) |
| | 城市服务 L1P7(2%) |
| | 养老服务 L1P8(2%) |
| | 无障碍服务 L1P9(2%) |
| | 社区服务 L1P10(1%) |
| 精准治理 L2(11%) | 城市管理 L2P1(4%) |
| | 公共安全 L2P2(3%) |
| | 应急管理 L2P3(1%) |
| | 社会信用 L2P4(1%) |
| | 基层治理 L2P5(2%) |
| 生态宜居 L3(6%) | 生态环保 L3P1(3%) |
| | 绿色低碳 L3P2(3%) |

| 信息基础设施 L4(6%) | 信息网络 L4P1(2%) |
| --- | --- |
| | 时空信息平台 L4P2(2%) |
| | 政务设施 L4P3(2%) |
| 信息资源 L5(6%) | 共享开放 L5P1(6%) |
| 产业发展 L6(2%) | 数字经济 L6P1(2%) |
| 信息安全 L7(0%) | 保密工作 L7P1 |
| | 密码应用 L7P2 |
| | 网络安全 L7P3 |
| | 数据安全 L7P4 |
| 创新发展 L8(5%) | 体制机制 L8P1(3%) |
| | 改革创新实践 L8P2(2%) |
| 市民体验 L9(40%) | 市民体验调查 L9P1(40%) |

县域新型智慧城市评价指标体系如图 3.4 所示。

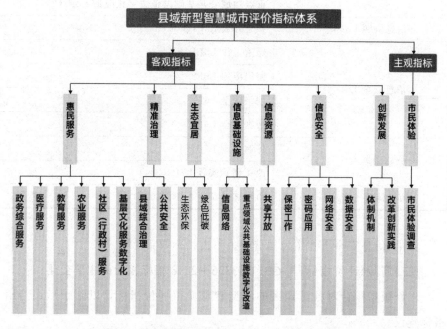

图 3.4　新型智慧城市评价指标体系框架(县域)

县域新型智慧城市评价指标及权重如表 3.3 所示。

表 3.3　县域新型智慧城市评价指标及权重一览表

| 一级指标及权重 | 二级指标及权重 |
|---|---|
| 惠民服务 L1(25%) | 政务综合服务 L1P1(6%) |
| | 医疗服务 L1P2(5%) |
| | 教育服务 L1P3(5%) |
| | 农业服务 L1P4(5%) |
| | 社区(行政村)服务 L1P5(2%) |
| | 基层文化服务数字化 L1P6(2%) |
| 精准治理 L2(12%) | 县域综合治理 L2P1(8%) |
| | 公共安全 L2P2(4%) |
| 生态宜居 L3(6%) | 生态环保 L3P1(3%) |
| | 绿色低碳 L3P1(3%) |
| 信息基础设施 L4(6%) | 信息网络 L4P1(4%) |
| | 重点领域公共基础设施数字化改造 L4P2(2%) |
| 信息资源 L5(6%) | 共享开放 L5P1(6%) |
| 信息安全 L6(0%) | 保密工作 L6P1 |
| | 密码应用 L6P2 |
| | 网络安全 L6P3 |
| | 数据安全 L6P4 |
| 创新发展 L7(5%) | 体制机制 L7P1(3%) |
| | 改革创新实践 L7P2(2%) |
| 市民体验 L8(40%) | 市民体验调研 L8P1(40%) |

其中"信息安全 L6"作为扣分项，不占指标权重。

**(三)新版《评价指标》与 GB/T 33356—2016 指标相比的主要变化**

①新版指标针对县域地区的新型智慧城市评价指标，以附录形式给出了指标建议。

②具体指标变化如表 3.4 所示。

表 3.4　新版《评价指标》与 GB/T 33356—2016 指标相比的主要变化

| | 更改 | 删除 | 增加 | | 细化 | |
|---|---|---|---|---|---|---|
| 一级指标 | "智能设施"更改为"信息基础设施" | | | | | |
| | "网络安全"更改为"信息安全" | | | | | |
| | "改革创新"更改为"创新发展" | | | | | |
| 二级指标 | "政府服务"更改为"政务综合服务" | 电商服务 | 养老服务 | 无障碍服务 | 交通服务 | 社保服务 |
| | "智慧环保"更改为"生态环保" | 帮扶服务 | 社区服务 | 应急管理 | 医疗服务 | 教育服务 |
| | "绿色节能"更改为"绿色低碳" | 开发利用 | 社会信用 | 基层治理 | 就业服务 | 城市服务 |
| | "宽带网络设施"更改为"信息网络" | 网络安全管理 | 政务设施 | 数字经济 | 城市管理 | 公共安全 |
| | "开放共享"更改为"共享开放" | 系统与数据安全 | 保密工作 | 密码应用 | 时空信息平台 | 体制机制 |
| | 一级指标及二级指标权重 | | 网络安全 | 数据安全 | | |

### (四)标准实施的意义

新版《评价指标》的发布与实施，将更好地支撑开展新型智慧城市评价工作。开展新型智慧城市评价可以科学地衡量各地新型智慧城市建设成效，总结典型实践经验，实现"以评促建，以评促改，以评促管"，助力新型智慧城市可持续发展。

该标准以评价指标的形式明确了新型智慧城市重点建设内容及发展方向，指导各级政府清晰了解当地建设现状及存在问题，有针对性地提升智慧城市建设的实效和水平。以评价工作为抓手，可以促进智慧城市建设经验的共享和推广，及时发现不同地区、不同层级、不同规模智慧城市建设的优秀案例、实践经验和共性问题，总结提炼一批可复制、可推广的最佳实践成果，使智慧城市的最佳实践成果得以固化，为其他城市的智慧城市建设提供指导。

总之，从传统的智慧城市建设到现在的新型智慧城市建设，构建一套科学的评价指标体系用于考核指导建设都是必不可少的。上海、兰州、北海、义乌等地区的主管责任单位在新型智慧城市顶层设计编制项目采购时均已明确提出将考核评价指标体系作为最终交付成果之一。

另外，除了建立新型智慧城市总的考核评价标准体系，同样由于各个行业业务场景、工作情况不尽相同，各个行业同样需要根据自己的工作需求、服务场景，建立适合其业务工作的智慧城市行业考核评价标准体系，这样才能更接地气和更有针对性，避免泛泛而谈，更好地指导促进各行业工作的开展。像住建部针对城市运行管理出台的行业标准《城市运行管理服务平台评价标准》，主要解决了我国数字化城市管理平台在目前发展阶段该如何转型升级等一系列重大问题，重点解决了如何对我国城市运行管理服务平台建设效果进行评价的关键问题。另外，公安、教育、医疗卫生、交通运输、环保、自然资源、金融行业、电子商务、工业生产控制等行业部门都需要建立并完善各自行业相关的智慧城市行业评价标准体系，通过建立这些行业评价标准体系，在国家新型智慧城市评价标准体系的统领下，逐步迭代更新完善、协同配合发挥作用，共同为我国的新型智慧城市建设以及各行业各部门的智慧化建设考核评价工作提供指引。

# 第四章　新型智慧城市建设思路与方略研究

## 第一节　新型智慧城市建设的核心要义及需要关注的重点

### 一、新型智慧城市建设的核心要义

新型智慧城市是独具中国特色的智慧城市建设，其核心要义为以人为本、成效导向、统筹集约、协同创新、注重实效，强调以数据为驱动，本质是全心全意为人民服务。

### 二、新型智慧城市建设需要关注的重点

近些年，我国新型智慧城市建设如火如荼，方兴未艾。各个城市在新型智慧城市的建设目标、关注的重点、基础设施建设水平、经济发展水平等方面各有特色，各不相同，但是这并不代表新型智慧城市建设没有共性，没有共通之处。新型智慧城市建设存在着其共性的基本规律、共同的要点，这些共性的规律和要点便是我们需要关注的重点。

新型智慧城市建设，我们需要关注的几个重点如下。

(一)在建设方向上，应当坚持以人民为中心，坚持问题导向，注重实绩实效

新型智慧城市建设应当接地气，注重深入研究各个行业需求，为提升各行业工作效率和服务水平而建设，以信息化、智慧化的手段来破解工作中的

难题，解决真问题，真解决问题。不能为了建设而建设，片面追求高大上，搞面子工程。

**（二）在前提方面，新型智慧城市建设的前提是各个行业的信息化、智慧化**

新型智慧城市建设首先要在各个行业领域实现数字化、信息化、智慧化，不少城市的不少行业应用领域还没有建立适合自身业务需求的行业应用信息系统，还是采用原始的人力方式开展业务工作，在基础的信息化都未实现的情况下，突然跨越实现智慧化更是空谈。

无论是县域城市，还是市级城市、特大城市，要想建成建好智慧城市，都必须高度重视各行业应用系统的建设。针对各行业的业务需求和应用场景，各行业应用系统必须建设到位，应用到位，必须真正实现各个行业的信息化、智慧化。

在实现了智慧政务、智慧交通、智慧城管、智慧旅游、智慧生态、智慧电商、智慧教育、智慧农业、绿色节能、智能惠民、公共安全、智慧医疗、智慧应急等领域下的各个细分行业系统建设，并且真正应用到位，运行成熟后，智慧城市建设自然会水到渠成。否则在各领域各个行业应用系统都尚未建设实现的情况下，空谈实现智慧城市建设，只能是无源之水，无本之木，毫无根基，毫无意义。

**（三）在政策支持方面，新型智慧城市建设需要领导重视支持**

新型智慧城市建设属于一把手工程，需要领导重视支持，尤其相关城市党委政府主要负责人重视支持，其重要性不言而喻，这里不再赘述。

**（四）在基础方面，必须重视加强新型基础设施建设，提升技术支撑能力**

新型智慧城市建设需要新型基础设施建设提供技术支撑，没有这些新型基础设施，智慧城市建设只能是空谈，必须重视通信网络基础设施、云计算中心、数据中心和算力基础设施等信息基础设施建设，提升各类智慧城市建设应用的技术支撑能力。

**（五）在规划方面，新型智慧城市建设必须注重顶层设计规划**

要注重新型智慧城市的顶层设计与整体规划，注重子系统的关联性，不是简单地进行系统整合。新型智慧城市建设需要整体布局，强化顶层设计和分类指导，明确新型智慧城市建设重点，强化政策法规、规范标准建设，鼓励建设和运营模式创新，推动整合优化和协同共享，实现建设模式由分散建设向共建共享转变。

**(六)在层次方面，新型智慧城市建设要区分轻重缓急，避免重复性建设**

结合城市发展需要，选择需求迫切、应用效果明显的项目作为切入点，区分轻重缓急，启动先试示范应用项目建设。新型智慧城市建设时要注重构建统一的共性赋能平台，这有助于避免各行业各领域重复建设、浪费资金，有助于推动各方数据资源的共享和业务系统的联动。

**(七)在运营方面，新型智慧城市建设要注重持续长效运营服务，加大财政扶持力度，建立财政保障机制**

数字化、智慧化转型是一项周期长、投资大的复杂系统工程，从软硬件搭建、技术要素购买到系统开发运行，都需要专业的能力和持续的资金投入。新型智慧城市建设，无论采用何种模式建设，都少不了大量的财政投入，各级政府应加大财政扶持力度，建立财政保障机制。各城市应当根据自身的实际情况及工作需求，根据自身财政状况有计划、分步骤建设实施。另外，智慧城市不是用来建的，而是用来运营的，缺乏运营的项目是没有生命力的，新型智慧城市规划建设最重要的是要考虑未来如何运营。同时，管理模式也要从以建设为主转向长效运营为主，解决可持续发展问题。

**(八)在考核评价方面，新型智慧城市建设要建立完善科学的考核评价标准**

新型智慧城市建设离不开统一的评价标准和科学的评估机制。虽然国家、各省发布了相关评价指标，但是与不少地市级城市的自身特色契合度不够，可操作性低。各级政府主管部门应当建立符合各自城市特色的、"以评促建、以评促改"的新型智慧城市建设长效考评机制。

**(九)在数据建设方面，新型智慧城市建设要注重数据共享，建设统一完善的数据中枢平台**

不少城市的新型智慧城市建设缺乏统一规划、统一标准、统一管理，多为各单位自主发起、独立建设，网络连通难、数据孤岛问题严重，建成后应用不足、维护不到位，软硬件设施重复建设和闲置浪费现象突出。

新型智慧城市建设应当建立完善的城市公共数据中枢平台，包括基础数据库、主题数据库和专题数据库。基础数据库包括人口基础信息库、法人单位基础信息库、自然资源和地理空间基础信息库、宏观经济数据库等。依托城市数据共享交换平台汇聚整合其他业务部门关联数据，加快建设若干个主题数据库。大力推进社会保障、教育科研、医疗卫生、自然资源、住房、城管、交通、环保、综治、应急、公共区安全等专题数据库建设，为新型智慧城市建设提供丰富多样、门类品种齐全的数据支撑。

**(十)在安全方面，新型智慧城市建设要做到可管可控，保障安全**

要以保障新型智慧城市建设平稳有序推进为原则，分级分类推进新型智慧城市建设，有序推动行业智慧化应用，避免贪大求全、重复建设。要强化网络安全管理责任机制，健全网络安全标准规范体系，加大依法管理网络安全和保护个人信息的力度，加强要害信息系统和信息基础设施安全保障能力，确保安全可控。围绕网络安全、设备安全、工控安全、数据安全、安全监测等领域形成自主可控的安全解决方案，提升新型智慧城市安全运行保障能力。

**(十一)在人才储备方面，新型智慧城市要注重人才培养储备，形成培养人才、吸纳人才、留住人才的长效机制**

人才是新型智慧城市建设的关键因素，不少城市新型智慧城市人才短缺，对信息系统建设的技术把控能力有限。在新型智慧城市建设过程中，受限于人员选拔机制和薪资待遇水平，高端人才难引难留，人才流失严重，致使新型智慧城市发展缺乏技术和人才支撑，亟须引进专业技术人才。为此，各级政府要注重人才培养储备，形成培养人才、吸纳人才、留住人才的长效机制。

# 第二节　新型智慧城市建设需要把握的平衡点

新型智慧城市建设应当接地气，要坚持问题导向，要注重深入研究各个行业需求，以信息化、智慧化的手段来破解工作中的难题，为提升各行业工作效率和服务水平而服务，要坚持以人为本、成效导向，要坚持统筹集约、协同创新，要注重实效，数据驱动，要解决真问题，真解决问题。不能陷入技术至上的怪圈，为了建设而建设，不应当片面地求大求全，片面追求高大上，搞面子工程。

诚然，新型智慧城市建设要用到各种新技术、新工艺、新设备，但是无论是新型智慧城市建设的决策者、建设者，还是具体使用者都要切记，使用这些新设备、新技术都是为了创新各个行业的工作模式，节约成本支出，提升各个行业的工作效率，破解各个行业工作中遇到的难题、解决痛点难点问题，是为了方便人民群众的工作、生产和生活。虽然新型智慧城市建设离不开各类新技术、新工艺、新设备的应用，但是我们绝不能唯技术论，新型智慧城市建设应用更应当注重实效实绩，以解决问题为目的，坚持问题导向，既要兼顾经济成本与技术需求，又要考虑到技术成熟度，绝不能不计成本，不切合实际，一味追求高大上，新型智慧城市建设不是技术主义的乌托邦。

韩国自 2002 年起陆续投入 400 亿美元（约合人民币 2 800 亿元），计划在仁川市松岛地区建成世界首座智慧城市——松岛新城，但这座城市至今未能完工，有媒体将之称为"另一座切尔诺贝利"，其未完工的原因就是资金枯竭，无以为继。①

作为未来城市发展的趋势，智慧城市建设日新月异，但是总体来看，大部分智慧城市建设项目还处于非常早期的阶段，很多项目名不符实。智慧城市建设早期发展缓慢的原因如下：

首先，智慧城市作为一种开发项目，它同样无法跳出投入产出的商业逻辑，土地、融资、安装等高昂成本都是摆在眼前现实迫切的问题。巨量建设资金投入与实际产出不平衡一直是困扰智慧城市建设的一个普遍共性难题，所以新型智慧城市建设绝不能不计成本，必须考虑投入与产出效益，必须考虑长远运营维护，应当量力而行，本着先急后缓的原则，提高资金利用效率，将好钢用在刀刃上。

其次，错把手段当目的，陷入唯技术论的怪圈。

仅凭先进技术不可能全部解决城市问题，在技术至上的思维基础上建设出的不是新型智慧城市，而是迷失在技术里的城市。新型智慧城市建设不仅

①　王德培. 中国经济 2021[M]. 北京：中国友谊出版社，2021：6—7.

仅是技术和资金的问题，更是涉及一系列基础设施、法规政策、体制机制、社会关系、利益分配甚至大众观念的角力。短时间建造出的新技术乌托邦都是空中楼阁，要么集成一些现成技术匆匆上马草草收尾，要么就只能沦为面子工程。当下普遍存在的数据孤岛即为典型代表。如果这样建设新型智慧城市，提质增效、改善民生，只能成为一句空话。

因此，新型智慧城市建设需要把握四大平衡。

## 一、在投入产出上，要把握好近期投资与远期回报的平衡

高科技长远来看的确能降本增效，提高城市运行效率。但超前技术带来超高成本，资本总是短视的，而城市发展是缓慢的，一项改变城市的技术从验证有效、示范成功到商业应用，周期比一般的产品还要漫长得多。因此新型智慧城市建设必须重视运营，一方面可利用 PPP 模式、产业引导基金债券等，广泛引入社会资金；另一方面可引入市场服务，分散成本。各级城市新型智慧城市建设可以将运营模式分为政府投资建设政府运营、政府投资建设企业运营、合伙投资建设企业运营、企业投资建设企业运营四种。运营模式的选择需要从安全可控、财政负担、执行效率、长效机制等方面综合平衡，合理划分项目边界，政府和企业可以选择合适的运营模式，在投资与收益间找到平衡。

## 二、在技术利用上，要把握好数据利用与隐私风险的平衡

我们需要建立更完善的监管框架来监督新技术和数据的使用，将数据获取限制在整个城市的"最低限度"，只搜集解决现有问题所需的数据，不能侵犯个人隐私与信息安全。

## 三、在顶层设计上，要把握好自上而下与自下而上的平衡

在新型智慧城市建设项目中，自上而下的顶层设计与统筹推进固然重要，但是自下而上的市场化创新研发及公众的广泛参与，同样也不可或缺。

## 四、在时间跨度上，要把握好当下与未来的平衡

城市发展是一个动态的过程，新型智慧城市建设规划设计既要重视解决当下的问题，还要考虑到未来城市发展的方向、发展趋势以及发展定位。因为城市形态不仅取决于技术的包装、驱动，还取决于生态、人文等影响因素。因此新型智慧城市建设需要充分考虑到未来因素。

总之，新型智慧城市建设离不开新技术的应用，但是我们绝不能唯技术论，新型智慧城市建设新技术的应用更应当注重实效实绩，以解决问题为目的，坚持问题导向，既要兼顾经济成本、技术需求、技术成熟度等因素，充分把握好近期投资与远期回报间的平衡，还要把握好数据利用与隐私风险的平衡、自上而下与自下而上的平衡以及当下与未来的平衡，要做到统筹兼顾，集约建设，充分考虑到各类影响因素，控制好、把握好各类要素间的平衡，充分让各类要素形成合力，共同为新型智慧城市建设服务。

# 第三节　新型智慧城市信息安全保障
# 体系建设需要关注的重点

## 一、当前新型智慧城市安全保障体系建设存在的问题

"信息安全"作为"新基建"发展的基础，对新型智慧城市的基础性、关键性作用日益凸显。但是，相较于新型智慧城市投入规模和日渐成熟的建设思路，与之配套的信息安全保障体系建设不充分，还存在信息安全意识不到位的问题。一方面，新型智慧城市建设涉及庞大的支出，但信息安全投入占比微乎其微。有关数据显示，2022 年我国新型智慧城市市场规模已达 25 万亿元，与此同时，网络安全市场还在向千亿规模努力[1]。两者在体量上的差异，从一个侧面反映出信息安全距离新型智慧城市的发展需要，还有很大差距。

---

[1]　中国通广. 深度观察｜"新基建"正在催生城市未来［EB/OL］.［2022-08-15］. https：//mp. weixin. qq. com/s/9E8aWzXPltXZHrQKRAoz－A

另一方面，信息安全在新型智慧城市体系当中一直扮演"救火队员"的角色，只有出现了问题，其重要性才会被意识到。另外，在新型智慧城市规划和建设阶段，信息安全保障体系建设往往"缺席"，这可能会给未来新型智慧城市体系的运行留下潜在的安全风险。新型智慧城市的发展方向是万物互联、数据驱动，针对新型智慧城市体系环节中的某一个点发起的网络攻击，必然会"牵一发动全身"，对整体城市安全造成威胁，某一个微小的安全事件极有可能对社会造成严重影响，甚至威胁到社会公共安全乃至国家安全。

## 二、如何做好新型智慧城市信息安全保障体系建设

安全是新型智慧城市的生命线。新型智慧城市安全涉及国家整体安全、公共安全、信息安全等内容，就信息安全而言，又涉及基础设施、网络、系统、数据、平台等全要素、多层次安全体系建设。随着新型智慧城市及数字政府建设的深入推进，符合国家总体安全要求的新型智慧城市信息安全保障体系将更加完善，数据安全、隐私保护、数据伦理、数据素养、数字鸿沟等问题也将逐步得到关注和破解。信息安全保障能力越来越受到各方重视，其中重点包括对政府层面、对个人隐私信息以及对企业数字资产三方面的安全保障能力。[①]

如何切实做好新型智慧城市信息安全保障体系建设？具体来说，应当做好以下几个方面的工作。

### (一)将信息安全保障体系建设纳入新型智慧城市的顶层设计中

信息安全保障体系建设能力的高低决定了新型智慧城市建设的高度。必须将安全作为新型智慧城市中的基础性要素，贯穿其全生命周期。让信息安全保障能力成为新型智慧城市的原生能力，将信息安全保障体系建设纳入新型智慧城市的顶层设计阶段和顶层架构当中，需要做好以下两个方面：首先，需要制定相关政策，做好政策保障。在新型智慧城市建设中，要梳理落实信息安全保障体系建设需要哪些基本的建设和投入，定义信息安全保障体系的标准和级别，细化到不同规模的新型智慧城市的规划和设计中，是将信息安

---

① 万旺根. 建设智慧城市，公共安全不容忽视［J］. 城市发展研究，2022(7)：6.

全保障能力纳入新型智慧城市顶层设计中的根本保障。其次，制定相应的信息安全保障体系行业规范。每个行业都应当通过规范来指导其健康快速发展，信息安全行业同样也不例外。

### (二)强化安全管理责任

各地区各部门按照职责分工，统筹做好新型智慧城市建设安全和保密工作，落实主体责任和监督责任，构建全方位、多层级、一体化安全防护体系，形成跨地区、跨部门、跨层级的协同联动机制。建立新型智慧城市安全评估、责任落实和重大事件处置机制，加强对参与政府信息化建设、运营企业的规范管理，确保新型智慧城市各组成系统和数据安全管理边界清晰、职责明确、责任落实。

### (三)落实安全制度要求

建立健全数据分类分级保护、风险评估、检测认证等制度，加强数据全生命周期安全管理和技术防护。加大对涉及国家秘密、工作秘密、商业秘密、个人隐私和个人信息等数据的保护力度，完善相应的问责机制，依法加强重要数据出境安全管理。加强关键信息基础设施安全保护和网络安全等级保护，建立健全网络安全、保密监测预警和密码应用安全性评估的机制，定期开展网络安全、保密和密码应用检查，提升新型智慧城市领域关键信息基础设施保护水平。

### (四)提升安全保障能力

建立健全动态监控、主动防御、协同响应的新型智慧城市安全技术保障体系。充分运用主动监测、智能感知、威胁预测等安全技术，强化日常监测、通报预警、应急处置，拓展网络安全态势感知监测范围，加强大规模网络安全事件、网络泄密事件预警和发现能力。

### (五)提高自主可控水平

加强自主创新，加快新型智慧城市建设领域关键核心技术攻关，强化安全可靠的技术和产品应用，切实提高自主可控水平。强化关键信息基础设施保护，落实运营者主体责任。开展对新技术新应用的安全评估，建立健全对算法的审核、运用、监督等管理制度和技术措施。

### (六)大力支持新型智慧城市安全生态产业发展

新型智慧城市所涉及的场景多、分布广、技术复杂,可以说是"千城千面";安全产业同样具有碎片化、复杂化等特点。据不完全统计,我国的安全企业已经超过2 000家。很多安全企业都有自己的擅长领域,我们应当促进其百花齐放、百家争鸣,培育龙头企业,做大做强安全产业,新型智慧城市安全生态产业涉及安全企业和互联网企业、应用企业,应加大对信息安全产业在财政、税收、金融等方面的支持力度,大力支持新型智慧城市安全生态产业发展,大力支持相关产业、企业为新型智慧城市建设提供针对性强、覆盖面全的安全解决方案。

### (七)重视攻防演练

攻防演练是针对全国范围的真实网络目标为对象的实战攻防活动,旨在发现、暴露和解决安全问题,更是检验我国各大企事业单位、部属机关的网络安全防护水平和应急处置能力。攻防演练是以获取指定目标系统的管理权限为目标的攻防演练,由攻防领域经验丰富的红队专家组成攻击队,在保障业务系统稳定运行的前提下,采用不限攻击路径、不限制攻击手段的贴合实战方式,而形成的有组织的网络攻击行动。攻防演练通常是真实网络环境下对参演单位目标系统进行全程可控、可审计的实战攻击,拟通过演练检验参演单位的安全防护和应急处置能力,提高网络安全的综合防控能力。由于攻防演练贴合实战,所以对提升新型智慧城市建设信息安全保障体系实战能力来说意义重大,具体表现在以下几个方面。

1. 发现潜在安全威胁

通过攻防演练,可以发现潜在安全威胁,通过模拟入侵来验证国家机关、企事业单位内部IT资产是否存在安全风险,从而寻求应对措施。

2. 强化安全意识

通过攻防演练,提高国家机关、企事业单位内部协同处置能力,预防风险事件的发生,确保国家机关、企事业单位的高度安全性。

3. 提升团队能力

通过攻防演练,以实际网络和业务环境为战场,真实模拟黑客攻击行为,防守方通过其中多部门协同作战,实战大规模攻击情况下的防护流程及运营状态，提升应急处置效率和实战能力。

### (八)重视安全人才的教育培训建设

相较于新型智慧城市的快速发展，安全行业正面临人才匮乏的窘境，每一个新型智慧城市都需要建立安全人才的教育培训基地，以确保新型智慧城市从落地开始到持续运营的整个过程中，有满足需求的安全人才源源不断地参与其中。

没有信息安全保障体系的新型智慧城市是不完整的智慧城市，是留有巨大风险隐患的智慧城市。未来，随着新型智慧城市的建设发展，每个新型智慧城市都将会面对前所未有的安全挑战，因此，在大力推进新型智慧城市建设的同时，必须高度重视并做好新型智慧城市信息安全保障体系建设，要全面强化新型智慧城市信息安全管理责任，落实安全管理制度，加快关键核心技术攻关，加强关键信息基础设施安全保障，强化安全防护技术应用，切实筑牢新型智慧城市建设安全防线。

# 第四节　以数字政府建设为契机，
# 加快新型智慧城市建设

当前，世界各国在数字政府建设方面已形成基本共识，普遍认识到通过发挥政府数字化转型的先导性作用，认识到政府数字化对撬动经济和社会数字化转型，进而推动可持续发展的重要性，世界各国都在大力推进政府数字化转型。数字政府、数字经济和数字社会都是数字中国建设的重要组成部分，我们应当在当前产业数字化和数字产业化的浪潮中，以"十四五"期间我国大力推进数字政府建设为契机，加快新型智慧城市建设。

## 一、我国数字政府建设的特征、发展趋势以及与新型智慧城市的关系

毫无疑问，新型智慧城市的范畴远大于数字政府，数字政府建设是新型智慧城市建设的重要组成部分，两者是部分与整体的关系。因为新型智慧城市中关于履行政府职能、服务公众、服务促进企业发展以及完成城市治理的

这部分职能任务是靠数字政府建设来实现的，所以说，大力推进数字政府建设就是在加快促进新型智慧城市建设。

当前，我国政府数字化转型在政策推动、基础建设、服务保障、平台支撑、创新探索等方面都具备了坚实的基础，数字政府建设将进入全面加速期。面对世界百年未有之大变局，"十四五"期间我国数字政府建设将呈现以下几个方面的特征与趋势。

**(一)数字政府建设将成为衡量综合国力和国际竞争力的重要标志**

新一轮技术革命加速了信息技术与经济社会各领域各行业的融合创新，已经成为引领创新和驱动转型的先导力量。数字政府建设将为各行业更好适应信息时代发展奠定良好基础，进而推动全社会的创新发展，成为国家综合实力和现代化程度的重要标志。这次抗击新冠肺炎疫情过程中的数字化支撑就从一个侧面反映了国家的综合竞争力。

**(二)数字政府建设将成为引领国家治理体系和治理能力现代化的强大力量**

数字政府建设是加快政府职能转变、塑造政府公共服务理念及完善政府治理的全方位、系统性、协同式的深刻变革，对实现政府决策科学化、社会治理精准化、公共服务高效化具有十分重要的意义。随着以跨界融合为特征的新业态、新模式的不断出现，传统政府治理体系面临挑战，通过数字政府建设，探索构建与数字时代经济社会发展相适应的政府治理模式，构建新型智慧城市，将进一步推动实现国家治理体系和治理能力现代化。

**(三)数字政府建设推动经济社会高质量发展的作用将更加凸显**

"十四五"时期，经济社会发展以推动高质量发展为主题，以深化供给侧结构性改革为主线，以改革创新为根本动力，以满足人民日益增长的美好生活需要为根本目的。建设数字政府是发展数字经济和构建数字社会的先手棋，是推动经济社会各领域数字化转型创新发展的动力源。数字政府是数字经济、数字社会领域核心资源的组织者、配置者、驱动者，对形成与数字化转型相适应的发展理念、创新氛围、营商环境、持续动力具有十分重要的作用。数字政府与新型智慧城市的理念是相契合的，数字政府为经济社会发展赋予新动能，必将有力推动经济社会高质量发展。

**（四）数字政府建设的管理体制与整体联动机制将进一步健全**

打造高标准的数字政府是一项系统性工程。需要主动顺应政府数字化转型发展趋势，不断优化完善管理体制、运行机制、发展模式。近年来，各地区各部门结合机构改革，在这些方面进行了积极的探索创新。"十四五"时期，通过构建"数据＋业务＋管理＋服务＋决策"整体联动的新机制，与转变政府职能、深化"放管服"改革紧密结合，数字政府建设的管理体制与推进机制将进一步健全，职责明确、纵向联动、横向协同、整体推进的数字政府发展新格局将加速形成，这一系列举措都将为新型智慧城市建设提供坚实的保障。

**（五）数字政府建设将使政府行政资源配置能力进一步增强**

"十四五"时期经济社会发展的主要目标，强调国家治理效能得到新提升，国家行政体系更加完善，行政效率和公信力显著提升，社会治理特别是基层治理水平明显提高。行政资源的优化配置是实现政府职能转变的重要内容，数字化带来的挑战首先是组织架构的挑战、资源配置能力的挑战。与传统政府治理相比，数字政府更侧重从政府组织模式、治理体系变革等新视角引领政府治理模式创新发展。数字政府建设将使政府行政资源优化配置能力显著提升，政府资源配置的科学性、精准性不断得到提高，这些都与新型智慧城市建设的目标不谋而合。

**（六）数据驱动的新型信息服务基础体系建设将更加完备**

数据作为一种新型生产要素已正式写入中央文件。数据驱动的治理能力将成为转变政府职能、促进政府治理创新的重要动力。以数据驱动为特征的覆盖所有地区、部门、层级的全国一体化无缝隙的信息服务基础体系将更加完善，将为信用社会建设以及提升政府服务能力、协同能力、监管能力、决策水平等提供有力支撑，这同样是新型智慧城市建设需要完成的任务之一。

**（七）数字政府建设将有力提升政府公共服务水平**

政务服务水平的快速提升是当前我国政府数字化转型最典型的特征，数字政府建设将不断增强人民群众的获得感。"十四五"时期，覆盖省、市、县、乡、村等全区域、全部门、全层级的精准高效、便捷智慧、无感流畅的多渠道服务体系将更加完善，公共服务均等化和普惠化水平将得到大幅度提升，新型智慧城市以人为本的建设目标的实现，离不开数字政府中政务服务水平快速提升的支撑。

### (八)数字政府的安全保障体系将更加完善

安全是数字政府建设的生命线。数字政府安全涉及国家整体安全、公共安全、信息安全等内容，就信息安全而言，又涉及基础设施、网络、系统、数据、平台等全要素、多层次安全体系建设。随着数字政府建设的深入推进，符合国家总体安全要求的数字政府安全保障体系将更加完善，数据安全、隐私保护、数据伦理、数据素养、数字鸿沟等问题也将逐步得到关注和破解，就安全目标而言，数字政府与新型智慧城市两者目标完全一致。

## 二、新型智慧城市建设背景下的数字政府建设思路

2020年至2023年年初，如果要说哪些事物是人们的出行刚需，"健康码"一定会被提及。新冠肺炎疫情暴发以来，"健康码"凭借数据采集方便、数字化有效治理等特点迅速走红，成为一款现象级应用。一张小小的二维码背后，承载的是以数字技术驱动的政府治理体系与治理能力现代化思路。其实，政府数字治理的逻辑不止于此。"十四五"规划提出，要提高数字政府建设水平。在中央顶层设计的指引下，各地方政府纷纷加速推进数字化转型，让数据参与社会治理的方方面面。在此背景下，一系列问题需要被进一步探讨：当前我国数字政府的建设局面如何？当数据成为新的生产要素，如何最大限度挖掘其价值？数字政府的未来发展导向又是什么？如何将数字政府放在新型智慧城市大背景下来完成？

当前，我国数字政府的治理能力在实践应用中得以显著体现，数字政府建设均处于上升期和发展期。但在不同地区，各级别城市的差异性较大，省份、市域之间发展不均衡状态明显，而且一些发展相对全面、领先的省份或城市也依然存在短板和进步空间。根据从组织机构、制度体系、治理能力和治理效果等维度构建中国数字政府发展指数评估指标体系的评估结果，从省份层面来看，上海、浙江和北京位列省级数字政府排名前三，排名末三位的省份分别是云南、新疆和青海。从城市层面来看，"考卷"成绩整体呈现出东部城市"学霸"、中部城市"中游"、西部城市"跟进"的态势。不过也有特殊，位属西部的贵阳就一路挺进省会城市数字政府排行的第三位。

### (一)以"事"为中心的数字政府建设思路

对普通民众来说，对数字政府最直观的感知可能就是不断涌现的各种政务服务平台：渝快办、浙里办、苏周到、粤商通、陇政钉……这些服务平台可以实现找政府办事"最多跑一次"，甚至"不见面审批"。这是数字政府建设的思路之一，即以"事"为中心，通过数字化方式将复杂的政务内部处理步骤统一到一个平台上，从而简化、优化群众办事流程。

### (二)以"人"为中心的数字政府建设思路，基于"人"的数据治理思路

而另一种数字政府建设思路则是以"人"为中心，以民众诉求为驱动，通过收集、整理、分析海量的用户生成数据来组织或变革公共政策和政务流程。

以"事"为中心是从改变供给端来服务需求，以"人"为中心则是以市民的诉求端来确定政策供给。北京市政府对 12345 市民服务热线数据的应用可以作为基于"人"的数字政府建设思路的典范。2019 年，北京市建立全市统一的 12345 市民诉求受理平台，优化提升市民服务热线反映问题和解决问题的"接诉即办"工作。同时，又将对 12345 热线大数据的分析作用于政府决策，来应对超大城市治理的一系列难题和难点。

在这一层面上，基于"人"的数字政府建设思路更有利于从根本上提升民意回应效率和效果，落实"以人民为中心"的执政理念，也更能体现数据的分析价值和应用于城市治理的潜力。国家治理、城市治理和政府治理的重中之重就在于数据应用、循数决策和数控施策。

### (三)通过数据开放助推数据价值彰显

数据对建设数字政府的重要性不言而喻。在 2021 年发布的《中共中央、国务院关于构建更加完善的要素市场化配置体制机制的意见》中，数据已经和土地、劳动力、资本、技术并列为五种生产要素之一。对政府来说，如何通过挖掘数据富矿最大程度实现社会治理转型？一个关键性动作就是完善开放性的数据资源体系。数据资源体系开放不足也是当前我国数字政府发展的重要掣肘因素。由于部分相关人员的数据思维还未完全建立起来，以及出于数据安全和风险控制的考量等因素，一些政府在数据分享和使用上持保守态度，使得"数据烟囱""信息孤岛"和"数据壁垒"等现象依然难以打破。在这方面，省会城市和普通大中城市在数据开放平台的建设方面亟须加强。数据分享是

非零和、非消耗性的，应建立统分结合的数据开放模式，实现已归集数据"能开放尽开放"，并制定出统一完整的政府数据共享开放目录，建立政府和社会互动的大数据采集形成机制。

**(四)通过政策制度体系、数字人才体系以及规范标准体系建设推动数字政府发展**

目前我国处于数字政府建设的关键时期，同样也处于新型智慧城市建设的关键时期，基本算法、基本模型、多元异构数据融合的基本程序，都会在这个阶段上得到最广泛的尝试和创新。而当所有算法与模型都能够做到真正自动化运行和处理，就实现了向数字政府的未来，也就是智慧政府的进阶。新型智慧城市坚持以人为本、成效导向、统筹集约、协同创新、注重实效，强调以数据为驱动，全心全意为人民服务的建设理念与数字政府的建设理念是完全一致的，数字政府是智慧政府前期发展阶段，而智慧政府又是新型智慧城市最为重要的组成部分，在完成了数字政府各项建设任务时，我们也就同时向实现新型智慧城市的建设目标迈进了一大步。

# 第五节　大力发展数字经济，促进新型智慧城市建设

## 一、数字经济与新型智慧城市的关系及发展数字经济的重大意义

新型智慧城市建设是数字中国建设的重要内容，是智慧社会的发展基础，是发展数字经济、促进新型城镇化、推进经济社会高质量发展的综合载体。数字经济、数字政府和数字社会都是数字中国建设的重要组成部分，我们应当在当前产业数字化和数字产业化的浪潮中，以"十四五"期间我国大力发展数字经济为契机，加快新型智慧城市建设。新型智慧城市的范畴远大于数字经济，发展数字经济是新型智慧城市建设的重要组成部分，两者是部分与整体的关系。新型智慧城市中促进数字产业优化升级，增强经济发展新动能、畅通经济循环、推动各类资源要素快捷流动、加速各类市场主体融合、帮助

市场主体重构组织模式、实现跨界发展、打破时空限制、延伸产业链条、畅通国内外经济循环、促进经济健康快速发展的职能任务主要是通过大力发展数字经济来实现的。发展数字经济是把握新一轮科技革命和产业变革新机遇的战略选择，数字经济事关国家发展大局，做大做强数字经济，促进数字经济健康发展，有利于推动构建新发展格局，有利于推动建设现代化经济体系，有利于推动构筑国家竞争新优势，对加快我国新型智慧城市建设同样具有不可或缺的重要意义。

2022年第2期《求是》杂志刊发习近平总书记重要文章《不断做强做优做大我国数字经济》，1月16日中央电视台《新闻联播》头条报道。文章强调，近年来，数字经济发展速度之快、辐射范围之广、影响程度之深前所未有，正在成为重组全球要素资源、重塑全球经济结构、改变全球竞争格局的关键力量。文章指出，发展数字经济是把握新一轮科技革命和产业变革新机遇的战略选择，数字经济事关国家发展大局。我们要结合我国发展需要和可能，做好我国数字经济发展顶层设计和体制机制建设，促进数字技术和实体经济深度融合，赋能传统产业转型升级，催生新产业新业态新模式，不断做强做优做大我国数字经济，以此加快促进我国新型智慧城市建设。

综合判断，发展数字经济意义重大，原因如下。

**（一）数字经济健康发展，有利于推动构建新发展格局**

构建新发展格局的重要任务是增强经济发展动能、畅通经济循环。数字技术、数字经济可以推动各类资源要素快捷流动、各类市场主体加速融合，帮助市场主体重构组织模式，实现跨界发展，打破时空限制，延伸产业链条，畅通国内外经济循环。

**（二）数字经济健康发展，有利于推动建设现代化经济体系**

数据作为新型生产要素，对传统生产方式变革具有重大影响。数字经济具有高创新性、强渗透性、广覆盖性，不仅是新的经济增长点，而且是改造提升传统产业的支点，可以成为构建现代化经济体系的重要引擎。

**（三）数字经济健康发展，有利于推动构筑国家竞争新优势**

当今时代，数字技术、数字经济是世界科技革命和产业变革的先机，是新一轮国际竞争重点领域，我们一定要抓住先机、抢占未来发展的制高点。

数字经济是继农业经济、工业经济之后的主要经济形态。发展数字经济是把握新一轮科技革命和产业变革新机遇的战略抉择，是构建现代化经济体系的重要引擎。当今世界，数字经济发展速度之快、辐射范围之广、影响程度之深前所未有。做强做优做大数字经济，抓住时代发展的先机，事关国家发展大局，同样，做强、做优、做大数字经济，对于加快我国新型智慧城市建设意义重大。

## 二、我国在发展数字经济方面的优势及存在的问题

### (一)我国在发展数字经济方面的优势

我国在发展数字经济方面具有独特优势。海量的数据资源，完备的工业体系，丰富的数字应用场景……这些都是我国发展数字经济具有的独特优势。

### (二)我国在发展数字经济方面存在的问题

虽然我国在发展数字经济方面独具优势，但同时，我国在数字经济发展方面仍然存在不同区域、产业、企业间发展不平衡等突出问题，数字技术基础、产业链价值链掌控力等有待提升。

## 三、对于促进我国地区数字经济发展的几点建议

当前，我国正处于新型智慧城市和数字经济发展的重要阶段。为深入贯彻落实国家关于深入推进数字经济发展的决策部署，并实现以此促进新型智慧城市建设发展的目标，抢抓新机遇，培育新动能，加快推动经济社会数字化转型，助力高质量发展，特提出如下建议。

### (一)注重数字赋能，打造产业升级强引擎

加快制造业数字化转型，推动传统产业加快数字化、网络化、智能化转型，着力打造产业数字化转型示范区；推动服务业数字化发展；促进农业数字化提升；推进产业园区数字化转型；提升增量项目数字化水平。

### (二)突出强基固本，筑牢数字产业硬底板

壮大数字经济基础产业，培育催生新业态新模式，精准招引数字产业项目，培育数字产业企业梯队，提升数字技术创新能力，打造数字经济发展载体。

**（三）聚焦内涵提升，塑造智慧治理新标杆**

推动城市治理数字化，推动政务服务数字化，推动乡村治理数字化。

**（四）强化基础先行，夯实数字经济硬支撑**

加快推进新型信息基础设施建设，大力推动传统基础设施智慧升级。

**（五）致力生态建设，抢占数字发展制高点**

大力建设发展新型智慧城市，强化人才队伍建设；加大政策支持力度；营造良好发展氛围。

**（六）突出开放共享，锻造数据价值释放加速器**

强化公共数据要素供给，推动公共数据有序开放，加强数据要素市场监管，全面筑牢数字安全屏障。

同时，各地要立足实际，错位发展，打造特色。聚焦重点领域和关键环节，找准比较优势，坚持整体推进、重点突破、打造特色，集聚资源、集中发力，着力在部分优势细分领域打造品牌，走出具有各地特色的数字经济发展之路。重视龙头牵引，借力蓄势。注重深化与龙头信息产业公司科技合作，加快推进电商、物流、新型智慧城市、智能制造、基础数据等领域重点项目建设。吸引更多产业链、供应链关键环节企业入驻，为数字经济高质量发展蓄势聚能。聚焦融合，全面赋能。聚焦产业发展、转型升级、公共服务、城市治理等重点领域，深入推进"两化"融合、"两业"融合，推动数字技术与经济社会全面融合，以数字技术赋能经济社会高质量发展。我们要以我国大力发展数字经济为契机，加快新型智慧城市建设。

## 四、高度重视数字经济发展的配套体制机制建设

各地要实现数字经济快速发展，必须做好数字经济发展相关的配套体制机制建设，这非常关键，具体来说，包含以下几点。

①加强组织领导。建立数字经济工作领导小组，由党委负责人任第一组长、政府负责人任组长，相关分管领导担任副组长，该城市有关单位和部门主要负责同志为成员，统筹推进该地区数字经济发展工作。领导小组办公室设在该地区发展改革委，负责牵头贯彻落实国家、省和市数字经济发展工作重大决策部署，监察部门承办和督查督办领导小组议定事项，研究制定该地

区数字经济发展政策举措。领导小组各成员单位按照职责分工，制定相关工作举措并推动落地落实。

②健全推进体系。制订实施数字经济三年或者五年行动计划，实施数字核心产业加速、制造业数字化转型、数字政府加速建设、数字经济科技攻关、数字经济人才引培等专项行动，梳理形成年度工作要点，着力构建"实施意见＋N年行动计划＋专项行动推进方案＋年度工作要点"的全链条工作推进模式。

③加强监测考评。开展数字经济统计监测，完善数字经济统计监测工作机制，制定该地区数字经济单位认定、增加值核算、贡献度测算等统计指标体系，强化数字经济发展动态监测和分析研究，定期发布数字经济数据和发展动态。建立数字经济发展考核机制，将数字经济发展纳入该地区高质量发展考核体系，考核结果作为领导班子评优、干部评价的重要依据。

当前我国正处于数字经济发展的关键时期，同样也处于新型智慧城市建设发展的关键时期，新型智慧城市坚持以人为本、成效导向、统筹集约、协同创新、注重实效，强调以数据为驱动，其促进数字产业优化升级，增强经济发展新动能、推动各类资源要素快捷流动、加速各类市场主体融合、帮助市场主体重构组织模式、实现跨界发展、打破时空限制、延伸产业链条、促进经济健康快速发展的建设理念与数字经济的建设理念是完全一致的，数字经济是新型智慧城市建设的重要组成部分，在大力发展数字经济各项建设任务时，我们也就同时在实现新型智慧城市的建设目标。大力发展数字经济，我们既要洞察前沿方向，看清发展趋势，也要着力提升自主创新能力，集中力量攻克关键技术"卡脖子"问题。另外，数字经济治理体系必须与数字经济以及新型智慧城市同步发展。不断做强、做优、做大我国数字经济，需要规范数字经济发展，坚持促进发展和监管规范两手都要抓、两手都要硬。体制机制建设是保障数字经济建设的前置条件，建设和保障双轮驱动才是硬道理，围绕数字经济新情况、新问题，在适时补充、动态调整中，使得政策法规、体制机制建设适用性不断提高，加强数字经济安全风险预警、防控机制和能力建设，从法治中国的层面有力推进数字经济治理体系现代化和治理能力现代化。相信我国定能把握新一轮科技革命和产业变革战略机遇，抓住时代发展的先机，做大、做强、做优数字经济产业，助力中华民族的伟大复兴。

# 第六节　把握机遇加快数字中国建设，促进新型智慧城市建设发展

以习近平同志为核心的党中央高度重视数字化发展，明确提出数字中国战略。党的十九届五中全会通过的《中共中央关于制定国民经济和社会发展第十四个五年规划和二〇三五年远景目标的建议》，明确提出要"加快数字化发展"，并对此作出了系统部署。数字经济、数字社会、数字政府，是数字中国建设与数字化发展的重要组成部分，三者互为支撑、彼此渗透、相互交融。

## 一、数字中国与新型智慧城市的关系

数字中国建设由数字经济、数字社会、数字政府三个部分组成。数字中国建设意义重大，我国面对当今世界百年未有之大变局，以加快建设数字中国为契机，全面构筑发展新优势，全面推动数字化转型向纵深发展，可以在当前激烈的国际竞争中抢占信息时代发展的主动权、竞争的主导权，进而为推进中国式现代化提供强大动力。新型智慧城市建设的主要任务同样是推进实现中国式现代化，其坚持以人为本、成效导向、统筹集约、协同创新、注重实效，强调以数据为驱动，与数字中国建设的初衷不谋而合，两者在建设目标、实现方式上是相辅相成、相互促进的关系。新型智慧城市是数字中国建设的重要内容，是智慧社会的发展基础，是促进新型城镇化、发展数字经济、推进经济社会高质量发展的综合载体。加快建设数字中国，加快建设新型智慧城市，是顺应发展形势新变化、构筑国家竞争新优势、全面建设社会主义现代化国家的必然要求。

## 二、如何把握战略机遇，做好数字中国建设

数字中国建设意义重大，把握战略机遇期，做好数字中国建设需要做好以下几个方面。

**(一)做大做强数字经济，打造具有国际竞争力的数字产业集群**

1. 推动数字产业化，通过数字技术催生新产业，推动数字产业形成和发展

培育壮大数字产业，完善信息通信、软件服务等数字产业链，推动大数据、人工智能、数字货币、区块链等产业发展，统筹布局一批高水平数字产业集聚区。

加快培育数字化新业态，利用互联网整合线上线下资源，支持平台经济、共享经济、众包众创、个性化定制等。

发展数字文化产业，拓展数字创意、数字出版、数字影音等数字文化内容。

坚持把发展数字经济作为各地高质量转型发展的重要引领，依靠信息技术创新驱动，强化基础设施支撑，加快示范平台建设，完善政策支持体系，不断催生新产业新业态新模式，在各地形成一批在全国有影响力的数字技术应用先导区、数字产业发展集聚区。加快关键数字技术创新应用，打造形成数字经济新实体，建设虚拟产业园和产业基地。

2. 加快产业数字化，利用数字技术全方位、全角度、全链条赋能传统产业，提升全要素生产率

大力发展智能制造，实施工业互联网创新发展战略，支持工业机器人、传感器、超高清视频等的发展，建设智能工厂、智能车间，发展普惠性"上云用数赋智"，推动制造业数字化、网络化、智能化。

加快发展数字农业，普及农业智能化生产、网络化经营，依托互联网促进农产品出村进城。

促进服务业数字化发展，加快金融、物流、零售、旅游等生活性服务业和服务贸易数字化进程。

以产业园区为载体，以龙头企业为依托，以重大项目为牵引，利用互联网新技术新应用提高产业全要素生产率，加快制造业、农业、服务业数字化、网络化、智能化。

培育产业平台化发展生态。鼓励龙头企业、国内互联网领军企业联合打造产业链供应链平台生态。推进制造业云服务平台建设，鼓励制造业龙头企

业建设私有云、行业云或区域公共云服务平台，构建以工业互联网平台为支撑的融合发展新生态。提升农产品产销全链条数字化水平，实现"从田野到餐桌"的数字化转型。大力发展众包、云外包、平台分包等新模式。

着力推进企业数字化转型。以智能制造为主攻方向，加快推动装备、生产线和工厂的数字化、网络化、智能化改造。适应新经济发展，健全完善所有权和使用权分离的生产资料管理新制度，推动生产资料数字化和生产资料使用权共享。发展基于新技术的"无人经济"，促进生产、流通、服务降本增效。鼓励公有云资源、生产设备等共享，促进数据要素与其他生产要素集约化整合、协作化开发、高效化利用。支持具有产业链、供应链带动能力的核心企业打造产业"数据中台"，推动订单、产能、渠道等信息共享，以信息流促进产业链上下游、产供销协同联动。[①]创新驱动发展成果与广阔的应用场景交汇融合，支撑我国经济高质量发展取得新成效。

**(二)加强数字社会建设，提升公共服务、社会治理等数字化智能化水平**

1. 拓展数字化公共服务

运用数字技术解决社会公共问题，深度开发各类便民应用，加快发展数字教育、数字医疗、数字社保、数字就业、数字住房等，推进信息惠民。

2. 打造新型智慧城市

依托"城市大脑"构建智能化治理体系，强化数字技术在城市规划、建设、治理和服务等领域的应用，推进智慧交通、智慧城管、智慧安防、智慧物流、智慧社区、智慧水利等建设，提升城市管理科学化、精细化、智能化水平。

3. 推动数字乡村建设

加大农村互联网建设力度，扩大光纤网、宽带网在农村的有效覆盖，建设宽带乡村。加快农村管理服务数字化进程，构建涉农信息普惠服务机制，提升农民生活数字化服务水平。

4. 提高全民数字化能力

构建符合我国国情的数字素养教育框架，加强数字技能普及培训，提升全民数字技能，积极营造数字文化氛围。

---

① 李鑫. 数字化赋能高质量发展[N]. 人民邮电报，2020-06-21(2).

**（三）加强数字政府建设，加快推动治理数字化，全面提升政府治理效能**

1. 打造全国一体化政务信息平台

强化政务信息系统集约建设，加快建成覆盖全国、统筹利用、统一接入的数据共享平台、政务服务平台、协同办公平台，推动网络通、系统通、业务通、数据通，实现跨层级、跨地域、跨系统、跨部门、跨业务协同管理和服务。

2. 推进政务流程全面优化、系统再造

加快政府管理服务标准化、规范化、透明化，推动政务事项同步分发、并联审批、协同办理，提高政府行政效率，实现扁平化管理和精准高效协同，打造全面网络化、高度信息化、服务一体化的现代政府治理新形态。

3. 大力提升政务服务水平

积极主动运用数字技术和互联网思维改进政务服务模式、拓展政务服务功能，打破部门间、地区间信息壁垒，推动更多民生服务事项"一网通办"、更多涉企服务事项"一站式"办理和"不见面"审批，让百姓少跑腿、数据多跑路，更好地解决企业和群众办事难、办事慢、办事繁的问题。

4. 深化数字技术广泛应用

促进大数据与社会治理、民生服务等领域深度融合，构建数字生活新服务体系，加快实现经济社会智能化转型。

5. 加快新型智慧城市建设

围绕城市公共管理、公共服务、公共安全等领域，建设"城市大脑"集群。推进智慧城市管理，促进市政公用设施、园林绿化、环境卫生、综合管廊等城市设施数字化展示、可视化管理。开展智慧社区示范工程，培育未来社区建设试点。大力发展"AI＋安防"，加快安防产品智能化升级，构建实时立体的安防体系。推进重点城市新型智慧城市等项目建设，提升城市管理现代化水平。

6. 开展数字乡村建设

推进农业农村大数据和重要农产品全产业链大数据建设，推广大数据、物联网、人工智能在农业生产经营管理中的应用，提高农机信息化水平，建立农产品和投入品电子追溯监管体系。分级分类开展数字生活新服务样板城镇建设，鼓励有条件的县（市、区）建设数字生活新服务先行区，引导建设数字生活新服务特色镇，推动提升各地数字生活新服务发展水平。

7. 构建数字民生体系

建设交通大数据中心，整合各类交通数据，实现交通大数据智能应用。大力推进数字教育，引导建设智慧校园，创新教学、教研和管理方式。构建"互联网＋教育"一体化大平台，打造"品牌数字学校"。支持开展"互联网＋"医疗、健康咨询、护理等服务，推动健康医疗大数据发展应用。开展智慧健康养老应用试点建设，持续推进智慧健康养老产业发展。提升体育公共服务数字化水平，构建公共体育场馆智慧化运营体系。

8. 提高数字政府水平

加快政府数字化转型，重塑政务信息化管理架构、业务架构、技术架构，构建大数据驱动的政务新机制、新平台、新渠道，推进政府决策科学化、社会治理精准化、公共服务高效化。推进电子政务云建设，打造政务服务一体化综合平台，加快政务数据资源共享共用。深化"互联网＋政务服务"，建设完善政务云平台，推动部门数据资源向政务云平台集聚，打响"一网通办"品牌。提升司法服务智能化水平。建设"互联网＋监管"系统，提升政府统计监测和决策分析水平。

**(四)加快推动数据价值化**

实施数据资源共享工程，加快数字经济创新要素高效配置，构建数据基础服务体系，提升数字化治理能力，安全有序推动数据资源的开发利用，推进数据资源化、资产化、资本化、价值转化。规范数据采集与共享。统一编制政府数据资源目录，建设数据采集系统。建设政府数据共享交换平台，完成各地人口数据库、公共信用信息库、法人数据库、宏观经济库、空间地理库、电子证照库等基础数据库和业务专题库建设，基本实现跨部门、跨层级数据资源共享。推动政府部门、公共企事业单位公共数据向社会开放，建立公共数据资源负面清单，建立健全政府数据资源共享开放安全管理制度和工作规范，鼓励和引导数据资源社会化开发利用。

优化数据要素市场化配置。统筹推进数据开放共享和标准化建设，促进数据定价的标准化和数据市场的规范化，构建集数据采集、清洗、标注、交易、应用于一体的数据基础服务体系。创新数据要素治理模式，加快形成市场有效、政府有为、企业有利、个人有益的数据要素市场化配置机制，实现数据要素资源价值深度挖掘和开发利用。

夯实数字安全基础。聚焦重点特色领域，积极布局新型安全技术攻关，构建数字安全产业链。推进工业信息安全态势感知能力建设，培育建设一批网络安全技术、产品协同创新平台和实验室，推进国产化数据安全产品研发与应用。强化数据安全和个人信息保护，探索建设基于区块链的数据安全监管平台，提升网络安全风险防范和数据安全监管水平。推动构建多元共治的协同监管机制，建立以信用为基础的新型监管机制。

数字经济、数字社会、数字政府是全球未来的发展方向，正日益成为我国经济社会发展的主形态。各地要按照政府工作报告的部署要求，以追赶超越精神加快高质量高速度发展，把加快数字化转型、大力建设发展数字经济、数字社会、数字政府作为转型发展的基础性、引领性、战略性工程，牢牢把握经济社会发展主动权，进一步提升数字中国以及新型智慧城市核心产业竞争力，激发对经济社会发展的引领赋能作用，为构建新发展格局和实现高质量转型发展提供有力支撑。各地要深入贯彻落实数字中国战略部署，实现新型智慧城市的建设目标，抢抓新一代信息技术创新发展机遇，全面立体构建数字经济、数字社会、数字政府发展体系，着力推动数字产业化、产业数字化、治理数字化互促共进，把握战略机遇期，加快数字中国建设，促进我国新型智慧城市建设发展，推动我国经济社会数字化转型，构筑国家竞争新优势。

# 第七节　新型智慧城市中枢系统的顶层设计与建设运营

## 一、新型智慧城市中枢系统的概念内涵

当前，业界对新型智慧城市中枢系统（也称为城市大脑）尚无统一定义，不同主体从不同角度分别对其进行了界定和命名，但本质上仍存在一定共性特征，即新型智慧城市中枢系统是面向城市治理体系和治理能力现代化需求，

利用云计算、大数据、物联网、人工智能、区块链、数字孪生等新一代信息技术，推动城市数据资源汇聚融合和运行态势全域感知，驱动业务流程优化和再造，实现城市治理能力提升、产业结构优化和管理模式创新的复杂系统。随着信息技术的发展，新型智慧城市中枢系统趋于成熟智能，成为打通数据壁垒、丰富应用场景的重要支撑，为数据资源治理、能力汇聚开放、联动指挥调度、科学决策支撑起到关键作用。[①] 图 4.1 为新型智慧城市中枢系统（城市大脑）整体设计图解。

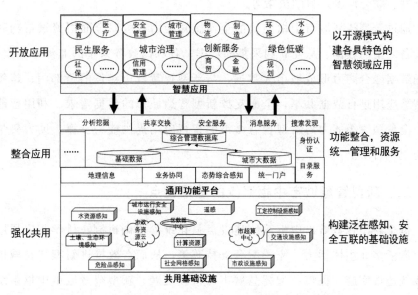

**图 4.1　新型智慧城市中枢系统（城市大脑）整体设计图解**

通过对各地新型智慧城市中枢系统的功能分析，可以总结出新型智慧城市中枢系统至少要具备全域感知能力、数据融合能力、智能赋能能力和全景洞察能力这四大基本能力。

第一，全域感知能力。通过连接各类物联感知终端，实时获取城市的精细化运行参数，实现对城市全面、立体的感知能力，形成从物理城市到数字孪生城市的精准映射。

第二，数据融合能力。全面归集城市各类政府数据，引入社会数据，对

---

① 数字化转型工作室. 数字政府与智慧城市协同建设路径思考[J]. 产业与政策，2022(8)：15.

多源异构数据进行梳理、清洗、关联、比对，在融合分析中激发数据价值，为数据资源的活化应用奠定坚实基础。

第三，智能赋能能力。集成应用大数据、人工智能、区块链等新一代信息技术，提供共性的、智能的支撑组件，通过开放平台赋能产业经济、城市治理、生活环境、公共服务等城市各领域的智慧应用。

第四，全景洞察能力。通过创新优化信息化统筹协调的体制机制，推进"三融五跨"，挖掘城市运行全景的内在逻辑和客观规律，实现运行监测、形势预判、联合调度、科学决策等。

通过新型智慧城市中枢系统的全面感知能力，可以全面汇聚城市物联感知设备采集的数据、从互联网采集的数据、各部门政务系统的非涉密数据等。利用数据融合能力形成城市大数据，与新型智慧城市建设的跨部门、跨领域的智慧应用进行数据共享，全面支撑新型智慧城市的数据需求。利用智能赋能、全景洞察等能力为新型智慧城市的智慧应用提供能力支撑，助力科学决策迈上新台阶。

## 二、新型智慧城市中枢系统的建设重点

健全新型智慧城市中枢系统建设需强化统筹协调机制、科学制定顶层设计、激活多元主体活力、完善配套支持政策，从而有效推进新型智慧城市中枢系统建设实施，保障新型智慧城市可持续发展。新型智慧城市中枢系统的建设应包含如下重点：数据资源治理中枢、能力汇聚开放中枢、联动调度指挥中枢、科学决策支撑中枢等。

### (一)数据资源治理中枢

目前，城市在数据资源治理中的"信息孤岛""条块分割"等问题依然存在，政府部门之间"数据垄断"和"数据打架"等现象屡见不鲜，政府部门之间信息共享、业务协同无法通过传统电子政务手段来实现。为此，新型智慧城市亟须通过建设中枢系统来取得突破。

一要建立新型智慧城市中枢系统的数据采集汇聚体系，规范数据采集、汇聚、接口等标准，开展基础数据库和主题数据库建设。

二要建立新型智慧城市中枢系统的数据共享交换机制，建设统一数据共

享交换平台，并建立配套的体制机制和工作机制。

三要通过新型智慧城市中枢系统推动数据资源的开发利用，鼓励商业机构、社会组织和个人利用新型智慧城市中枢系统的数据资源与数据处理能力，释放数据红利。

新型智慧城市建设需要以数据共享为纽带，以"技术融合、数据融合、业务融合"和"跨部门、跨业务、跨系统、跨地域、跨层级"要求为根本。

**（二）能力汇聚开放中枢**

数字化转型是一项周期长、投资大的复杂系统工程，从软硬件搭建、技术要素购买到系统开发运行，都需要专业的能力和持续的资金投入，构建统一的共性赋能平台，不仅可以避免各行业各领域重复建设、浪费资金，还有助于推动各方数据资源的共享和业务系统的联动。

一要增强汇聚共性的数据、业务和技术赋能能力，有效支撑智慧应用对城市大数据资源、城市模型、大数据分析处理工具、智能算法等方面的需求。

二要提供城市级的大型平台，开放城市公共数据、领域模型、算法工具等，吸引创新创业要素资源汇聚，推进信息互通、资源共享，为技术创新到成果转化全过程提供良好的平台环境。

**（三）联动调度指挥中枢**

"十三五"以来，我国城市局部领域的业务联动取得了积极成效，但未能从全局上和根本上解决长期以来困扰我国城市信息化建设"条块分割、烟囱林立"的问题（如图4.2所示）。

"十四五"期间，通过建设新型智慧城市中枢系统，接入或集成各领域的信息化平台系统，尤其是各级各部门指挥调度和综合运行类系统及相关数据资源，实现横向上领域互联、纵向上各级贯通，打造一体化的联动调度指挥中枢，集综合指挥调度、数据汇聚应用、风险防范预警、事件应对处置、服务科学决策等功能于一体，及时掌控城市各层级、各方面重要动态和突发状况，为多部门联动工作，统一指挥、统一行动、统一资源调配提供支撑，实现跨层级、跨地域、跨部门的指挥调度。

城市安全隐患突出　公共服务能力不足　水污染、内涝、交通拥堵　整合创新有待加强　资源整合利用程度不够

- 只见"智慧"，不见"城市"；没有实现信息技术与城市功能的充分整合
- "重建设，轻应用"，比较注重信息化的基础，忽视需求导向和问题导向，市民接纳度不高
- "重技术，轻服务"，没有回归城市本身，没有根本解决政府、企业和市民的关切
- 体制机制滞后；缺乏统筹，政出多门；顶层设计不足，数据标准不一，信息孤岛问题突出；数据开放缺乏动力，深度应用不足；网络信息安全形式严峻；产业支撑不足；决策服务支撑不足；商业模式创新不足……

- 强调更多的是实现智慧的技术方法，忽略了智慧城市的本质是城市管理的智慧
- 强调更多的是城市公共服务，如医疗、交通、能源等领域的智能化，忽略了城市治理和发展的智慧化

**图4.2　新型智慧城市建设过程中存在的各类问题**

### (四)科学决策支撑中枢

近年来，部分城市的发展方式较为粗放，治理体制机制不健全，公共资源供需矛盾日趋紧张，城市风貌特色不鲜明，交通拥堵、街区内涝等"城市病"逐步显现。

传统的电子政务架构和信息化应用无法有效支撑城市指挥调度和城市精准化治理的需求，亟须通过新型智慧城市中枢系统建设，对数据进行多维度、多角度、精准化展现，将可视分析与各领域业务决策需求分析相结合，制定多个专题应用场景和解决方案，充分挖掘和呈现数据背后隐藏的关键特征、关联关系和发展趋势等，及时发现经济社会发展中的问题，对问题的发展态势进行精确预测和描绘，让事件识别更快速、问题发现更容易、数据展现更直观，助力决策者理解数据并作出精准判断。

## 三、新型智慧城市中枢系统的发展趋势

### (一)基础设施趋于智能化

智能计算中心作为承载智能计算需求的算力中心，成为技术发展和需求变化的必然趋势。由于智算中心对数字化、网络化、智能化融合发展的重要支撑作用，以及对以信息化、智能化为杠杆培育新动能的带动作用，智算中心已经被越来越多的地方政府所重视并布局，推动我国云计算服务向平台化、规模化、智能化升级发展。

### (二)末梢神经趋向成熟

随着以边缘计算为特点的嵌入式人工智能技术的快速发展，新型智慧城市中枢系统的类脑视觉、听觉、躯体感觉、运动神经等系统将不断趋向成熟，AI＋芯片技术将赋予传感器、摄像头等现场端装置、网关更多更强的 AI 能力。

计算与分析模型逐渐成熟、落地，无须再将所有数据发回云端，装置设备在网络端点或接近网络端点地方的计算和分析能力显著增强，使现场装置更加智能敏捷，使新型智慧城市中枢系统的感觉神经系统、运动神经系统的末梢控制变得更为智能和健壮。

### (三)数据供给更加重要

城市各领域智慧应用都建立在海量鲜活数据资源的基础之上。当前，通过统一平台安全提供数据和相应的能力支撑，以此激发数据要素价值、促进创新创业已经成为一种趋势。新型智慧城市中枢系统作为城市"要素数字化、数字要素化"的核心平台，整合了城市算力、算法、数据等重要资源，其作为促进数字经济创新发展的平台型基础设施潜力巨大。

### (四)应用场景逐步丰富

新型智慧城市中枢系统促进了开放共享发展，融汇各类数据资源，借助智能算法和自我学习，从现阶段的"感知""态势""优化"扩展到精细化的城市管理、全天候的指尖政务服务、便捷化的出行信息服务、"一站式"旅游在途体验、数字化网络空间学习环境、普惠化在线医疗服务、智能化在线养老体验、无时空的网络社交娱乐、智能化的工厂/车间等生产生活的方方面面，未来逐步将走向"预测""干预""决策""规划"。

### (五)建设模式走向平台化

在开放、共享的经济发展趋势下，新型智慧城市中枢系统平台化建设趋势越来越明显。新型智慧城市建设中的新型智慧城市中枢系统建设，将会吸引更多的主体参与，共享新型智慧城市领域的相关技术及数据，更快、更容易地建立产业链上下游的生态伙伴，构成庞大的关系链，形成一个快速迭代的生态闭环。

## 四、新型智慧城市中枢系统的投融资模式

近几年，国务院、国家发展改革委、财政部连续发文，进一步规范政府和社会资本合作项目投融资操作，为新型智慧城市优化投融资环境、规范资金使用、提高资金利用效率、解决建设资金问题提供了新的途径和思路。

采用政府和社会资本合作模式拓宽投融资渠道，以财政资金引导社会资本参与新型智慧城市中枢系统建设，有利于优化资金配置、降低融资成本、促进产业发展、创新商业模式，保障新型智慧城市中枢系统顺利落地和有效实施。因此，在新型智慧城市建设过程中，由政府出资方和社会资本方共同投资成立项目公司来具体操作新型智慧城市中枢系统的投融资、建设和运营逐渐成为目前的主要模式。

### (一)优化政企资源配置

通过理顺政府与市场之间的关系，引入社会资本，开展政企协作，明晰政府社会资本在项目运营、提供社会公共服务过程中的责权利，由政府承担政策风险、社会资本承担技术风险，依据风险最小化和利益最大化的原则，将使项目在整个运营期风险最小，使社会公众利益最大化。

建立公平开放透明的市场规则，建设统一开放、竞争有序的市场体系，将促进优化资源配置，让市场在公共资源的配置中发挥更大作用，缓解企业融资难、融资贵的问题，提高投融资的运行效率和效益，形成健康高效的投融资体系。

### (二)优化建设资金构成

引入社会资金，引导形成财政投资、银行贷款、债券融资和社会资本为主的多层次资金来源体系，将有效减轻政府公共财政的举债压力。

多种形式的资金结合项目特点统筹安排，将改变以往依赖财政资金的单一融资模式和粗放式资金投入方式，减轻政府财政投入负担，增强政府的短期投资能力，扩大政府财政支出的"乘数效应"，形成新型智慧城市建设长期资金和短期资金互补的格局，破解新型智慧城市建设的资金瓶颈，激发民间资本活力，拓展企业发展空间，提升经济增长动力，促进经济结构调整和转型升级。

### (三)优化公共服务质量

新型智慧城市建设投融资将政府战略规划、市场监管、行政服务、公共服务和社会资本的管理效率与技术创新有机地结合在一起，有利于从投资项目服务管理、创新融资机制、畅通投资项目融资渠道等多个方面促进体制机制和管理流程的创新；有利于厘清政府和市场的边界，减少政府对微观事务的参与，提升政府的法律意识、契约意识和市场意识，更好地推进简政放权、履行公共职能；有利于形成投资、建设、运营一体化，有效提升公共产品供给效率和公共服务水平。

## 五、新型智慧城市中枢系统的运营模式

"数据运营＋生态合作"以成立国资的大数据运营公司为抓手，在政府授权下引入优质社会资本，代表政府与社会力量开展战略合作，执行投融资、建设管理、运营维护和产业生态培育，是一种新型智慧城市中枢系统的运营实现路径。

大数据运营公司负责新型智慧城市中枢系统、新型智慧城市基础设施和其他新型智慧城市项目的建设与运营，以新型智慧城市中枢系统为核心，围绕大数据技术、产业、应用及服务等创新，开展数据应用与共性服务平台建设，以及信息系统集成服务等。大数据运营公司也可作为城市政务数据的管理和运营主体，提供数据信息资源挖掘、数据产品开发、数据资产增值、大数据产业发展、信息咨询等服务，构建数据产业基础，促进数据创新应用，助力政务、行业、企业等各领域数据资源开发与资产化，负责充分提升城市自身的"造血能力"，探索多元化、可持续的运营模式。

考虑到新型智慧城市中枢系统投资规模巨大，规划建设周期可细分为项目筹备、推广应用、全面应用和建设完成四个主要阶段，各阶段建设重点不同。

### (一)项目筹备阶段

一是确定新型智慧城市中枢系统的投资、建设、运营基本模式。

二是组建产业联盟，盘活新型智慧城市中枢系统建设有关资源，激发相关企业及社会资本参与新型智慧城市中枢系统的建设热情。

三是组建由国有城市基础设施建设头部企业控股、民营本地龙头企业参股的大数据运营公司，并由其在政府指导下牵头新型智慧城市中枢系统建设。

四是编制新型智慧城市中枢系统顶层设计。结合城市实际选择适合自身需要的建设目标与路径。

五是结合城市发展需要，选择需求迫切、应用效果明显的项目作为切入点，启动先试示范应用项目建设。

六是同步开展通信网络基础设施、数据中心和算力基础设施等信息基础设施建设。

### (二)推广应用阶段

一是基本完成信息基础设施任务，初步形成一个高速、移动、安全、泛在的城市信息化基础设施网络。

二是完成重要标准规范编制，为新型智慧城市中枢系统统一接入、统一管理、统一应用等奠定必要基础。

三是启动数据资源治理、能力汇聚开放、联动指挥调度和科学决策支撑等系统的全面建设。

四是启动网络空间安全保障与综合治理体系建设。

### (三)全面应用阶段

以平台、重点系统的应用为核心，基本完成数据资源治理、能力汇聚开放、联动指挥调度和科学决策支撑等系统的建设并投入使用，基本完成城市各项管理和服务应用系统的建设，完成网络空间安全保障与综合治理体系建设，健全各项标准规范、技术指南及管理办法。

### (四)建设完成阶段

全面完成新型智慧城市中枢系统建设，完善城市各项管理和服务应用系统，并投入使用。

## 六、新型智慧城市中枢系统的建设实施建议

### (一)强化统筹协调机制

健全新型智慧城市中枢系统建设运营的组织体系，形成由新型智慧城市建设牵头部门和相关行业主管部门协同共建的工作机制。建立健全部门之间、

区域之间的协同联动衔接机制，强化规划制定、系统设计、项目实施等关键环节的沟通协调，确保互联互通和数据共享。强化项目和资金统筹监管，加强项目审批、项目建设、成果验收等关键环节的审查和监管。强化与项目建设运营单位的沟通协调，及时掌握全市各个项目建设情况，及时协调解决项目建设中出现的各类问题。

**（二）科学实施顶层设计**

综合考虑上级新型智慧城市中枢系统建设现状和政策导向、本级新型智慧城市中枢系统建设基础、下级新型智慧城市中枢系统应用需求，结合城市规模、经济社会发展水平和能力、信息基础设施与信息化应用所处阶段和城市发展需求，研判新型智慧城市中枢建设需求。科学制定新型智慧城市中枢系统规划，合理选择目标功能、应用场景、投融资模式和实施路径，避免盲目投资。结合城市未来发展需求和技术高速迭代形势，适度超前规划，强化设施配套，加快信息基础设施以及算力平台的建设应用。

**（三）激活多元主体活力**

一是遴选城市级合作伙伴，选择有实力、有经验、有长期合作意愿、安全可靠的社会资本方作为城市级合作伙伴，负责整体项目群建设，协商政府与社会资本间的权利和义务，明确补贴模式。

二是遴选项目级合作伙伴，针对项目具体特征，由新型智慧城市建设牵头部门、行业主管部门和城市级运营公司共同选择领域内经验丰富、专业性强的社会资本方作为项目级合作伙伴，根据项目性质确定补贴模式。

**（四）完善配套支持政策**

一是财政政策，要综合评估财政状况，制定有针对性的财政优惠政策，通过投资补助、基金参股、前期费用补贴、担保补贴、贷款贴息等方式给予相关扶持。

二是金融政策，要鼓励金融机构探索适合新型智慧城市中枢系统项目特点的信贷产品和贷款模式，在授信额度、质押融资、保函业务等方面提供融资服务，支持项目公司依照国家有关规定通过债券市场筹措投资资金。

三是审批政策，要明确市场准入标准、服务质量和监管细则，强化对政府和社会资本合作的评估论证、执行监管、绩效评价等工作。

四是数据管理政策，要加强数据分类管理和共享开放，推动打破数据垄断，在数据保护、人工智能、关键信息基础设施等领域强化法规制度建设。

## 七、新型智慧城市中枢系统需具备的能力及建设中需要关注的几个重点

新型智慧城市中枢系统除了要实现感知、监测、预警，为实现风险防范预警、指挥调度服务，更要会分析，会思考，实现跨部门、跨业务、跨系统、跨地域、跨层级、各类别数据的关联分析，为实现科学决策服务。

另外，关于新型智慧城市中枢系统建设，需要重点关注如下几个方面。

### (一)在建设方向上，应当坚持以人民为中心，坚持问题导向，注重实绩实效

新型智慧城市中枢系统建设应当接地气，注重深入研究各个行业需求，为提升各行业工作效率和服务水平而建设，以信息化智慧化的手段来破解工作中的难题，解决真问题，真解决问题。不能为了建设而建设，片面追求高大上，搞面子工程。

### (二)在建设前提方面，新型智慧城市中枢系统建设的前提是各个行业的信息化、智慧化

新型智慧城市中枢系统建设首先要在各个行业领域实现数字化、智慧化，不少城市的不少行业应用领域还没有建立适合自身业务需求的行业应用信息系统，还是采用原始的人力方式开展业务工作，在基础的信息化都未实现的情况下，突然跨越实现智慧化更是空谈。

无论是县域城市，还是市级城市、特大城市，要想建成新型智慧城市，都必须高度重视各行业应用系统的建设。针对各行业的业务需求和应用场景，各行业应用系统必须建设到位，应用到位，必须真正实现各个行业的信息化、智慧化。

在实现了智慧政务、智慧交通、智慧城管、智慧旅游、智慧生态、智慧电商、智慧教育、智慧农业、绿色节能、智能惠民、公共安全、智慧医疗、智慧应急等领域下的各个细分行业系统建设，并且真正应用到位，运行成熟后，新型智慧城市中枢系统建设、新型智慧城市建设会自然水到渠成。否则

在各领域各个行业应用系统都尚未建设实现的情况下，空谈实现新型智慧城市中枢系统建设、新型智慧城市建设，只能是无源之水、无本之木，毫无根基，毫无意义。

**（三）在政策支持方面，新型智慧城市建设需要领导重视支持**

其重要性不言而喻，这里不再赘述。

**（四）在建设基础方面，必须重视加强新型基础设施建设，提升技术支撑能力**

新型智慧城市中枢系统建设需要新型基础设施建设提供技术支撑，没有这些新型基础设施，新型智慧城市中枢系统建设只能是空谈，必须重视通信网络基础设施、云计算中心、数据中心和算力基础设施等信息基础设施建设，提升各类新型智慧城市建设应用的技术支撑能力。

**（五）在建设规划方面，新型智慧城市中枢系统建设必须注重顶层设计规划**

要注重新型智慧城市中枢系统建设的顶层设计与整体规划，注重子系统的关联性，不是简单地进行系统整合。新型智慧城市中枢系统建设需要整体布局，强化顶层设计和分类指导，明确其建设重点，强化政策法规、规范标准建设，鼓励建设和运营模式创新，推动整合优化和协同共享，实现建设模式由分散建设向共建共享转变。

**（六）在建设层次方面，新型智慧城市中枢系统建设要区分轻重缓急，避免重复性建设**

结合城市发展需要，选择需求迫切、应用效果明显的项目作为切入点，区分轻重缓急，启动先试示范应用项目建设。新型智慧城市中枢系统建设时要注重构建统一的共性赋能平台，这有助于避免各行业各领域重复建设、浪费资金，有助于推动各方数据资源的共享和业务系统的联动。

**（七）在建设运营方面，新型智慧城市中枢系统建设要注重持续长效运营服务，加大财政扶持力度，建立财政保障机制**

数字化、智慧化转型是一项周期长、投资大的复杂系统工程，从软硬件搭建、技术要素购买到系统开发运行，都需要专业的能力和持续的资金投入。新型智慧城市建设，无论采用何种模式建设，都少不了大量的财政投入，各级政府应加大财政扶持力度,建立财政保障机制。各城市应当根据自身的实际情况及工作需求,根据自身财政状况有计划、分步骤建设实施。另外,新型智慧城市不是用来建的,而是用来运营的,缺乏运营的项目是没有生命力的,新型智慧城市规划建设最重要的是要考虑未来如何运营。同时,管理模式也要从以建设为主转向长效运营为主,解决可持续发展问题。

**(八)在考核评价方面,新型智慧城市中枢系统建设要建立完善科学的考核评价标准**

新型智慧城市中枢系统建设离不开统一的评价标准和科学的评估机制。各级政府主管部门应当建立符合各自城市特色的、"以评促建、以评促改"的长效考评机制。

**(九)在数据建设方面,新型智慧城市中枢系统建设要注重数据共享,建设统一完善的数据中枢平台**

不少城市的新型智慧城市建设缺乏统一规划、统一标准、统一管理,多为各单位自主发起、独立建设,网络连通难,数据孤岛问题严重,建成后应用不足、维护不到位,软硬件设施重复建设和闲置浪费现象突出。

新型智慧城市中枢系统建设应当建立完善的城市公共数据中枢平台,包括基础数据库、主题数据库和专题数据库。基础数据库包括人口基础信息库、法人单位基础信息库、自然资源和地理空间基础信息库、宏观经济数据库。依托数据共享交换平台汇聚整合其他业务部门关联数据,加快建设若干个主题数据库。大力推进社会保障、教育科研、医疗卫生、自然资源、住房、城管、交通、环保、应急等专题数据库建设,为新型智慧城市中枢系统建设提供丰富多样、门类品种齐全的数据支撑。

**(十)在安全可控方面,新型智慧城市中枢系统建设要做到可管可控,保障安全**

要以保障新型智慧城市中枢系统建设平稳有序推进为原则,分级分类推进新型智慧城市中枢系统建设,有序推动行业智慧化应用,避免贪大求全、重复建设。要强化网络安全管理责任机制,健全网络安全标准规范体系,加大依法管理网络安全和保护个人信息的力度,加强要害信息系统和信息基础设施安全保障能力,确保安全可控。围绕网络安全、设备安全、工控安全、数据安全、安全监测等领域形成自主可控的安全解决方案，提升新型智慧城市中枢系统建设安全运行保障能力。

**(十一)在人才储备建设方面，新型智慧城市中枢系统建设要注重人才培养储备**

形成培养人才、吸纳人才、留住人才的长效机制。

## 八、关于新型智慧城市中枢系统比较务实的建设思路

新型智慧城市中枢系统的建设并不是对原有信息化成果的推倒重建，而是要在充分利用原有的各个部门、单位信息化成果及其资源的基础上建设。另外，新型智慧城市中枢系统并不是一个大杂烩，应当分层次、分重点地建设，应当平稳有序地推进，避免贪大求全、重复建设。

具体来说，新型智慧城市中枢系统应当建设"一个核心，多个中心"。"一个核心"是指新型智慧城市核心中枢系统(城市大脑)，"多个中心"是指多个城市分支行业的中枢系统(行业部门城市大脑，或者叫作城市小脑)。

例如，临沂市的"城市管理大脑(或者叫作城市管理小脑)"是城市管理行业的数据共享汇集交换中心，"城市管理大脑"建设了城市防汛专题、道桥专题、照明专题、油烟监测专题、渣土车监管专题、环卫专题、综合执法专题、广告专题、城市停车专题、市政公用在线监测专题等28个专题，实现了"28＋N"多类数据空间维度的整合，形成资源平台、数据高地。通过对接各涉及城市管理行业应用子系统数据以及成熟完善的"网格化＋"管理模式，城市管理大脑监测预警系统最终实现统一的数据分析、一张图展示、一图感知、智能告警和实时的应急指挥调度，为城市管理的科学决策、指挥调度提供强大的技术支撑。

又如，杭州市的"城市交通大脑"等行业级中枢系统，同样属于"多个中心"，是城市交通行业的中枢系统，汇聚了公安交警视频监控、道路交通监测设备、停车资源、高德百度腾讯车辆车流实时信息数据，通过"城市交通大脑"感知、监测、预警城市实时交通状态，为实现风险防范预警服务，同时通过智能调节交通灯通行时间、智能地图语音播报道路交通拥堵状况、智能车辆导流等服务，大大减少市民出行通行时间，实现为城市交通指挥调度服务。

"多个中心"是多个分支行业的数据汇聚交换中心,是各个分支行业的中枢指挥系统。"多个中心"可以是城市管理大脑(小脑)、城市交通大脑(小脑)、城市环保大脑(小脑)、城市应急大脑(小脑)、城市公共安全大脑(小脑)等。"多个中心"能够接收执行"一个核心"指令,同时与"一个核心"(城市大脑)进行数据汇聚交换,为"一个核心"(城市大脑)提供数据支持。很多问题在"多个中心"的层面就可以解决,只需要在"一个核心"(城市大脑)中进行预警分析、结果的展示即可,这样可以大大减轻"一个核心"(城市大脑)运行负担,同时"多个中心"的各个城市行业部门在各自行业领域深耕多年,更了解各个行业部门的实际工作情况,其设计、建设与运维更能与各自行业的实际业务结合,从而有助于真正解决问题,发挥各自行业系统的功效。平时,"一个核心"(城市大脑)可以作为"多个中心"的汇聚展示中心存在。"多个中心"各司其职,各负其责,处理各自行业领域的问题,进行各自行业领域的智能分析、研判、预警和指挥调度;"一个核心"(城市大脑)只有在解决重要问题或者重点专项领域监管的时候,才向"多个中心"下达指令进行统一指挥调度。这样,新型智慧城市核心中枢系统(城市大脑)的运行才能做到重点突出、层次分明,才能更接地气,发挥其关键作用。

# 第八节 市级新型智慧城市建设思路研究

## 一、规划背景

新型智慧城市以为民服务全程全时、城市治理高效有序、数据开放共融共享、经济发展绿色开源、网络空间安全清朗为主要目标,是独具中国特色的智慧城市建设,其核心要义是以人为本、成效导向、统筹集约、协同创新、注重实效,强调以数据为驱动,本质是全心全意为人民服务。它通过体系规划、信息主导、改革创新,推进新一代信息技术与城市现代化深度融合、迭代演进,实现国家与城市协调发展的新生态。新型智慧城市以自主安全为保障基石,以数据资源为驱动引擎,以模式创新为推进路径,实现经济、社会、政府等领域重塑与能力提升，以城市治理体系、治理能力的现代化和城市经济体系的现代化支撑城市发展。党的二十大报告指出，加快发展数字经济，促进数字经济和实体经济的深度融合，加快建设网络强国、数字中国。新型智慧城市是数字中国建设的重要内容，是智慧社会的发展基础，是促进新型城镇化、发展数字经济、推进经济社会高质量发展的综合载体。加强新型智慧城市建设是落实国家关于加快新型基础设施建设、推进"上云用数赋智"行动等最新战略部署的重要抓手。随着"互联网＋"、"放管服"改革、"中国制造2025"、大数据、新基建等一系列国家政策的出台，为城市发展带来了新机遇。[①]

市级新型智慧城市建设在我国新型智慧城市总体建设中的战略地位最为重要，它具有承上启下的作用，既要为各行业应用及县区级新型智慧城市建设搭好框架，做好顶层设计，从行业应用平台及县区级智慧城市平台获取数据，又要为省级新型智慧城市及国家新型智慧城市提供支撑和重要的数据来源。由于全国各地市经济实力、信息基础设施、智慧应用水平程度、科技创新能力等重要因素各不相同，因此市级新型智慧城市建设要因地制宜、因需制宜、因时制宜，必须从实际情况出发，做到突出重点，分步实施，统筹兼顾，综合考虑。

市级新型智慧城市建设规划要着重参考《国家新型智慧城市评价指标》（GB/T 33356—2022），以《智慧城市顶层设计指南》（GB/T 36333—2018）为蓝本，以"互联网＋"、数字中国、网络强国、新基建等国家战略为发展重点，贯彻落实国家部委、各省市战略要求和文件精神，以数据作为关键生产要素，通过实体经济与数字经济深度融合，提升全要素生产率，重塑实体经济核心竞争力，打造新时代、新发展的新动能，推动城市现代化进程。

## 二、发展现状与形势判断

### (一)地市级城市在新型智慧城市建设中普遍存在的问题

1. 项目建设分散，缺乏统筹机制

不少地市级城市的新型智慧城市建设缺乏统一规划、统一标准、统一管

---

① 汤宏琳. 新型智慧城市建设八大问题全面解析[J]. 电子工程世界，2022(3)：15.

理，多为各单位自主发起、独立建设，网络连通难、数据孤岛问题严重，建成后应用不足、维护不到位，软硬件设施重复建设和闲置浪费现象突出。

2. 政府主导为主，各方参与不足

不少地市级城市的新型智慧城市建设主要集中在智慧政务、智慧城管、智慧交通、智慧环保、智慧教育、智慧医疗、公共安全等领域，有的地市级城市甚至还未起步，建设周期长，项目建设多采用政府投资方式，社会资本参与不足。受财政资金限制，项目建设难以达成预期效果。

3. 网络安全薄弱，缺乏防范机制

快速发展的信息技术给网络安全带来严峻挑战。新型智慧城市建设涉及信息基础设施广泛、数据资源海量、业务应用众多。很多项目建设单位缺乏网络安全防范意识，网络安全建设重视不够、投入不足，关键信息基础设施和要害信息系统安全防护能力不足，防范机制不完善。

4. 评价标准互异，评估机制欠缺

新型智慧城市建设离不开统一的评价标准和科学的评估机制。虽然国家、各省发布了相关评价指标，但是与不少地市级城市的自身特色契合度不够，可操作性低，尚未建立符合各自城市特色的、"以评促建、以评促改"的新型智慧城市建设长效评估机制。

5. 融合发展滞后，支撑能力薄弱

我国大部分地级市存在信息化对产业发展的引领作用不足的现象，各类传统产业占比较大，高科技、高附加值产品短缺，大数据、软件开发、电子、旅游等新兴产业对经济发展的支撑能力有待提升。

6. 技术人才缺乏

不少地市级城市的新型智慧城市人才短缺，对信息系统建设的技术把控能力有限。在新型智慧城市建设过程中，受限于人员选拔机制和薪资待遇水平，高端人才难引难留，致使新型智慧城市发展缺乏技术和人才支撑，亟须引进专业技术人才。

因此，我国地市级城市开展新型智慧城市建设，必须以全局、整体的思路整合资源、优化流程，依据顶层设计打破各部门业务壁垒，提高跨部门协同能力；以一体化、便捷化、智能化的管理和服务，进一步提升企业和群众获得感，实现城市管理向城市治理的转变。

**(二)关于市级新型智慧城市建设形势的判断**

加强地市级新型智慧城市建设是落实国家关于加快新型基础设施建设、推进"上云用数赋智"行动等最新战略部署的重要抓手。"互联网＋"、"放管服"改革、"中国制造2025"、大数据、新基建等一系列国家政策的出台，为各个城市发展带来了新机遇。

从发展定位来看，新型智慧城市发展要抢抓全球新一轮信息技术创新发展浪潮，把握国家推动新型智慧城市全面融合创新发展的战略契机，充分发挥区位优势、政策优势和资源优势，通过理念创新、技术创新、模式创新、制度创新，着力深化落实新型智慧城市建设。地市级城市以新型智慧城市建设为抓手、以信息惠民为动力的创新驱动发展道路，推动新型智慧城市应用创新发展，有利于地市级城市的产业优化升级。

从推进思路来看，市级新型智慧城市发展要坚持创新理念先行，新兴技术引领，加快资金、人才、产业要素集聚，着力培育技术优势、标准优势、应用优势和资本优势，发展新经济体系；要以技术创新为核心驱动力，勇于探索和不断创新智慧应用服务模式，带动城市公共治理、信息惠民服务效能全面提升；要注重新型智慧城市的统筹协调一体化发展，围绕数据共享与开放、政务上云、城市统筹决策指挥、产业公共服务几大方面，形成若干城市共性支撑能力，形成跨部门业务线条的横向数据流通链和业务传送链，构建纵横联动、高度融合的新型智慧城市生态系统；要全面强化信息基础设施支撑保障能力，不断完善组织保障机制，为地市级城市新型智慧城市可持续发展提供硬支撑和软环境。

从空间布局来看，地市级城市新型智慧城市发展要广泛汇聚国内外优势资源，加强与北京、上海、江苏、浙江等人才高地互通对接，强化高端人才招引，创新新型智慧城市发展模式，积极对接市场，借助社会资本和技术资源，创新新型智慧城市投融资和长效化运营模式；要注重区域城市治理与公共服务体系的有效衔接，对内要结合各县(市、区)、乡镇(街道)的基础情况和资源禀赋，推动新型智慧城市各项工作在空间维度的合理分配部署；要充分发挥文化、旅游、交通等优势，推动智慧旅游、智慧医疗、智慧教育等行业应用试点建设；要着力推动城市治理、公共服务体系化发展，推动城市综合治理网络、城乡一体化公共服务网络全面向周边各县（市、区）、乡镇（街道）下沉延伸，以全域一体化理念全面优化城市环境，提升居民生活体验，构建宜居宜游的绿色生态新城。

### （三）市级城市新型智慧城市建设的意义

市级城市新型智慧城市建设是建设新时代区域性中心、实现数字强市的有力抓手。市级城市新型智慧城市建设以数据作为关键生产要素，通过实体经济与数字经济深度融合，提升全要素生产率、重塑实体经济核心竞争力，打造新时代、新发展的核心动能，推动城市现代化进程。

#### 1. 提升城市现代化治理能力，让政府管理更便捷

随着新型智慧城市的发展，以信息技术的综合应用，推动城市的数字化、网络化、智能化、可视化，提高城市的治理能力、应变能力、运营能力，提升市民的数字素养，成为塑造现代城市核心竞争力的必由之路。在此背景下，要把握新一代信息技术革命契机，在产业空间布局、新型城镇化、公共服务供给等方面突出全域一体化发展理念，突破行政区划，立足全域谋划，在资源共享中聚优势，在整体联动中凝合力，驱动城市管理和公共治理模式不断创新，显著缓解城市各领域环节信息不对称造成的经济社会运行低效失序的难题，实现与先进地区新技术应用水平和城市群发展进程接轨。

#### 2. 加快推动产业高质量发展，让产业升级更迅速

推进数字产业化、产业数字化，用信息化培育新动能，用新动能推动新发展，以新发展创造新辉煌。地市级城市通过新型智慧城市建设，将进一步创新经济发展运行模式，着力摆脱产业发展传统模式、传统要素的束缚和依赖。市级城市新型智慧城市建设将以产业智能升级为导向，结合产业发展基础优势，积极对接"中国制造2025"、"互联网＋"行动计划等重大发展战略，注重窄带物联网（NB-IoT）、大数据、云计算等信息技术在经济社会各领域的创新应用，全面引领城市的转型升级，形成发展的新思维。坚持创新发展，以产业转型升级和供给侧结构性改革为主线，以突出培育壮大主导产业为目标，把数字化注入产品创新、生产管理、发展模式等各环节，焕发产业活力，夯实城市发展新基石。

3. 增强以人为本的服务理念，让城市生活更美好

市级城市新型智慧城市建设将充分发挥互联网变革创新能力和资源整合能力，推动政府民生信息服务从线下走到线上，实现民生服务网络化、移动化和便捷化，打造新型智慧城市融合公共服务体系，实现民生服务从前端渠道到后端平台的一站式集中整合。统筹推进城乡公共服务区域一体化协调发展，并进一步探索和推动基于大数据分析的民生服务向开放化、主动化、个性化、智能化升级演进，充分释放信息化在促进社会公平、提高生活质量方面的巨大能力，让新型智慧城市建设成果真正惠及千家万户，不断提高居民幸福指数，助力构建和谐社会。

## 三、总体要求

### （一）指导思想

以习近平新时代中国特色社会主义思想为指导，全面贯彻党的二十大精神，牢固树立新发展理念，按照以信息化推进社会治理体系和治理能力现代化、分级分类推进新型智慧城市建设的要求，以提升城市治理水平、公共服务能力为重点，以体制机制创新为保障，加强政府引导，推动新一代信息技术与城市规划、建设、管理、服务和产业发展全面深度融合，推进市级城市基础设施、政务服务、城市治理、民生普惠、产业转型等各个领域的数字化建设，强化民生服务保障，壮大产业发展动能，打造市级新型智慧城市。实现城市治理智能化、集约化、人性化，有效提升城市的综合承载力、创造力、竞争力，提高人民群众的获得感、幸福感、安全感。

### （二）基本原则

以人为本，便民惠民。以人民为中心，以人民满意为总目标，结合市级城市发展现状和优势，面向政府、企事业单位、公众需解决的关键问题，从市级城市发展的实际需求出发，推动信息技术在不同领域、区域和群体中的普遍应用，使信息化成为惠民服务便捷化、社会治理精细化、产业发展现代化、基础设施智能化的关键引擎。

顶层设计，整体布局。整体布局市级城市新型智慧城市发展，强化顶层设计和分类指导，明确新型智慧城市建设重点，强化政策法规、规范标准建

设，鼓励建设和运营模式创新，推动整合优化和协同共享，实现建设模式由分散建设向共建共享转变。

政府引导，多元参与。强化政府在规划引领、统筹协调、政策扶持、应用示范等方面的引导作用，发挥市场在资源配置中的决定性作用，鼓励建设和运营模式创新，注重激发市场活力，健全可持续发展机制，形成社会广泛参与的良好氛围。

可管可控，保障安全。以保障新型智慧城市建设平稳有序推进为原则，分级分类推进新型智慧城市建设，有序推动行业智慧化应用，避免贪大求全、重复建设。强化网络安全管理责任机制，健全网络安全标准规范体系，加大依法管理网络安全和保护个人信息的力度，加强要害信息系统和信息基础设施安全保障能力，确保安全可控。

技术领先，迭代发展。充分顺应信息技术快速发展的客观规律，灵活探索新型智慧城市建设运营模式，力求信息系统的业务设计与技术实现相分离，化解"建成即淘汰"风险，实现信息技术快速更迭与业务应用接续完善相统一。

统筹协调，融合共享。加强顶层设计，按照"全市一盘棋"的思路，统筹开展基础性、枢纽性、集约性能力建设，推进跨部门、跨领域的业务协同和应用融合，促进"设施共连、平台共用、数据共享、应用协同"。

### (三)建设目标

市级城市新型智慧城市建设不可能一蹴而就，不能贪大求全，应该根据自己城市的基础条件和现有状况，分阶段、分重点分步实施。围绕建设"管用、实用、好用、爱用"的核心发展定位，以城市大脑为突出重点，推进市级城市新型智慧城市建设，实现基础设施智能化、城市建设科学化、城市治理精细化、民生服务便捷化、产业发展现代化，形成具有地方特色的新型智慧城市，让居民能够切实感受到新型智慧城市的温度和厚度。以下建设阶段参照了部分市级智慧城市建设案例，仅供参考，具体各市级城市的新型智慧城市建设情况及进度要求可根据实际情况灵活调整。

①第一阶段，全面夯实新型智慧城市发展基础，快速增强城市发展数字安全保障能力。

完善基础设施。完善视频监控一张网，实现"全域覆盖、全网共享、全程可控、全时可用"，全域物联网、超高速全光网基本建成。根据财力逐步普及智能终端设施，逐步扩大 5G 网络连续覆盖范围，教育"校校通"实现千兆光纤进校、百兆光纤到班，逐步完善 5G 产业生态体系。新型智慧城市云计算中心和网络安全支撑保障能力全面提升。

初步建成数据中枢平台。基本建成全市统一数据资源池，信息共享和业务协同效率进一步提高，数据开放服务能力体系基本完善。完成新型智慧城市综合运营中心建设，初步建成运营、决策、指挥、服务"四位一体"的新型智慧城市统一中枢。

加速完善公共应用支撑体系。初步建成一批公共技术支撑平台，公共应用支撑体系基本建成，建设完善新型智慧城市安全创新平台，不断优化科技成果转化体系，基本完善新型智慧城市公共应用支撑生态。

②第二阶段，基本完成关系民生的重点领域和重点行业（医疗、教育、城管、交通、社保等）智慧化建设，推进政府治理能力现代化，促进公共服务均等化、便捷化，增强人民群众的获得感、幸福感、安全感。

明显提升公共服务能力。逐步形成广覆盖、多渠道、智能化、个性化的公共服务体系，线上线下服务资源结合得更为紧密。比如完成市民"一卡通"和"城市门户 App"全面应用，民生服务渠道更加丰富，智能化服务水平显著提升。进一步完善"互联网＋政务服务"体系，建设完善全民健康信息平台等，让建设成果逐步惠及人民群众，促进公共服务均等化、便捷化，增强人民群众的获得感、幸福感、安全感。

大幅增强城市治理能力。例如：城市部件数字化标识体系基本建成，基本建成基于智能终端及应用系统的新型智慧城市综合执法体系，建成智慧交通大数据平台，让交通管理更加智能，道路拥堵率明显下降。全天候生态环境监测网络和安全生产监察体系初步建成，城市治理智能化水平明显提升。

③第三阶段，新型智慧城市建设基本完成，现代化产业体系建设加快，产业高端化、集群化、智能化、融合化发展取得较大进展，现代化城市治理能力和民生服务便捷水平大幅提升。

产业集聚发展快速形成。产业结构不断优化，互联网、大数据、人工智能等新兴技术与实体经济实现深度融合，大数据产业发展载体建设完善，吸引一批大数据龙头企业入驻，大数据产业发展生态初步完善。政产学研用联动更加紧密，建成智能制造、农产品电商、大数据等若干有影响力的产业集聚区，数字经济活力显著提升。

数字基础设施建设完备。"水地空天"一体化全域感知体系建成，5G网络实现基本覆盖，云计算设施实现随需调用，边缘计算设施快速响应，有力支撑城市数字化运维与创新发展。

城市大脑全域赋能。城市级共性赋能平台体系和应用能力支撑平台建设完成，并深度支撑上层业务系统运行。城市大脑全面上线运行，为城市建设、城市治理、民生服务、现代产业等业务应用持续提供能力输出。

数字治理能力全面提升。协同联动的城乡空间规划建设管理体系建成，各类行业应用系统建成并高效运行，基于"横向到边、纵向到底、条块联动、业务协同"的一网统管格局，形成共建共享的社会治理格局。

公共服务能力便捷普惠。公共医疗服务体系更加健全，形成一批较为成熟的智慧医疗示范应用，完成智慧社区、智慧养老试点建设并规模化推广。

产业高端发展引领城市发展。大数据、电子信息制造产业发展动能强劲，成为产业发展的重要增长极。

数字安全保障坚实可靠。数字安全产业生态建设完善，围绕网络安全、设备安全、工控安全、数据安全、安全监测等领域的创业创新活力迸发，形成一批自主可控的数字安全解决方案，提升市级城市新型智慧城市安全运行保障能力。

## 四、总体架构

市级城市新型智慧城市运用信息和通信技术，感测、分析、整合城市运行的各项关键信息，对包括民生、环保、公共安全、城市运行管理服务、工商业活动在内的各种需求作出智能响应（如图4.3所示）。其本质是利用先进的"云大物移智区加"信息技术（云计算、大数据、物联网、移动互联、智慧城市、区块链、"互联网＋"），实现城市智慧化管理和运行，为社会公众创造更美好的生活，促进城市和谐、可持续发展。新型智慧城市建设主要包括四个部分：第一，通过传感器或信息采集设备全方位地获取城市数据；第二，通过网络将城市数据关联、融合、处理、分析；第三，通过充分共享、智能挖掘将信息变成知识；第四，把知识应用到各行各业，为政府、企事业单位、公众决策提供科学依据。

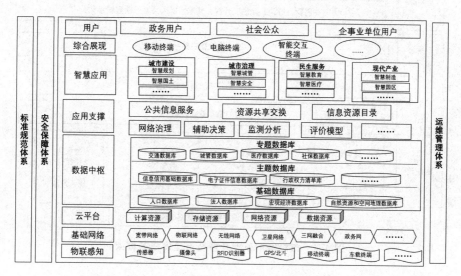

图4.3　市级城市新型智慧城市总体架构

## 五、主要任务

市级城市新型智慧城市建设的主要任务集中反映为"一平台、两支撑、四应用"（仅作为参考，各个市级城市可以根据自己实际情况进行加减，如图4.4所示）。"一平台"指市数据中枢平台。以不断完善的城市基础数据库、专题数据库、主题数据库为核心，实现城市大数据获取、整合、清洗、存储、加工、共享和开放的全周期管理，建设城市数据全面汇聚、有序流动、高效配置、合理使用、云化服务的城市数据中枢平台，夯实"数据驱动"发展新模式的要素基础。"两支撑"是指构建新一代信息基础设施支撑，为新型智慧城市建设提供网络、计算、存储、物联感知等资源服务；构建权威的公共应用服务支撑，包括城市公共信息服务平台、城市运行监控服务平台、新型智慧城市评价系统。"四应用"指围绕城市建设、城市治理、民生服务、现代产业四方面应用，通过建设完善已有业务信息系统，强化跨领域、跨行业的智慧应用，推进业务快速反应和高效协同，大幅提升城市竞争力、吸引力和创新力。

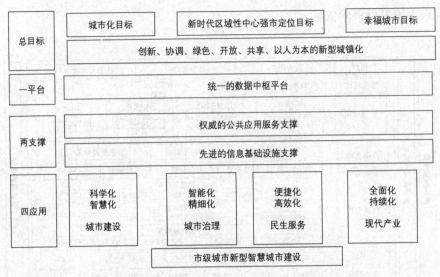

图 4.4   市级城市新型智慧城市建设任务框架

### (一)建设统一完善的数据中枢平台

建立完善城市公共数据中枢平台，包括基础数据库、主题数据库和专题数据库。基础数据库包括人口基础信息库、法人单位基础信息库、自然资源和地理空间基础信息库、宏观经济数据库。依托数据共享交换平台汇聚整合其他业务部门关联数据，加快建设若干个主题数据库，大力推进社会保障、教育科研、医疗卫生、土地、住房、城管、交通、环保、应急等专题数据库建设。

### (二)建设先进的信息基础设施支撑

目前，全国各个地市级城市信息基础设施发展水平正处在快速上升阶段，固定宽带网络光纤化、移动网络宽带化、下一代互联网演进是信息基础设施发展趋势。发挥政府引导作用，激发市场主体积极性，坚持规划引导、集约建设、满足需求、适度超前的原则，建成布局合理、资源共享、互联互通、安全可靠的新一代信息基础设施支撑，包含全面感知基础设施、泛在网络基础设施、云计算基础设施、网络安全和容灾备份基础设施，为市级城市新型智慧城市建设提供统一网络、计算、存储、物联感知等资源服务。

### (三)建设权威的公共应用服务支撑

进一步加快推进市级城市信息资源整合,建立健全市级城市信息资源管理与服务体系,打造全市统一权威的城市公共应用服务支撑,为新型智慧城市应用建设提供全面、及时、准确的信息服务和城市运维监控服务,为政府公共管理、企事业单位生产经营和居民生活服务提供有力的信息支撑。在市级城市新型智慧城市建设过程中,要充分理解新型智慧城市的内涵、外延及建设目的,认真做好顶层规划和设计,运用相应的技术和管理标准做指导,运用评价指标模型进行评测并不断改进和完善。客观公正的新型智慧城市评价系统能更有力地推进市级城市新型智慧城市健康发展。以全市各业务部门提供的公共信息为基础,汇聚整合全市信息资源,推动业务协同和综合应用。以实现智能决策为目标,推动城市公共信息服务平台、城市运维监控服务平台、新型智慧城市评价系统建设,为全市信息化系统的信息共享与协同提供公共应用支撑。

### (四)加强科学化、智慧化的城市建设

加强规划引导,做好各级国土空间规划、控制性详细规划的衔接工作。以自然资源和空间地理信息库为基础,积极推进智慧自然资源和智慧住建工程建设,通过强化城市建设跨部门数据整合和业务协同,针对城市规划、土地收储、用地出让补偿、设施维护、建设工程、房产管理等重点领域,利用先进、可靠、实用的信息技术和创新管理理念,推动建立城市工程项目规划、审批、建设、监管的全过程管理体系。

### (五)加强智能化、精细化的城市治理

通过强化资源整合、信息共享和业务协同,加快推进智慧城管、智慧交通、智慧应急、智慧生态环保、智慧政务、智慧安全等重点工程建设,构建城市动态感知体系、安全运行体系和应急管理体系,实现城市运行管理科学化、智能化和精细化,提高城市运行管理水平。

### (六)加强便捷高效的民生服务建设

以建设服务型政府为目标,以新一代信息技术为支撑,加快推进智慧医疗、智慧社保、智慧教育、智慧民政、智慧社区、文化传承、素质提升等重点工程建设。从硬软件资源共享、数据交换、统一运行平台、统一发布和系

统交互等方面对原有分散、相互割裂的部门业务进行横向融合，打破行业分割、部门壁垒，规范业务流程，实现跨部门信息资源整合和互联共享，提高业务办理效率、政务管理透明度和公共服务水平，推进高效民生服务建设步伐，进一步提升市级城市宜居、宜业、宜商、宜游的综合承载能力和人民幸福指数。

### (七)加强全面持续的现代产业发展

大力调整经济发展模式，重新构筑战略支撑产业，加快发展壮大智慧产业，促进产业转型升级。建设包括智能制造、智慧园区、智慧金融、智慧物流、智慧农业、智慧旅游等在内的智慧行业应用，发挥智慧金融平台对中小企业创新发展的支撑作用，加强信息经济发展对智慧产业空间集聚、产业协同创新发展以及区域经济转型和产业升级的引领作用。进一步加快推进建设先进制造业基地、现代服务业中心和区域性创新中心，加速构建现代产业发展新体系。

## 六、建设运营

### (一)推进策略

全局统筹，迭代升级。新型智慧城市建设是一个系统性工程，是统筹全局的战略举措，需要统筹多方资源、技术、资金等要素，其中政府、企业、运营商、投资商等要在统筹之下各自明确分工。随着技术、人口、环境、应用需求的不断进步和提升，新型智慧城市建设每个阶段所要满足的社会功能将不断升级，不同层次的需求也日渐细分，需要通过统筹规划，分步实施。

紧贴需求，适度超前。随着城市建设的快速发展以及信息技术快速更迭，需要确保新型智慧城市的设计理念适度超前，以适应城市发展中需求的变化和信息技术的更新换代，避免建完即遭淘汰。因此，需要在建设中考虑未来智慧应用系统的可升级、可扩展性，最大限度地做好"标准化、模块化、结构化"。

重点切入，推广深化。国内外智慧城市建设实践不断证明，从当地民生、社会重点领域切入，可迅速取得阶段性成效，提振新型智慧城市建设的信心，对新型智慧城市可持续发展具有重要意义。城市运营管理中心、市民一卡通等需求明确的项目,是市级城市新型智慧城市建设良好的切入点。

多元参与,凝聚合力。新型智慧城市建设为百姓带来便利的生活服务,为企业提供创新发展的环境,为城市管理者提供有效的支持决策手段。新型智慧城市建设周期较长,需要投入大量的人力和物力,因此必须由政府牵头,多方力量共同参与,才有可能形成合力,真正满足智慧化的需求,达到预期建设效果。

## (二)推进计划

新型智慧城市建设是一个涉及各领域,跨机构、跨部门的系统工程,需要结合实际需求,选准切入点,形成系统化、高效化的推进模式。新型智慧城市实施可分为3个建设阶段和1个未来展望阶段。

### 1. 第一阶段

第一阶段建设任务为开展结构性、基础性的信息基础设施建设,打破当前城市信息化发展瓶颈,为新型智慧城市应用奠定数据、网络、算法等能力的基础,打造市级城市新型智慧城市统一数据中枢,并开展需求迫切、成效快、公众关注度高的数字应用建设,切实提高城市精细化治理水平和公共服务能力。打造市级城市新型智慧城市统一权威的公共应用服务支撑,为市级城市信息融合共享和业务协同提供基础支撑环境和业务机制,为市级城市运营态势分析提供展现平台,为市级城市决策提供科学辅助依据。开展政务协同平台建设,以国产化软硬件为基础,构建自主可控的政府协同办公平台,实现市级城市新型智慧应用安全保障。

### 2. 第二阶段

第二阶段建设任务为关系民生的重点领域和重点行业,包括医疗、教育、城管、交通、政务、社保等,以解决城市治理"痛点"为主攻方向,突出为民、便民、惠民,着力推进政府治理能力现代化,促进公共服务均等化、便捷化,增强人民群众获得感、幸福感、安全感。开展社会治理建设,深入创新社会治理体系,建立"横向到边、纵向到底、协调联动、无缝衔接"的社会治理智能运行模式。开展平安城市建设,逐步实现城市视频资源融合共享和完善城市警务大数据应用,构建"群防群治"的社会治安新局面。开展城市应急平台建设,与市组织机构改革相辅相成,为市应急机构提供城市应急业务信息化支撑，建立现代化的城市级综合应急体系，提升市级城市的应急处突能力。开展智慧交通、智慧城管、智慧教育、智慧医疗、智慧旅游、智慧物流等应用建设。开展智慧交通建设，提升交通治理和交通服务能力；开展智慧城管建设，提升城市管理科学化、精细化、智能化水平；开展智慧教育建设，促进教育的全面均衡发展，构建优质教育资源共用共享机制；开展智慧医疗建设，建立健康医疗大数据资源和"互联网＋健康医疗"服务新模式；开展智慧旅游建设，大力推进全域旅游，打造市级城市旅游名片，促进旅游产业发展；开展智慧物流建设，打造智慧物流综合信息管理平台。

3. 第三阶段

第三阶段的建设任务是加快推动市级城市现代产业发展，产业高端化、集群化、智能化、融合化发展取得较大进展，现代化城市治理能力和民生服务便捷水平大幅提升。开展两化融合服务平台建设，深度对接"中国制造2025"战略，打造工业互联网服务平台，提供"互联网＋"工业数据管理和应用能力，为万企上云提供基础平台支撑，推动信息化和工业化深度融合，助力市级城市传统制造产业转型升级。建立市级城市新型智慧城市长期运营机制，完善新型智慧城市的长效运营模式，让市级城市新型智慧城市建设持续保持先进性，让市级城市持续受益新型智慧城市建设成果。做到新型智慧城市基本建成，基础设施支撑有力，城市数字大脑初步建成，城市治理能力大幅增强，民生服务能力明显提升，产业集聚发展快速形成。

4. 未来展望阶段

进一步提升城市科技感，推动市级城市现代化建设登上新的台阶，社会生活更加智能高效，社会治理更加精细，产业发展持续升级，城市网络更加安全，让各个城市的新型智慧城市建设持续获得显著成果。一是持续推动行业间的交流合作，加强知识创新传播和学习，形成有效的闭环回路，促进新型智慧城市的不断发展。二是深入构建新型智慧城市生态体系，将新型智慧城市建设长期纳入城市总体规划，基于"企业主建、政府主用、社会共享"的新型智慧城市建设和运营理念，引入企业参与新型智慧城市长期建设、升级和运营，持续保持新型智慧城市建设的先进性。三是进一步发展信息产业，引导和促进信息消费，提高信息消费供给水平，扩大信息消费覆盖面，优化信息消费发展环境,让信息产业发展和新型智慧城市建设相互促进。通过这一阶段的建设,市级城市新型智慧城市治理体系和城市治理能力充分现代化,公共服务能力和居民生活品质全面提升,新兴产业蓬勃发展,城市现代化程度全面提升。

(三)建设模式

综合考量全国各市级城市特点,各市级城市新型智慧城市的建设采用"1+N"模式较为合适(该模式并非一成不变,各市级城市可根据实际灵活调整),即由政府成立一个项目公司,利用资金、人才、技术优势,充分发挥统筹作用,根据市场化竞争的原则,承担对内总揽、对外合作的角色,与"N"家公司共同开展本市的新型智慧城市建设运营(如图4.5所示)。

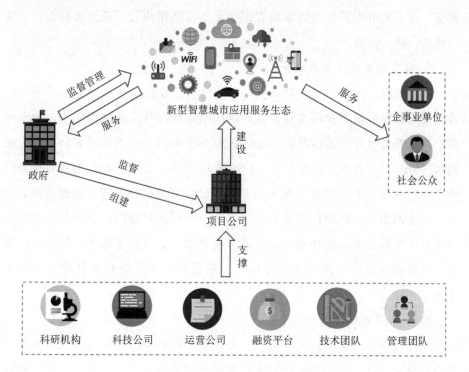

图 4.5 新型智慧城市建设模式

(四)运营模式

各市级城市新型智慧城市建设在"1+N"模式下,运营模式分为政府投资建设政府运营、政府投资建设企业运营、合伙投资建设企业运营、企业投资建设企业运营四种。运营模式的选择需要从安全可控、财政负担、执行效率、长效机制等方面综合平衡，合理划分项目边界，选择合适的运营模式。

1. 政府投资建设政府运营

适用范围：适用于涉及国家安全或重大公共利益，不适宜由社会资本承建和运营的项目。政府投资项目由财政资金投入，政府拥有决策权和运营权。政府从项目立项、投资、建设、运营全生命周期给予引导与支持，确保其安全、可持续发展。该运营模式具有非竞争性和涉密性，规则和要求更加严格，如智慧政务、统一数据中枢等。运作方式：政府投资建设政府运营模式项目建设资金完全由财政预算资金支出。政府预算资金来源包括两类：一是上级部门相关垂直系统任务、试点拨付资金；二是本市新型智慧城市重点项目建设资金。资金使用均需按照国家和省市相关要求严格执行，鼓励集约建设、统一标准、统一运维。

2. 政府投资建设企业运营

适用范围：适用于提供基础性、公共性、公益性产品和服务的项目。项目建设完成后，由企业负责运营，政府按照采购服务方式付费使用，如云计算、智慧养老服务。运作方式：政府按照《国务院办公厅关于政府向社会力量购买服务的指导意见》（国办发〔2013〕96号）的要求，依据中国政府购买服务信息平台服务购买指导目录和服务品采购目录，完成服务购买。遵循公开、公平、公正的原则，鼓励社会力量有序竞争、过程公开透明，鼓励与企业建立战略合作关系、签订长期合同，降低运营风险、提升服务水平、节约政府资源。政府做好绩效管理和跟踪评估，定期更新淘汰不合格和低性价比的服务商。

3. 合伙投资建设企业运营

适用范围：适用于提供基础性、公益性、投资大、建设周期长、收益短期不明显的项目。该类模式由政府在项目建设初期注入财政资金，用于项目启动阶段的费用支出。随着项目的推动，企业资金陆续注入完成项目建设。项目的运营由企业负责，政府指导监管，如5G网络等。运作方式：确定合作双方分工协调机制，在项目启动阶段，政府投入必要资金进行基础设施建设。

政府制定相关政策法规，保证项目建设运营工作具备良好环境，企业全程参与项目建设，利用已有优势在政府支持下进行后期的建设、运营和维护工作。政府对保证公共服务所需建设内容支付费用，公众免费享受服务，同时企业可以通过植入广告获取收益。

4. 企业投资建设企业运营

适用范围：适用于具有公共服务特征和公益性，具有行业特殊性或地域集中性等特点的项目。该模式由政府规划和指导，企业投资建设和运营。此类项目前期投资大，涉及部门多，盈利性不足，如智慧社区、智慧文旅、智慧交通等。运作方式：政府提供规划建设指导，制定行业领域扶持鼓励政策，划分商业业务和公共服务的边界；企业利用自身市场、技术、产品优势，采用商业化模式运营。收益来源包含公共服务免费使用，商业服务付费使用，企业可以植入广告增加市场收入。政府对项目建设、运营开展有效监管。

## 七、实施及保障

### (一)组织保障

各市级城市要成立智慧城市建设工作领导小组，充分发挥市级智慧城市建设工作领导小组统筹决策和协调作用，牵头对新型智慧城市建设推进过程中的重点难点问题进行沟通协商，强化新型智慧城市建设的统一指挥协调和跨部门协作，切实做好新型智慧城市建设战略、总体规划、年度实施方案、重点工程、重大项目的决策工作。市级智慧城市建设工作领导小组下设办公室，负责新型智慧城市建设规划、计划编制，负责新型智慧城市建设推进中的日常协调工作，协调解决跨部门、跨行业、跨层级的重大问题，按照统分结合一体化的建设模式全面推进市级智慧城市建设。市政务服务和大数据机构牵头新型智慧城市建设推进工作，负责新型智慧城市建设项目落地实施，负责新型智慧城市建设项目的统一规划、统一审核、统一建设和统一维护。

### (二)资金保障

根据全国各省市智慧城市行业投资规模情况，结合实际，市级智慧城市建设需要政府投资的，依据财力状况，纳入年度预算。建立规范的投融资机制，拓宽投融资渠道，通过特许经营、购买服务等多种形式，引导社会资本参与新型智慧城市建设，建立以政府投资为引导、以企业投资为主体、金融机构积极支持、各方广泛参与的新型智慧城市投融资模式，撬动社会资金投入新型智慧城市建设，鼓励市政公用企事业单位对市政设施进行智能化改造。新型智慧城市项目融资模式按照资金来源主要分为政府投资模式和平台融资模式。政府投资方式包括政府直接投资（上级专项资金、市级财政预算资金、政府依法举债取得的建设资金）、资本金注入、投资补助和贷款贴息等方式；平台融资模式包括企业投资政府运营、企业投资企业运营等几类。城市资源可以分为非经营资源和可经营资源两种。根据各市新型智慧城市建设实际需求，采取不同的投融资方式进行建设。

### (三) 人才保障

新型智慧城市建设要贯彻人才集聚计划，坚持人才的引进与培养，注重高技能创新型人才培养，加强高层次人才再教育，以即将推进的各示范项目为载体，培育一批高水平的人才队伍。发挥重大人才工程的引领作用，吸引业界知名的专家学者参与研究，引进海内外科技人才和管理人才参与智慧城市建设工作。同时加强与高校、科研院所的协调合作，创新培养机制，制定和落实培养措施，在培养的过程中，发掘各种渠道，积极创造各种条件，鼓励人员积极参与新型智慧城市的实践，并选派人员到具有新型智慧城市建设经验的其他城市进行参观学习，为新型智慧城市建设的人才培养提供保障。

### (四) 政策保障

建立规范完善的法律、法规和政策保障体系。结合新型智慧城市建设需求和探索实践，着力引进培育一批相关领域的标准法规研究机构。高度重视新型智慧城市建设相关的运营规则、法律规范、信息化技术标准、制度规则的创新和应用试点示范工作。制定和完善新型智慧城市建设方面的政策，优化发展环境，规范建设行为，确保最佳的投资、创业环境。提高各项制度、法律、法规的贯彻执行能力，纳入绩效考核体系，建立和完善法律、法规和政策支撑体系。建立新型智慧城市项目管理制度，理顺新型智慧城市建设项目管理流程，将政务信息系统建设统筹纳入新型智慧城市建设，由市政务服务和大数据机构统筹负责政务信息系统建设。对不符合新型智慧城市建设规划、新型智慧城市标准规范、数据交换共享要求的，原则上不予立项、不予落实资金。建立新型智慧城市绩效考核制度，加强新型智慧城市建设项目成效考核、数据交换共享考核，根据考核结果增减下一年度的信息化建设经费，提升新型智慧城市建设绩效。建设信息资源共享及使用管理制度，明确纳入信息资源共享目录的信息资源强制性共享，并将信息资源共享数量、质量和效率纳入各部门考核及领导考核。

# 第九节　县域新型智慧城市建设思路研究

我国拥有近 400 个县级市、1 300 多个县，县域数量多且地域特色鲜明，资源禀赋差异很大。当前，我国智慧城市建设的范围正逐步从早期的中心城市、地级城市为主，逐步向县域一级下沉。尤其在当前数字经济持续驱动国民经济发展的大背景下，县域数字化、智慧化发展正在成为促进高质量发展、构建数字社会的基石。

《"十四五"规划和 2035 年远景目标纲要》提出，要建设新型智慧城市和数字乡村，以数字化助推城乡发展和治理模式创新，全面提高运行效率和宜居度。"十四五"规划把新型智慧城市和数字乡村放到一起，要求未来数字化转型要更好地实现城乡的结合发展。[①] 可以说，"十四五"开启了我国以城市智慧化为主向城乡结合发展，特别是深入发展数字农村、发展县域新型智慧城市的新阶段。县域智慧城市建设究竟该如何发展，实现突破？建议做好以下几个方面。

## 一、正视短板，寻求破局

作为国家发展的重要基石，探索县域政府的整体数字化转型是顺应时代发展的现实需要。转型的道路，从来都不是畅通无阻的。

目前区县级城市在数字化建设中还存在以下问题及短板。

---

① 李瑶. 县域新发展，"智"在何方 [J]. 国家财经周刊，2021(6)：7.

### (一)新基建基础薄弱

县域城市在新型城镇化推进的进程中,传统基础设施逐渐提升完善,但新型基础设施存在投入少、建设不足等问题,必须加快网络、数据中心、安全、指挥中心等的建设,补齐相应短板。

### (二)本地数据沉淀少

在传统依赖于省市统筹信息化建设的模式下,县域城市的本地数据沉淀往往有限,特别是在数据应用方面,已经不能满足新时代县域的智慧化需求,亟须集约建设本地数据中心/边缘计算节点、大数据平台及刚需业务,满足本地数据汇聚、交换、使用要求,逐渐形成数据积累,为以后的数据分析应用奠定基础。

### (三)人才及能力缺失

在县域新型智慧城市建设过程中,人才及本地能力匮乏的问题逐渐暴露,本地人才能力的培养是新型智慧城市建设长效性的重要保障,需要加快统筹建设模式落地,组建本地运营公司,汇聚本地生态企业,通过新型智慧城市建设运营培养相关能力。

### (四)各类业务压力大

县域是城市和乡村之间承上启下的行政级别,既要满足上级单位的管理要求,又要做好辖区管理服务等具体业务,所谓"上面千条线,下面一根针",基层业务所特有的复杂性和人力不足问题,导致县域城市的各类业务压力巨大。这要求县域城市加快梳理本地业务流程,加强组织机制保障,以智能化场景满足本地需求,急用先行,先急后缓,分阶段建设。

### (五)部分县域财政紧张,缺乏财政保障机制

新型智慧城市建设,无论采用何种模式建设,都少不了大量财政投入,不少县域城市财政紧张,缺少资金来源,缺乏财政保障机制。

## 二、没有标准模板,要走自己的路

县域城市到底如何抓住数字化机遇实现县域城市智慧化、现代化?较落后的县域如何寻求破局?推动县域城市数字化、智慧化建设和高质量发展到底有没有一套通用的模板?这些都是需要破解的问题。

推动县域城市数字化、智慧化转型，不能把大城市的智慧化发展模式直接套用到县域上，必须要有新思维，做到因地制宜、因需制宜、因时制宜，走差异化道路。下一步县域城市从数字化走向智慧化，实现高质量发展，需要做到以下几点。

**(一)注重顶层设计规划**

数字城市、新型智慧城市是一个要素复杂、应用多样、相互作用、不断演化的综合性、开放性的复杂系统，不是子系统的直接组合。在建设时，要注重县域新型智慧城市建设思路研究的顶层设计与整体规划，注重子系统的关联性，不是简单地进行系统整合。

**(二)加强新型基础设施建设，提升技术支撑能力**

围绕智能感知、网络支撑、数据支撑和应用支撑建设，构建高速宽带等多种智能、融合、安全的新型基础设施，进一步推进 5G 垂直应用场景在 AI、车联网、智能制造、工业互联网等重点领域的创新应用。重视通信网络基础设施、数据中心和算力基础设施等信息基础设施建设，提升各类新型智慧城市建设应用的技术支撑能力。

**(三)加大科技创新力度**

充分发挥优秀科技企业在物联网、云计算、大数据、人工智能、区块链、5G 等领域的技术优势和设计能力，提高自主可控高端产能，打造数字化、智慧化发展新高地。

**(四)结合县域城市各个行业的业务需求和应用场景，坚持问题导向，高度重视各类细分行业应用系统的建设应用，高度重视各领域、各行业的数字化、智慧化建设**

新型智慧城市的建设首先要在县域城市的各个行业领域实现数字化、智慧化，不少县域城市的不少行业应用领域还没有建立适合自身业务需求的行业应用信息系统，还是采用原始的人力方式开展业务工作，在基础的信息化都未实现的情况下，突然跨越实现智慧化更是空谈。

无论是县域城市，还是市级城市、特大城市，要想建成新型智慧城市，必须高度重视各行业应用系统的建设。针对各行业的业务需求和应用场景，坚持问题导向，各行业应用系统必须建设到位，使用到位，必须真正实现各个行业的信息化、智慧化。

在实现了智慧政务、智慧交通、智慧城管、智慧旅游、智慧生态、智慧电商、智慧教育、智慧农业、绿色节能、智能惠民、公共安全、智慧医疗、智慧应急等领域下的各个细分行业系统建设，并且真正应用到位，运行成熟后，新型智慧城市建设自然会水到渠成。否则在各领域各个行业应用系统都尚未建设实现的情况下，空谈实现新型智慧城市建设，只能是无源之水、无本之木，毫无根基，毫无意义。

**（五）避免重复性建设，加大财政扶持力度，建立财政保障机制**

数字化、智慧化转型是一项周期长、投资大的复杂系统工程，从软硬件搭建、技术要素购买到系统开发运行，都需要专业的能力和持续的资金投入。县域城市在进行新型智慧城市建设时要注重构建统一的共性赋能平台，这有助于避免各行业各领域重复建设、浪费资金，有助于推动各方数据资源的共享和业务系统的联动。新型智慧城市建设，无论采用何种模式建设，都少不了大量的财政投入，各县域城市应加大财政扶持力度，建立财政保障机制。各县域城市可根据自身的实际情况及工作需求，根据自身的财政状况有计划、分步骤建设实施。

**（六）区分轻重缓急，注重持续长效运营服务**

结合城市发展需要，选择需求迫切、应用效果明显的项目作为切入点，启动先试示范应用项目建设。新型智慧城市不是用来建的，而是用来运营的，缺乏运营的项目是没有生命力的，县域新型智慧城市规划建设最重要的是要考虑未来如何运营。同时，管理模式也要从以建设为主转向以长效运营为主，解决可持续发展问题。

## 三、适合县域新型智慧城市建设的"1＋6＋M＋N"创新模式

适合县域新型智慧城市的"1＋6＋M＋N"智慧城市建设模式，包括一个城市大脑、六个城市基础平台、M个城市应用、N个城市运营产业，统筹覆盖了建设、管理、运营三个方面（该模式参照了部分县域智慧城市建设案例，仅供参考，具体实施各县域城市可根据自身实际情况灵活调整）。

一个城市大脑包括：城市服务、城市管控、规划决策、指挥调度、应用

生态、城市治理。

六个城市基础平台：大数据平台、物联网平台、公共服务平台、城市基础数据库、应急指挥平台、人工智能平台。

M 个城市应用：智慧政务、智慧交通、智慧城管、智慧旅游、智慧生态、智慧电商、智慧教育、智慧农业、绿色节能、智能惠民、公共安全、智慧医疗、智慧消防等。

N 个城市运营产业：农业产业运营、旅游产业运营、康养产业运营、城市运行管理运营、城市服务运营、智慧园区运营、智慧社区运营、智慧展馆运营、智慧停车运营、AIoT 产业运营等。

该创新模式既涵盖了县域新型智慧城市建设的关键因素，同时又兼顾了应用覆盖面，各县域城市可作为参考，根据自己的实际情况、工作需求及具体财政状况进行裁量加减，有计划、分步骤、分阶段、分重点实施。

县域智慧城市建设要结合城市规模、经济社会发展水平和能力、信息基础设施与信息化应用所处阶段和城市发展需求，研判建设需求，科学制定新型智慧城市建设发展规划，合理选择目标功能、应用场景、投融资模式和实施路径，避免盲目投资。要结合城市未来发展需求和技术高速迭代形势，适度超前规划，强化设施配套，加快信息基础设施以及算力平台的建设应用。

# 第五章 各类新兴技术在新型智慧城市建设中的应用

## 第一节 物联网技术助力新型智慧城市建设

### 一、物联网的概念及其内涵

物联网(Internet of Things，简称 IoT)是指通过各种信息传感器、射频识别技术、全球定位系统、红外感应器、激光扫描器等各种装置与技术，实时采集任何需要监控、连接、互动的物体或过程，采集其声、光、热、电、力学、化学、生物、位置等各种需要的信息，通过各类可能的网络接入，实现物与物、物与人的泛在连接，实现对物品和过程的智能化感知、识别、定位、跟踪、监控和管理的一种网络。简单来说，物联网就是把所有物品通过信息传感设备与互联网连接起来，进行信息交换，即物物相息，以实现智能化识别和管理。

物联网的内涵主要包括两个层面：第一，物联网的核心和基础仍然是互联网，是在互联网基础上延伸和扩展的网络；第二，其用户端延伸和扩展到了任何物品与物品之间，进行信息交换和通信。物联网被称为继计算机、互联网之后世界信息产业发展的第三次浪潮，它是互联网的应用拓展，与其说物联网是网络，不如说物联网是互联网基础上的业务和应用。

## 二、物联网的重要特征与关键应用

物联网具有普通对象设备化、自治终端互联化和普适服务智能化三个重要特征，包含感知层、网络传输层和应用层三项关键应用。物联网将无处不在(Ubiquitous)的末端设备(Devices)和设施(Facilities)，包括具备"内在智能"的传感器、移动终端、工业系统、楼控系统、家庭智能设施、视频监控系统等和"外在使能"(Enabled)的，如贴上 RFID 的各种资产(Assets)、携带无线终端的个人与车辆等"智能化物件或动物"或"智能尘埃"(Mote)，通过各种无线和/或有线的长距离和/或短距离通信网络连接物联网域名实现互联互通(M2M)、应用大集成(Grand Integration)，以及基于云计算的 SaaS 营运等模式，在内网(Intranet)、专网(Extranet)、互联网(Internet)环境下，采用适当的信息安全保障机制，提供安全可控乃至个性化的实时在线监测、定位追溯、报警联动、调度指挥、预案管理、远程控制、安全防范、远程维保、在线升级、统计报表、决策支持、领导桌面(集中展示的 Cockpit Dashboard)等管理和服务功能，实现对"万物"的"高效、节能、安全、环保"的"管、控、营"一体化。[①]

## 三、物联网在新型智慧城市建设中的主要应用领域

物联网的应用领域极其广泛，涉及新型智慧城市建设的方方面面，毫不夸张地说，如果没有物联网的深入、广泛应用，就不可真正完成新型智慧城市的建设。目前，物联网在新型智慧城市建设中的主要应用领域包括：智能家居，以智慧路网、智慧出行、智慧装备、智慧物流、智慧交管为重要内容的智慧交通，以智慧水务、智慧燃气、智慧供暖、智慧电力和智慧防汛、智慧污水处理为主要内容的城市运行安全的四供两排，以智慧路桥、智慧照明、智慧园林、智慧环卫等为基础的智慧城管，智慧医疗，智慧电网，智慧农业，智能安防，智能驾驶，智能建筑，智能金融，智能工业制造，社会综合治理，平安城市建设，智慧环保，智慧应景，电子政务等涉及人民衣食住行和生产、

---

① 葛亮. 列数国外智慧城市经典案例[J]. 中国云计算，2017(3)：36.

工作、生活等经济社会的方方面面，可以说，现在人民群众生活的每一个领域都有物联网的应用，未来这些应用将会更加广泛、更加深入细致，人民群众的生产、工作、生活都将离不开物联网技术的应用。

新型智慧城市四大特征便是全面透彻的感知、宽带泛在的互联、智能融合的应用以及以人为本的可持续创新。物联网在新型智慧城市应用建设中，扮演的是神经系统的角色，物联网通过它的传感器全方位地感知着城市信息；通过云化的大数据物联网云平台对感知的数据进行分析处理；基于分析处理的成果，支持各种各样的城市应用服务，为生活在城市中的人们提供智慧、贴心的服务，让城市变得干净、整洁、有序、安全，让群众满意。

## 四、基于物联网推动新型智慧城市建设的具体策略

### (一)推动物联网向广度化方向发展，使之更好地为新型智慧城市建设服务

要采取切实可行的措施，促进物联网技术向广度化发展，并积极构建能够切实满足现实需要的物联网信息平台，将物联网真正融合到新型智慧城市建设的方方面面，乃是当前的重要工作。

从当前发展形势来看，物联网在许多城市建设行业中，都已得到不错运用。比如在新建小区当中，无论是热能表，还是煤气表，再或者是水表、电表等，均已实现远程抄读，因而节省了大量人力、物力，并且使得抄表作业的效率、准确度得到显著提升。随着电子政务平台的建成与投用，为城市物联网的贯通、融合带来了极大方便。将来，需对物联网的应用广度进行拓宽，使之延伸至城市生产、生活的各个方面，并且要把已有的点相连接，使之成线、成面，最终形成完整的网，从而建成囊括城市方方面面的物联网结构。此外，还要根据社会发展需要，不断更新与扩容。现阶段，城市电子商务系统是较易开展的一类物联网领域，其能将城市中所有行业应用业务连接在一起，形成服务于电子政务平台的线索，同时能够服务于商业、物流、金融行业等涉及城市运行和人民群众生产生活的方方面面。而从日常生活层面来讲，智能家居是新型智慧城市建设的重要方面，要想实现更好的发展，需要政府的扶持与智能家居企业的紧密配合，推动智能家居应用范围的扩展。政府需

要扶持重点行业物联网的应用和推广，以点带面，起到示范效应。

**（二）推动物联网向深层次发展，提升新型智慧城市建设水平**

切实推动物联网向深层化发展，不仅有着重大的现实意义，而且还是物联网技术向健康、成熟、实用方向发展的重要保证，能够为新型智慧城市建设提供切实服务。当前物联网已有多年的发展历史，但许多城市在物联网应用方面，却处于起步阶段，不少部门及个人对物联网技术的应用前景持等待观望态度。之所以会出现此种情况，是因为当前许多融入物联网应用的产品或技术，存在不成熟、不优质、不完善的情况，长此以往，势必会降低使用者的信任度。因此，要想从根本上促进新型智慧城市建设质量与水平，需先提高物联网技术的建设广度、深度以及成熟度，三者之间关系紧密。在实际建设新型智慧城市时，需要善于借鉴欧美等发达国家的一些有益经验，尤其是在发展物联网产业以及智慧城市建设层面的各种实战化经验；而对从事该领域的相关工作者而言，需要积极深入研究挖掘相关技术，深入钻研各种数据处理方法、传感器技术等。另外，在现实应用当中，还需要统筹兼顾，考虑到投入产出以及经济效益，打造一批物联网行业应用精品工程项目，经得起实践实战检验的物联网行业应用精品应用项目，真正做到实用、好用、管用、愿意用，让投资者、使用者和管理者都感觉物有所值、心悦诚服、不可或缺，要真正提高物联网产品与技术的总体质量、成熟度、信任度与受欢迎程度，使之更好地为新型智慧城市建设服务。

# 第二节　云计算在新型智慧城市建设中的应用

据联合国官网预计：到 2050 年，将有 70％的人口居住在城市。城市越来越大，人口数量激增，交通每况愈下，环境严重污染，能源消耗惊人，医疗资源紧缺，生活成本上升。一个汇集多应用、针对多行业的系统化平台十分必要，用以解决日益短缺的城市资源与膨胀的需求之间的矛盾。面对复杂的系统和有限计算资源之间的矛盾，云计算在信息化大潮中应运而生，并成为建设新型智慧城市数据中心的一条必经之路。

新型智慧城市是新一代信息技术支撑下的创新城市环境形态。新型智慧城市基于云计算、物联网等新一代信息技术，实现全面透彻的感知和互联，使城市化实现在资源动态伸缩下可持续发展。

云计算应用于新型智慧城市的优势如下。

## 一、平台层的统一和高效能

云计算的一大特点是支持异构设施的协同工作。基于云计算的数据中心，是通过基础设施即服务（IaaS）的构建模式，对传统数据中心不同架构、不同品牌、不同型号的服务器进行整合，通过云操作系统的调度，形成一个统一的运行平台，并按照应用需求来合理分配计算、存储等资源，优化能源运作比例。

## 二、节能降耗管理

建设节约型社会，是经济社会可持续发展的物质基础，采用节能技术的云计算数据中心，可以将资源负载率提高到80%。如此举措有效规避了当前业界普遍的设备低负载状况，最大限度地实现数据中心绿色、低碳的节能运营。其中分布式结构自带良好的扩展性，能够轻松处理 PB 级存储，scale-out 存储架构能够对整体性能进行提高，实现高效扩容，能够满足新型智慧城市建设中超大规模的数据存储需求。

## 三、业务/资源调度管理

云计算数据中心的突出特点，是具备大量的基础软硬件资源。业务/资源调度管理的作用是自动将资源调度到需要的地方，保障海量资源的负载均衡，从而可以实现资源的广泛共享，有效提高资源的利用率，为开展绿色节能业务提供技术支撑。专有云的负载均衡可以将访问流量自动分发到多台云服务器，自动检测并隔离故障主机，扩展应用系统对外的服务能力，实现更高水平的应用程序容错性能，为各个系统提供最优质的访问体验。①

### 四、安全控制管理

数据安全是当下新型智慧城市建设的一大核心竞争力，是企业和个人用户首先考虑的问题。迁移到数据中心的资源，用户可以借助云数据中心的安全机制实现业务的安全性，主要包括从基础软硬件安全设计、云计算中心操作系统架构、策略、认证、加密等多个方面进行综合防控，从而节省用户方面的资源和精力。

以云计算数据中心为核心，打造独立于多个应用系统的云平台，如市政云、交通云、教育云、安防云、物流云、医疗云等，为各类上层应用提供支持，将城市各行各业的信息化平台集合为"智慧城市云"。在未来，云计算将为新型智慧城市建设应用持续提供强有力的支持。

# 第三节　大数据在新型智慧城市建设中的应用

城市大数据的数据资源来源丰富多样，广泛存在于社会的各个领域，是政务、行业和企业等各类数据的总和。城市大数据的异构特征显著，数据类型丰富、量大、速度增长快、处理速度和实时性要求高，且具有跨部门、跨行业流动的特征。

按照数据源和数据权属不同，城市大数据可以分为政务大数据、产业大数据和社会公益大数据。政务大数据指的是政务部门在履行职责过程中制作或获取的，以一定形式记录、保存的文件、资料、图表和数据等各类信息资源。产业大数据指的是在经济发展中产生的相关数据，包括工业数据、服务业数据等。此外，还有一些社会公益大数据。当前，城市大数据多数为政务大数据和产业大数据，所以城市大数据的主要推动者应为一个城市的政府和

---

① 智慧城市研究院. 智慧城市如何在云计算的助力下加快发展？[N]. 电子半导体产业联盟，2022-06-06(4).

具有一定数据规模的企业。

为保障城市运转的安全高效，新型智慧城市建设需要对海量的数据资源进行收集、整合、存储与分析，并使用智能感知、分布式存储、数据挖掘、实时动态和可视化等大数据技术实现资源的合理配置。因此，城市大数据是实现城市智慧化的关键支撑，是推动"优政、强基、兴业和惠民"的重要引擎。

虽然当前各级地方政府和企业都在积极探索新型智慧城市建设，但是仍存在着特色不明、体验不佳和共享不足等问题。究其根源在于，其未能实现城市大数据资源与城市业务的良好融合。具体而言，主要包括三个方面：一是信息系统烟囱林立，阻碍数据共享；二是数据治理普遍薄弱，价值大打折扣；三是数据管理水平不一，缺乏整体联动。

如何应对新型智慧城市建设中的困难和挑战，为城市大数据平台的建设发挥积极作用？具体表现在以下三个方面。

第一，城市大数据平台建立了数据治理的统一标准，提高数据管理效率。通过统一标准，避免数据混乱冲突、一数多源等问题。通过集中处理，延长数据的"有效期"，快速挖掘出多角度的数据属性以供分析应用。通过数据汇集加速信息资源整合应用，通过质量管理，及时发现并解决数据质量参差不齐、数据冗余和数据缺值等问题。

第二，城市大数据平台规范了数据在各业务系统间的共享流通，促进数据价值充分释放。通过统筹管理，消除信息资源在各部门内的"私有化"和各部门之间的相互制约，增强数据共享的意识，提高数据开放的动力。通过有效整合，提高数据资源的利用水平。通过精准分析提升政府公共服务水平。比如在交通领域，通过卫星分析和开放云平台等实时流量监测，感知交通路况，帮助市民优化出行方案；在平安城市领域，通过行为轨迹、社会关系、社会舆情等集中监控和分析，为公安部门指挥决策、情报研判提供有力支持；在政务服务领域，依托统一的互联网电子政务数据服务平台，实现"数据多走路，群众少跑腿"；在医疗健康领域，通过健康档案、电子病历等数据互通，既能提升医疗服务质量，也能及时监测疫情，降低市民医疗风险。

第三，开放共享的大数据平台，将推动政企数据双向对接，激发社会力量参与城市建设。一方面，企业可获取更多的城市数据，挖掘商业价值，提升自身的业务水平。另一方面，企业、组织的数据贡献到统一的大数据平台，可以"反哺"政府数据，支撑城市的精细化管理，进一步促进现代化的城市治理。通过数据开放助推城市数字经济发展。

当前我国城市大数据平台的建设仍处于起步阶段，且各地在管理机制、业务架构和技术能力等方面各有优劣，不利于城市大数据平台的长远发展。对建设城市大数据平台的具体路径有 6 点建议。

第一，强化平台顶层设计。科学合理的顶层设计是城市大数据平台建设的关键，需从落实国家宏观政策出发，结合地方实际需求，统筹考虑平台目标、数据主权、关键技术、法制环境和实现功能等各个方面，以"高起点、高定位、稳落地"开展平台的顶层设计，保障城市大数据平台建设有目标、有方向、有路径和有节奏地持续推进，并且根据项目进展状况，不断迭代更新、推陈出新。

第二，完善平台配套保障机制。城市大数据平台建设与运营须有相应的配套保障机制，并充分发挥保障机制的导向作用和支撑作用，以确保平台规划建设协调一致和平台整体效能的实现。例如，建立城市大数据资源管理机制，明确数据内容的归口管理部门、数据采集单位和共享开放方式等；建立城市大数据平台运行管理机制，明确平台使用的数据、流程和安全等各项内容和管理标准，保障平台持续稳定运行。

第三，加强数据管理。加强城市大数据管理，实现数据从采集环节到数据资产化的全过程规范化管理。明确数据权属及利益分配，以及个人信息保护、数据全生命周期的管理责任问题。明确数据资源分类分级管理，健全数据资源管理标准。分类指的是通过多维数据特征准确描述政府基础数据类型；分级是指确定各类数据的敏感程度，为不同类型数据的开放和共享制订相应策略，完善数据采集、管理、交换、架构和评估认证等标准，推动数据共享与开放的基本规范和标准出台。[①]

以资源目录汇编、资源整合汇聚、交换共享平台为三大标准步骤，坚持"一数一源"、多元校核，统筹建设政务信息资源目录体系和共享交换体系。

---

建立科学合理的数据分类体系，将不同领域、多种格式的数据整合在一起，通过多元的检索途径、分析工具与应用程序，方便用户查找和利用数据内容。

第四，因地制宜开展平台建设与运营。城市大数据平台的建设与应用结合要避免出现重平台建设轻平台使用的现象。政府、产业和城市的数据资源极其庞杂，需要明确平台数据资源的权属性，保障数据所有权的归属。政府拥有政府数据资源所有权，互联网企业往往掌握着先进的数据技术和拥有互联网思维的专业队伍，本地企业对当地的人才资源、市场环境和产业发展等因素有更清晰、更准确的认识，需要充分盘活政府、互联网企业及本地企业等各方资源，参与平台的建设与运营。

城市大数据平台的数据治理和运营体系相当复杂，平台建设的模式和路径没有固定模式，需要发挥各方的主观能动性，因地制宜，挖掘地方优势、突出地方特色，为城市大数据决策提供有力的支撑。

第五，开展城市大数据综合评价。各省市大数据主管部门应制定平台长效运行机制和考评办法，建立完善的上报、检查和考评机制，设计量化考核内容和标准，加强平台数据质量管控，管好、用好城市大数据平台。

加强对城市大数据平台项目后评价和项目稽查，强化对数据资源建设以及数据共享开放、数据质量和安全的审计监督。科学构建城市大数据平台综合评价指标体系，开展城市大数据平台建设成效综合评价工作，引导各地城市大数据平台建设工作，不断提升城市大数据平台建设应用成效。

第六，加强平台数据安全保障。城市大数据平台包含大量政务和产业数据，涉及国家利益、公共安全、商业秘密和个人隐私，具有高度敏感性，因此必须加强平台数据安全保障能力建设。落实等级保护、安全测评、电子认证和应急管理等基础制度，建立数据采集、传输、存储、使用和开放等各环节的安全评估机制，明确数据安全的保护范围、主体、责任和措施。研究制定数据权利准则、数据利益分配机制和数据流通交易规则，明确数据责任主体，加大对技术专利、数字版权、数字内容产品和个人隐私等的保护力度。

# 第四节　我国人工智能产业发展与新型智慧城市建设

## 一、人工智能的定义

人工智能（Artificial Intelligence），英文缩写为 AI，是研究、模拟人的智能的理论、方法、技术及应用系统的一门前沿交叉学科。通过使用机器代替人类实现认知、识别、分析、决策等功能，其本质是对人的意识和思维的信息过程的模拟。人工智能研究的一个主要目标是使机器能够胜任一些通常需要人类智能才能完成的复杂工作。

## 二、人工智能的研究范畴

人工智能的研究范畴主要包括：自然语言处理，知识表现，智能搜索，推理，规划，机器学习，知识获取，组合调度问题，感知问题，模式识别，逻辑程序设计软计算，不精确和不确定的管理，人工生命，神经网络，复杂系统，遗传算法等。[1]

## 三、人工智能的实现方法

人工智能对人的思维模拟主要包括两种：一是结构模拟，仿照人脑的结构机制，制造出"类人脑"的机器；二是功能模拟，暂时撇开人脑的内部结构，而对其功能过程进行模拟。现代电子计算机的产生便是对人脑思维功能的模拟，是对人脑思维的信息过程的模拟。

## 四、人工智能的实际应用领域

人工智能的实际应用领域主要包括：机器视觉，指纹识别，人脸识别，

---

[1]　科大讯飞. 人工智能 科大讯飞志在何方？［EB/OL］.［2014-10-29］. https：//mp. weixin. qq. com/s/＿eEWvu4mwv21－nSpDY0wBw

视网膜识别，虹膜识别，掌纹识别，专家系统，自动规划，智能搜索，定理证明，博弈，自动程序设计，智能控制，机器人学，语言和图像理解，遗传编程等。

## 五、我国关于人工智能的相关政策标准

我国高度重视人工智能技术进步与行业发展，人工智能已上升为国家战略。当前，新一代人工智能正在全球范围内蓬勃兴起，它既是推进经济发展的新型引擎，又是引领未来社会的战略产业。为了在新一轮国际科技竞争中掌握主导权，我国加快了人工智能行业布局与规划，先后出台了《新一代人工智能发展规划》《促进新一代人工智能产业发展三年行动计划（2018—2020 年）》《关于促进人工智能和实体经济深度融合的指导意见》《关于"双一流"建设高校促进学科融合加快人工智能领域研究生培养的若干意见》等重要文件，进一步促进我国人工智能行业发展。目前，我国人工智能已上升为国家战略。我国加速推进人工智能标准化进程。为加强人工智能领域标准化顶层设计，推动人工智能技术研究和标准制定，促进产业健康可持续发展，国家标准化管理委员会、中央网信办、国家发展改革委、科技部、工业和信息化部等五部门已于 2020 年 8 月印发了《国家新一代人工智能标准体系建设指南》，指南提出国家新一代人工智能标准体系总体要求、建设思路、建设内容等。标准化工作对人工智能及其产业发展具有基础性、支撑性、引领性的作用，既是推动人工智能行业创新发展的关键抓手，也是产业竞争的制高点。当前，我国出台了诸多人工智能相关的国家标准和行业标准，涵盖了云计算、人脸识别、指纹识别、智能语音、工业机器人等领域。[1]

## 六、人工智能产业生态

从产业生态的角度来看，人工智能产业链分为三层：基础层、技术层以及应用层。基础层主要涉及数据的收集与运算，这是人工智能发展的基础。具体来看，基础层主要包括智能芯片、智能传感器、大数据与云计算等。其

---

[1] 深圳人工智能协会. 2021 人工智能发展白皮书，2021(5)：28—29.

中，智能传感器及大数据主要负责数据的收集，智能芯片和云计算负责运算。技术层处理数据的挖掘、学习与智能处理，是连接基础层与应用层的桥梁，这是人工智能行业发展的核心。技术层主要包括机器学习、类脑智能计算、计算机视觉、自然语言处理、智能语音、生物特征识别等。应用层则是建立在基础层与技术层基础上，对人工智能技术进行商业化应用，实现技术与行业的融合发展以及不同场景的应用，其主要应用领域有智能机器人、智能终端、智慧城市、智能交通、智能制造、智能医疗、智能教育、智慧城管等。

## 七、中国人工智能行业发展概况与现状

### (一)中国人工智能产业规模与企业数量

人工智能作为新一轮产业的核心力量已经成了国际竞争的新焦点和经济发展的新引擎。目前，人工智能正加速与实体经济深度融合，助力产业转型升级。经过多年的持续积累，我国在人工智能领域取得了重要进展，人工智能理论和技术日益成熟，应用范围不断扩大，相应的商业模式也在持续演进。2020 年，中国人工智能核心产业规模达到 3 251 亿元。目前，人工智能正在与实体经济中的各行各业快速融合，助力产业转型升级、提质增效。截至2020 年年底，中国人工智能相关企业数量达到 6 425 家，同比增长 25.37%，位居全球第二。[①] 就国内区域分布而言，京津冀、江浙沪、粤港澳三大区域占据了全国人工智能企业数量的 80% 以上，成为我国发展人工智能的重要引擎。以北京、上海、深圳为代表的一线城市具有人才数量众多、科研技术实力雄厚、应用场景创新丰富、产业集群效应明显等优势，其人工智能企业数量领跑全国。

### (二)中国人工智能融资情况与从业人员

2017—2018 年是人工智能大爆发阶段，中国人工智能行业投融资笔数以及投融资金额均实现"爆发式"增长。2019 年，由于受宏观经济影响，资本市场整体遇冷，投融资增长势头有所放缓。2020 年，在全国抗疫的大背景下，人工智能技术在新冠肺炎疫情防控和复工复产中发挥了重要作用，资本市场

---

① 深圳人工智能协会. 2021 人工智能发展白皮书，2021(5)：6—9.

对人工智能投资升温。2020 年，我国人工智能行业投融资金额突破 800 亿元，投融资事件数近 500 件。<sup>①</sup> 从投资领域来看，基础技术层面的大数据、物联网、计算机视觉依然是受资本青睐的领域；另外，在应用层面，人工智能在医疗、教育、制造等领域加速应用，吸引了众多资本的投资。

中国人工智能行业从业人员突破 60 万人，但人才仍然缺乏。就人工智能人才城市分布而言，北京、上海、深圳、杭州作为国内一线城市，聚集了全国八成以上的人工智能人才。其中，尤其以北京、深圳为甚，吸引了全国近六成的人工智能人才。相比之下，内陆地区的人才较为匮乏。当前，随着人工智能行业迅速壮大，人工智能领域人才需求激增，人才困境日益凸显。人才，尤其是高水平人才的匮乏，正成为制约我国人工智能行业快速发展的瓶颈之一，为解决人才瓶颈，目前国家也正在全方位大力支持培养人工智能行业人才。

**（三）中国人工智能创新现状与技术水平**

中国人工智能技术创新日益活跃，人工智能专利申请量位居全球第一。截至 2020 年年底，中国人工智能企业申请专利 55.13 万件，登记软件著作权超过 12 万件。<sup>②</sup>

中国部分人工智能技术处于世界领先水平，但核心技术仍有待突破，整体水平与发达国家仍有差距。经过多年的持续积累和发展，中国在人工智能领域取得了重要进展，部分人工智能技术实现了重要的突破，其中，我国在语音识别、计算机视觉、自然语言处理等部分人工智能技术已经发展得较为成熟，处于世界领先地位。但我国人工智能底层技术的发展还比较薄弱，部分核心技术仍有待突破。例如，人工智能领域的 L4 级别自动驾驶、类脑智能计算、智能芯片、智能传感器等技术还处于早期阶段，距高技术成熟期还有较长一段时间，需要长时间的技术研发投入。整体来看，我国人工智能技术水平正处于初期阶段，部分人工智能技术处于世界领先水平，整体水平与发达国家仍有差距。

---

① 清华大学人工智能研究院. 人工智能发展报告 2020，2021(1)：6—7.
② 清华大学人工智能研究院. 人工智能发展报告 2020，2021(1)：9—10.

## 八、生成式 AI 相关动向及其在新型智慧城市建设中的应用

生成式 AI 主要内容为学习数据中的联合概率分布，不是简单分析已有数据，而是学习归纳已有数据后进行创造，生成全新的内容，解决判别问题。最近爆火的 ChatGPT 就属于生成式 AI，ChatGPT 也是由 OpenAI 发布的，是一款人工智能技术驱动的自然语言处理工具，能够通过学习和理解人类的语言来进行对话和互动，甚至能完成撰写邮件、视频脚本、文案、翻译、代码等任务。ChatGPT 采用对话的形式与人进行交互，可以回答连续问题、承认错误、挑战不正确的前提、拒绝不适当的请求。生成式 AI 擅长的是归纳后演绎创造，基于历史进行缝合式创作、模仿式创新，本质是对生产力的大幅度提升和创造，生成式 AI 应用领域非常广泛，尤其是在新型智慧城市建设方面，包括城市治理和服务，应用前景广阔。

### (一)智能服务机器人

其应用包括政务服务机器人、智能客服热线等，在应对市民和企业的咨询、投诉、回访等政府与市民互动方面，具备信息检索能力，应答能力、智能匹配能力会更全面，响应更及时，情感更丰富。市民向政府表达诉求时，面对的不再是格式化的内容，提交诉求后也不用长时间等待；拨通电话后也不再是"热线忙"的响应，不再需要反复确认和等待；碰到的不再是答非所问的"智能客服"，可以享受更高质量的精准回应。在沟通过程中，能回溯历史事件，自动关联相关事件，基于前期评价高的回复进行应答，通过完善的热线知识库给群众高质量的互动，可以极大地减少人工客服的工作量。

### (二)虚拟数字人更加拟人化

当前新型智慧城市建设都在围绕 CIM 和 BIM 技术，构建数字孪生城市，城市的建筑、部件、事件等都已经逐步在数字系统中有了映射。人也是一样，之前也有尝试过一些数字讲解员、数字政务服务人等数字人，但总体感觉还是不够拟人化，无法有效应答。基于生成式 AI，这个应该会有比较大的突破，一方面是有强大的知识库作为支撑，能灵活应答；另一方面是能更加理解与其互动的人的情感，更加亲民而有温度。这也将是元宇宙中的一项重要应用。

## (三)政务知识引擎

政府体系存在着大量的政务文本、图片、文档库、发言稿、函件、规划、总结等材料，而且很多政务内部任务要求编制各类材料，而且每年都相差不大，但确认少不了，每次更新需要耗费大量的时间和人力进行编制。有了生成式 AI 的应用，基于已有数据的训练，在不久的将来，政府公文这个方面应该可以提升很多，常规报告的拟制、校验分析、综合信息获取，都可以通过 AI 完成，人只需要进行校验修正，可大大减轻负担。

## (四)更快速的决策分析

政府收集分析了大量的群众反馈、群众诉求，比如投诉、请求、咨询问题，这些问题当前也有做过一些定制化的分析，但是分析的维度相对固化，而且新的维度提出需要一段时间才能实现，及时性、有效性、拓展性仍存在问题，生成式 AI 基于各类数据的汇聚问题，提供综合性分析，可以为政府决策提供更深层次的建议。

## (五)基层治理应用智库

基层工作人员面临很多问题，比如标准化巡查，反复巡查录入信息，对辖区信息获取不全面，对法律法规理解不充分，无法及时查询获取有效信息等。通过智库的建立，对语音识别、视频识别进行融合，可以辅助基层治理人员理解业务，如法律法规、考核指标、采集标准、处置标准等；对辖区的人员、车辆、案件信息、疑难案卷等即时查询；获取当前位置周边的人员相关数据，实现人员指挥调度等。

## (六)在专业领域提出更有效的建议

通过对全网数据的综合分析，生成式 AI 在交通、城市规划、应急处置响应等方面可以给出很有建设性的建议。比如各地城市大脑建设的优势、某种难题下交通治理的策略、某种场景下如何处置应急事件，这些开放性的问题，AI 都可以给出不错的建议，给相关人员信息获取带来极大的方便。

生成式 AI 能在新型智慧城市领域应用的场景还有很多，这也需要在这个过程中不断探索和尝试。当然，在我国治理体系下，生成式 AI 能如何发挥作用，也会随着后续的发展出现一些规范要求。比如外国先进模型能否应用到政府领域、政府数据能给到什么程度、全网数据的获取能否作为政府决策的依据、客服应答是不是需要先行审核、政府数据安全和权限控制如何保证等，很多问题会随着应用的提出而引出，所以，虽然有着广阔的应用前景，但也是任重道远的。

## 九、中国人工智能行业目前的重点技术领域与重点应用领域

中国人工智能行业目前的重点技术领域主要包括：智能芯片、智能传感器、云计算、机器学习、语音识别、生物特征识别、计算机视觉、虚拟现实，这里需要重点强调一下机器学习，机器学习是让计算机不依赖确定的编码指令，模拟或实现人类的学习行为，以获取新的知识或技能，重新组织已有的知识结构使之不断改善自身的性能。机器学习是人工智能核心技术，是使计算机具有智能的根本途径。基于处理数据种类的不同，可以分为有监督学习、无监督学习、半监督学习和强化学习等几种类型。基于学习方法的分类，可分为归纳学习、演绎学习、类比学习、分析学习。基于数据形式的分类，可分为结构化学习和非结构化学习。

目前，人工智能机器学习主要是靠大量的数据训练，依靠大量的实践总结出事物的规律，获取直接知识。类比人类获取知识的历程来看，机器学习还处于发展的初级阶段，相当于人从大量的实践活动中总结经验提炼知识的阶段，还未进入从知识产生知识的阶段。近年来，机器学习也出现了少量的直接获取规律性的知识，并应用于实践的模式，特别是深度学习逐渐成为人工智能领域的研究热点和主流发展方向，极大地提升了图像分类技术、语音识别技术、机器翻译技术等其他相关技术能力。中国人工智能行业各个技术领域都有各自的龙头企业，中国人工智能行业分布与发展比较均衡。

人工智能的重点应用领域包括智能制造、自动驾驶、智能家居、公共安全、应急保障、智能机器人、智能教育、智能金融、智能医疗、智能环保等新型智慧城市的方方面面。

## 十、我国人工智能行业未来发展趋势与新型智慧城市建设应用

未来，我国将会在政策方面给予越来越多的重视，我国人工智能市场规模将会进一步扩大，市场竞争力将会进一步增强，优质的头部人工智能初创

企业将会在优势细分技术领域赶超世界科技巨头，人工智能将会不断推动经济社会智能化发展，渗透于各个产业，融入人民的日常生活，这一切都将会为我国新型智慧城市建设应用提供坚实的技术支撑保障。

# 第五节 区块链技术助力未来新型智慧城市建设

## 一、区块链的定义

区块链（Blockchain），起源于比特币，是分布式数据存储、点对点传输、共识机制、加密算法等计算机技术的新型应用模式。区块链是一个分布式的共享账本和数据库，具有去中心化、不可篡改、全程留痕、可以追溯、集体维护、公开透明等特点。这些特点保证了区块链的"诚实"与"透明"，为区块链创造信任奠定基础。而区块链丰富的应用场景，基本上都基于区块链能够解决信息的不对称问题，实现多个主体之间的协作信任与一致行动。

## 二、区块链的特征

### （一）去中心化

区块链技术不依赖额外的第三方管理机构或硬件设施，没有中心管制，除了自成一体的区块链本身，通过分布式核算和存储，各个节点实现了信息自我验证、传递和管理。去中心化是区块链最突出最本质的特征。

### （二）开放性

区块链技术基础是开源的，除了交易各方的私有信息被加密外，区块链的数据对所有人开放，任何人都可以通过公开的接口查询区块链数据和开发相关应用，因此整个系统信息高度透明。

### （三）独立性

基于协商一致的规范和协议（类似比特币采用的哈希算法等各种数学算法），整个区块链系统不依赖其他第三方，所有节点能够在系统内自动安全地验证、交换数据，不需要任何人为的干预。

### （四）安全性

只要不能掌控全部数据节点的 51％，就无法肆意操控修改网络数据，这使区块链本身变得相对安全，避免了主观人为的数据变更。

### （五）匿名性

除非有法律规范要求，单从技术上来讲，各区块节点的身份信息不需要公开或验证，信息传递可以匿名进行。

## 三、区块链的架构模型及核心技术

区块链系统由数据层、网络层、共识层、激励层、合约层和应用层组成。其中，数据层封装了底层数据区块以及相关的数据加密和时间戳等基础数据和基本算法；网络层则包括分布式组网机制、数据传播机制和数据验证机制等；共识层主要封装网络节点的各类共识算法；激励层将经济因素集成到区块链技术体系中来，主要包括经济激励的发行机制和分配机制等；合约层主要封装各类脚本、算法和智能合约，是区块链可编程特性的基础；应用层则封装了区块链的各种应用场景和案例。基于时间戳的链式区块结构、分布式节点的共识机制、基于共识算力的经济激励和灵活可编程的智能合约是区块链技术最具代表性的创新点。其核心技术主要包括分布式账本、非对称加密、共识机制、智能合约等。

## 四、国家关于推动区块链技术和产业创新发展的相关政策及发展现状

2019 年 1 月 10 日，国家互联网信息办公室发布《区块链信息服务管理规定》。2019 年 10 月 24 日，在中央政治局第十八次集体学习时，习近平总书记强调，"把区块链作为核心技术自主创新的重要突破口""加快推动区块链技术和产业创新发展"。"区块链"已走进大众视野，成为社会的关注焦点。2021年，我国区块链顶层设计进一步完善，各行业应用标准逐步建立，发展方向从技术引领步入市场渗透；区块链融合应用在金融、供应链、政务等多个领域开始落地，产业规模将呈现高速增长。但当前我国区块链发展面临的诸多问题，仍需重点关注，并着手加以解决或缓解，如核心技术自主创新能力仍

需进一步加强，安全问题、人才缺口问题亟须改善，融合应用场景仍需深入探索。因此我们要加快构建区块链生态体系，完善标准规范，健全监管体系，加强核心技术自主创新能力，促进区块链与其他新技术协同发展，大力培育专业人才，以实现区块链产业健康发展。

## 五、区块链技术在新型智慧城市建设中的应用

"数据"在信息技术蓬勃发展的新形势下已经成为一种资源，尤其随着城市的发展，积累了大量体积庞大的数据。但是由于数据的竞争性和排他性，导致城市数据跨层级、跨地域、跨系统、跨部门的高效、有序、低成本流动难以实现，并且数据在交换时，难以避免会发生数据泄露，"数据孤岛"和数据安全问题成为新型智慧城市建设的掣肘。此外，城市数据还面临安全性问题。

而凭借区块链的分布式存储、去中心化、点对点传输功能，城市每个运维管理单位都可以变成一个节点，产生的数据不用通过中心进行数据处理，就可以直接发送到指定分布式数据库，实现数据直接传输，进而解决数据难以共享的问题。同时，这些节点的所有数据和信息都是公开透明、可以追溯的，在进行数据传输时，数据也无法被伪造和篡改，因为如果篡改需要得到所有节点的认可，并留下数据信息变化的跟踪记录，有利于数据原始信息追溯，这使得区块链技术能够有效保障数据的安全性。因此，具有去中心化、分布式、信息难以篡改、安全性、匿名性等特性的区块链技术非常适合解决大数据共享困难问题。[①]

随着新型智慧城市建设不断升级，数据孤岛、信息安全隐患、路径认知难以统一等是新型智慧城市建设绕不开的难题，区块链和新型智慧城市结合得愈加紧密，其正在为城市数据的可信流转提供更低成本、更高效的解决方案，基于区块链技术打造的新型智慧城市应用试点正在落地测试，区块链技术能为新型智慧城市建设解决"疑难杂症"。基于区块链技术，网络不仅能传

---

① 姚忠将，葛敬国.关于区块链原理及应用的综述[J].科研信息化技术与应用，2017，8(2)：3—17.

播信息，还可以转移价值。在新型智慧城市中，可以利用区块链技术的点对点通信机制降低运营成本，普及物联设备；利用其不对称加密特性保护用户隐私，重塑信任机制；还能够打破信息孤岛，促使供应链上下游交互，减少时间与经济成本。除此之外，区块链技术在新型智慧城市建设过程中还有很多其他方面的应用，如智慧交通、电子政务、智慧资产、法律应用、金融领域、物联网和物流领域、公共服务领域、数字版权领域、保险领域、公益等领域均有着广阔的前景。

## 六、我国区块链现状及未来发展趋势

### (一)顶层设计将进一步完善，专项政策持续出台

截止到 2020 年 11 月，国家层面共有 50 项区块链政策信息公布，主要围绕区块链监管、区块链扶持、区块链产业应用展开。各地区块链相关政策达 190 余项[①]，广东省、山东省、北京市等 22 个省市出台了区块链专项政策，同比 2019 年大幅增加，以积极推动区块链与大数据、人工智能等信息技术的融合，监管、鼓励供应链、金融等领域应用为主。纵观全球，各国的区块链相关法案，也主要集中在推动创新、加强监管、区块链应用鼓励发展等层面。

随着党和国家最高领导人对区块链的高度重视，作为新基建的重要内容和核心技术自主创新的重要突破口，区块链顶层设计、专项政策、监管体系必将进一步完善加强，区块链将真正奠定其信息基础设施的地位，同时向融合基础设施方向演进，全面开启我国区块链发展新格局。

### (二)核心技术将不断进步，创新趋向多元化

2020 年，我国区块链专利数量保持平稳增长趋势。根据国家知识产权局统计，2020 年中国公开的区块链专利数量达 10 393 项。[②] 总体来看，区块链核心技术创新取得进一步加强，技术创新呈多元化发展，涉及领域主要有区块链跨链、区块链隐私保护、区块链数据安全等技术方面。针对区块链之间无法互联互通的问题，目前有包括公证人机制、侧链、哈希锁定等技术在内

---

① 链塔智库. 2020 中国区块链产业政策年度报告，2020-12-30：15.
② 链塔智库. 2020 中国区块链产业政策年度报告，2020-12-30：10.

的跨链技术解决方法。多种区块链隐私保护方案被提出，大致分为三类：基于混币协议的技术、基于加密协议的技术、基于安全通道协议的技术。2020年，我国在跨链技术领域、区块链隐私保护、区块链数据安全解决方面取得了显著成果。

2021年，随着对区块链技术创新的不断投入，明确主攻方向，着力攻克一批关键核心技术、增强可拓展性、互操性、加强数据隐私保护将成为区块链核心技术突破的主要方向。

**(三)企业数量将稳步增长，核心竞争力不断提升**

2020年，我国区块链企业数量增速较快，据统计，具有实际投入产出的区块链企业达1 350余家[①]，企业细分服务覆盖了底层技术研发、行业应用、产业推广、区块链媒体、区块链安全服务、解决方案、相关App应用等领域，产业链条日益完善，各企业的团队实力、科研实力、创新实力、产品竞争力以及运营能力均表现稳定。2020年我国区块链企业资金运作整体良好，企业深挖底层技术研发，积极布局区块链产业应用，在各地区政府、区块链团体的高度重视和积极扶持下，区块链技术和产业应用得到长足发展。投融资方面，我国区块链企业融资趋于合理。2020年上半年，新注册成立的区块链企业中有8家获得投融资，受疫情影响，投融资项目增速有所降低，但总体趋势仍处增长通道，行业覆盖规模也逐步扩大。未来，我国区块链企业数量将持续增长，企业将重点在核心技术研发、业务场景深度融合等方面提升竞争实力，我国区块链发展将进入稳健成长期。

**(四)产业规模继续高速增长，产业链条更加完善**

2020年，区块链产业凭借其价值潜力和政策利好，迎来产业发展的最好时机，区块链产业链上、中、下游三层较2019年更加完善，全年产业规模约达50亿元。现阶段，我国区块链产业链主要以金融应用、解决方案、BaaS平台居多，占比分别为18%、10%、9%，对比2019年，在金融领域的应用正逐年增长；其次是供应链应用、数据服务、媒体社区和基础协议，占比分别

---

① 链塔智库. 2020中国区块链产业政策年度报告，2020-12-30：15.

为 8%、6%、5%、4%；信息安全、智能合约等方面占比较少，均占比 2%。[1]

随着产业链不断完善，社会认知逐步提高，场景日益丰富，区块链应用效果逐步显现，通过与其他新技术的协同创新发展、区块链赋能传统行业，将为我国区块链产业发展带来崭新机遇。

**(五)应用领域将持续拓展，加速推进项目落地**

2020 年以来，区块链在金融领域、政务服务、司法领域、医疗健康、产品溯源、公益慈善、社区服务、智慧城市等众多领域落地实施。据统计，截止到 2020 年 11 月，区块链落地项目共有 444 个，行业应用水平得到提升。应用落地情况排名前三的分别为金融领域、政府服务和司法存证领域，落地项目分别为 132、129 和 42 项，占总体应用落地项目的 68%。此外，区块链在溯源物流及征信领域也在加速发展，落地数量分别为 36、26 项。[2] 同时，区块链的应用领域仍在不断扩展，在智慧城市建设、社区服务、公益慈善等领域也出现了新的落地场景。

随着"新基建"的谋划布局与国家产业结构调整，区块链对传统制造业、软件及信息化业、金融业等支柱型产业的变革和升级作用将进一步凸显，应用领域将不断扩大，逐步实现技术与产业的深度融合与创新发展。

**(六)区块链与新基建集成应用，推动数字经济创新发展**

2020 年 4 月 20 日，国家发改委首次明确"新基建"范围，区块链被纳入其中。自 2020 年 4 月以来，全国范围内的新基建开始从部署层面向落地阶段稳步推进，包括上海、广州、重庆、山东、云南、江苏、吉林等地在内，全国已有至少十个省或城市出台了新基建的落地举措。从新基建的本质上来说，其代表的是数字技术基础设施，而数字经济在技术层面，指的是包括大数据、云计算、物联网、区块链、人工智能、5G 通信等新兴技术，推动生产力发展的经济形态。区块链技术作为"新基建"的一部分，与"新基建"其他内容的融合，能够促进产业数字化的深度转型，打造信息化时代下的新型价值体系，

---

[1]　链塔智库. 2020 中国区块链产业政策年度报告，2020-12-30：16.
[2]　链塔智库. 2020 中国区块链产业政策年度报告，2020-12-30：19.

截至目前，已经催生出了一批以云计算、大数据、物联网、人工智能、区块链等新一代信息技术为基础的"新零售""新制造"等新产业、新业态和新模式。

未来"新基建"作为数字经济发展的推动力，可以推动信息化时代下数字经济的快速发展。区块链作为"新基建"的重要内容，从产业角度讲，在"新基建"的背景下，将推动数字经济下产业数字化平台的建设，催生出一批"区块链＋物联网""区块链＋工业互联网"等技术融合平台，为全球消费者提供更多优质的解决方案。从技术角度讲，区块链有望推动数据要素流通和数据要素确权，一方面将有助于政府和社会数据资源的共享和开放，另一方面将推动数字经济下数字资产交易的有序发展。

## 七、我国区块链发展需要关注的几个问题

### (一)核心技术及应用问题亟须攻克，自主创新能力需要进一步加强

在技术和应用方面，无论公链还是联盟链，资产上链问题仍旧是最大的挑战之一，目前在资产链上链下数据同步、确权和定价方面仍需要进一步探索。另一个挑战在于跨链，不同链之间信息和资产的互操性问题亟待解决。这有利于"数据孤岛"的打通，实现价值的自由流通。当前跨链的可用性、易用性、安全性以及可拓展性都存在较大的提升空间，同时也缺乏高效的跨链标准来促进各链之间的互联互通。此外，区块链可拓展性较弱，尤其是 TPS（系统吞吐量）较低，亟须通过改进共识算法、提升硬件环境、采用更高效的加密算法记忆落盘数据库等方式进行改进。目前从申请与获批的区块链专利数量来看，我国在全球处于领先地位，但我国在区块链发展上更偏重应用，相较于西方国家，在核心技术上仍有一定差距。因此要重视基础研究和多方面尝试，攻关核心技术，占据主动地位，提升我国在区块链领域的国际话语权和规则制定权。

### (二)从业人员规模增加，专业人才相对紧缺

区块链是密码学、计算机科学、经济学等多学科的融合技术，同时，区块链的发展需要与前沿技术融合，当前形势下，区块链亟待高端人才持续助力。据统计，我国区块链招聘企业数量、招聘职位、招聘人才需求持续增加，截止到 2020 年 11 月，区块链从业人数较 2019 年有大幅度增加，但区块链人

才市场技术型人才与高端复合型人才的需求缺口仍然较大。区块链人才尤其是"区块链＋产业"的复合型人才面临供不应求的局面。目前大量 IT 从业者希望转行进入区块链领域，但是缺乏专业培训经历。未来，除了高校的人才培养，区块链职业教育培训也要加强。

**（三）集成应用问题亟须深耕**

区块链作为数字经济的一项重要技术，行业应用快速增长，但是目前为止没有大规模服务于实体经济的落地应用。分析其中原因，一是区块链技术的普及和推广程度也远低于大数据、物联网、云计算等新一代信息技术，应用效果普遍没有达到预期。同时，相关地区主管部门无法理解区块链技术和创新应用模式对经济发展的积极意义，对新技术应用仍缺乏信任，认为区块链技术在短期内无法取得有效成果。二是区块链系统建设涉及多方数据互联互通，受制于各部门间信息化建设程度参差不齐，建设和协调成本较高，兼容性和互操作性较差，需打破部门间职能屏障和数据孤岛，面对新挑战，有关部门主观上不愿意推动。三是除金融、政务、溯源等领域区块链技术的应用反映较好之外，其他如交通、家电等行业一些已落地运行的区块链应用，大多还在小范围的试点运行中，还未能引起预期的社会反响。

**（四）监管问题日益成为关注的重点**

随着我国顶层设计的不断完善，监管体系更加健全，监管沙盒持续扩容。随着试点城市和应用项目的陆续落地，中国版监管沙盒正在持续扩容。当前在"新基建"的背景下，区块链底层基础设施建设不断加快，国内已有小蚁链、比原链、量子链等公有链，但目前公有链应用落地存在一定的金融风险，短期内对我国的监管提出了更高要求。随着未来区块链技术与多个行业领域的融合，监管范围也应随之扩大，监管场景更加复杂，这为我国的监管提出了新的挑战，预计未来将有更多的城市开展监管沙盒试点，我国监管需及时跟上金融科技的发展脚步，通过建立监管规范、提高监管水平，做到对金融科技的有效管理，实现规范化、有序化。

**（五）区块链与"新基建"其他技术的融合仍需推进**

"新基建"不只是区块链，还包括 5G、物联网、工业互联网、人工智能、云计算等新一代信息技术，而区块链作为服务于新型基础设施建设的一项重要技术，与其他技术的融合是关键。探索利用区块链技术与5G、人工智能、工业互联网、大数据等技术的融合，有利于加快我国政务服务、新型智慧城市建设及城市间信息、资金、人才、征信等方面的互联互通，更重要的是有利于创新数字经济发展模式，打造便捷高效、公平竞争、稳定透明的营商环境，贯彻落实我国现代化建设的要求。

## 八、关于推进我国区块链技术应用发展的对策建议

### (一)提高技术创新能力，推动核心技术自主可控

一是发挥政府推动作用，鼓励区块链技术创新研究和应用。要坚持各地创新支持政策，安排专项帮扶资金等。加大资金投入，设立专项资金，促进区块链基础理论与核心技术研发。围绕区块链关键技术与应用，通过设立应急科学研究项目、重点项目群或重大研究计划项目等方式支持区块链基础理论和关键技术的突破，促进产学研协同健康发展。二是全面整合技术创新资源。主要是集聚产学研用多方资源，密切关注国际技术前沿，打造区块链基础研究平台，降低区块链技术应用落地的难度。三是要结合应用场景，明确主攻方向。要紧密结合产业应用场景，明确主攻方向，攻克一批关键核心技术，推动区块链与经济社会各领域、各行业加快深度融合，鼓励创建区块链融合应用和产业发展集群，努力构建具有较强创新能力和自主可控的区块链发展生态体系。

### (二)加快区块链学科体系建设，提高人才培养能力

一是围绕区块链技术创新与应用，加快学科建设。搭建基础研究和交叉学科研究的创新平台，推动高校、企业和社会培训机构联动形成人才链，培养学科交叉、知识融合、技术集成的复合型人才。二是积极构建人才支撑体系。主要是加快构建产学研用一体化的人才培养模式，以高校、科研院所为主体，以企业需求为导向，以科技园区、实训基地为平台，加快培育区块链领域专业人才。同时，鼓励区块链企业创办"企业大学"，以区块链应用推广为抓手，通过向全社会普及区块链应用，搭建社会再培训平台。三是加强区块链人才的国际交流。积极引进国外区块链技术的前沿技术开发人才，同时鼓励国内相关人员"走出去"，积极参与国际上重要的区块链技术研讨会，通

过与国外技术人员的交流，了解最新的行业动向，加速国内人才培养。

**（三）开展前沿技术融合应用研究，推动新兴技术融合发展**

区块链不仅仅是一个单点技术，需要与各种信息技术相融合、相连接，未来需要多种技术融合形成组合架构的模型。要紧盯前沿技术，通过区块链技术与前沿技术的深度融合和协同创新，引领信息领域关键核心技术的创新与突破，包括布局与量子技术、云计算、大数据、物联网、人工智能等新兴技术的融合等。加快创建多学科交叉的组合型技术科学创新体系，推动区块链技术的集成应用，攻克一批关键核心技术，加快推动区块链技术和产业创新发展。在应用与落地的过程中逐步推进区块链与其他新技术的融合，鼓励建立示范试点项目与融合发展平台，同时新基建本身也是"区块链＋"落地应用的重要领域，要将产业区块链与其他新基建领域深度融合，共同为实体产业的转型升级赋能。

**（四）建立健全监管体系，保障区块链产业规范发展**

推动建立更适应区块链产业发展的监管体系。一是加强区块链基础设施安全监管。针对区块链基础设施面临的安全风险，研究区块链共识机制、密码机制、数据存储、对等网络、智能合约、运维管理等的安全监测、审计、评估、预警和认证技术。二是要加快相关政策法规的制定，为区块链产业生态系统发展提供法治化环境。三是推动单向监管和被动监管与区块链产业的自我监管相结合，积极应对新技术变革的潜在风险。建设区块链安全风险预警监控平台，重点监控区块链企业项目的安全动态，实现区块链行业的态势感知、运行、监测、动态预警、风险评估以及事后分析。四是鼓励行业机构开展认证服务，为区块链产业监管提供第三方评价，保障区块链产业规范发展。

**（五）加速集成创新，积极开展在"新基建"下区块链应用试点示范工作**

一是加速区块链与人工智能、大数据、5G、云计算的深度融合。推动建立一批基于新一代信息技术的融合应用基础设施，打造一批公共服务平台，打造一批综合性解决方案和应用示范。二是国家及各地区政府应积极开展以区块链为基础的新型基础设施应用试点示范工作，树立典型行业案例，形成示范效应。目前我国区块链技术在金融、政府服务、电子存证等领域发展得较为快速，针对已有良好基础的领域，由国家及各地区政府牵头，联合相关科研单位，重点组织开展区块链在这些重点行业和领域的应用，树立典型，加速形成以点带面、点面结合的示范推广效应，推动以区块链平台作为基础设施与实体经济的发展。三是我国区块链技术在医疗健康、公益慈善、物流、工业制造等领域发展渐成气候，应进一步在这些领域找准突破口，开展行业专项应用试点示范，提升区块链技术在其他实体经济领域的应用水平，推动我国新型智慧城市建设发展。

# 第六节　5G 在新型智慧城市建设中的应用及发展展望

## 一、5G 的基本概念

第五代移动电话行动通信标准，也称第五代移动通信技术，外语缩写5G，也是 4G 之后的延伸，5G 网络的理论下行速度为 10Gb/s（相当于下载速度 1.25GB/s）。5G 是新一代移动通信技术发展的主要方向，是未来新一代信息基础设施的重要组成部分。与 4G 相比，不仅将进一步提升用户的网络体验，同时还将满足未来万物互联的应用需求。

## 二、5G 的特点及优势

5G 网络主要有极高的速率，极大的容量，极低的时延等特点。相对 4G 网络，传输速率提升 10～100 倍，峰值传输速率达到 10Gbit/s，端到端时延达到 ms 级，连接设备密度增加 10～100 倍，流量密度提升 1 000 倍，频谱效率提升 5～10 倍，能够在 500 km/h 的速度下保证用户体验。与 2G、3G、4G 仅面向人与人通信不同，5G 在设计之时，就考虑了人与物、物与物的互联，全球电信联盟接纳的 5G 指标中，除了对原有基站峰值速率的要求，对 5G 提出了 8 大指标：基站峰值速率、用户体验速率、频谱效率、流量空间容量、移动性能、网络能效、连接密度和时延。

**(一)5G 的技术优势：万物互联、开放架构、无限接入**

5G 的到来不仅仅能解决基础通信的问题，更能解决人与人、人与物、物与物直接的互联。1G—2G—3G—4G 是一条直线演进路线的话，那么到了 5G，就是从"直线"向"面"的横向扩张。5G 的目标是提供无限的信息接入，并且能够让任何人和物随时随地共享数据，使个人、企业和社会受益。5G 是万物互联的开放式、软件可定义的架构：在此架构上有不同的虚拟网络切片，适应成千上万的 5G 应用场景，5G 除了提供人与人之间的通信，还将提供使能 Internet of Things(IoT，物联网)的平台，以用户为中心构建全方位信息生态系统，提供各种可能和跨界整合。

**(二)5G 场景优势**

低功耗大连接、连续广域覆盖、热点高容量、低时延高可靠。

**(三)5G 速度优势**

关于 5G 的速度有很多传说与试验：有数据称是 4G 网络的 66 倍；据国外媒体报道，英国萨里大学 5G 研究项目负责人日前对媒体表示，5G 网络的移动传输速度现在已经突破 1Tbps，是当前 4G 网络传输速度的 6 万倍。1Tbps 的无线传输速度可以在实验室条件下覆盖 100 米范围内实现，并已经在 2018 年上半年正式投入商用。时延：低至 1 毫秒的时延。在 3G 网络中，时延约为 100 毫秒，4G 网络的时延为 20 到 30 毫秒，而 5G 网络的时延可缩短到 1 个毫秒，足以支撑汽车自动驾驶功能。网络容量：主流厂商预计，5G 网络容量将是 4G 的 100 至 1000 倍。下载速度：最高达 10Gbps 峰值速率。4G 最快下载速度大约是每秒 150MB，但 5G 最快的下载速度则达到了每秒 10GB。下载一部 8G 高清电影，将从 3G 时代 70 分钟、4G 时代 7 分钟，降低到 5G 时代短短的 6 秒钟。[①]

1G 实现了移动通话，2G 实现了短信、数字语音和手机上网，3G 带来了基于图片的移动互联网，而 4G 则推动了移动视频的发展。5G 网络则被视为未来物联网、车联网等万物互联的基础。同时，5G 普及将使得包括虚拟现实

---

① 睿测仪器. 5G 的现状发展和前景趋势[EB/OL]. [2023-09-30]. https：//mp. weixin. qq. com/s/0C7Jvh3bewEMXmG2vKXcQA

和增强现实这些技术成为主流。4G 网络是专为手机打造的，没有为物联网进行优化。5G 技术为物联网提供了超大带宽。与 4G 相比，5G 网络可以支持 10 倍以上的设备。可以应用于自动驾驶、超高清视频、智能制造、虚拟现实、万物互联的智能传感器。5G 最大的不同，是将真正帮助整个社会构建"万物互联"。比如无人驾驶、云计算、可穿戴设备、智能家居、远程医疗等海量物联网，在 5G 发展到足够成熟的阶段，能够实现真正意义上的物/物互联、人/物互联。新的技术革命人工智能、新的智能硬件平台 VR、新的出行技术无人驾驶、新的场景万物互联等颠覆性应用，在 5G 的助力下，才可展开，这一切都为新型智慧城市建设提供了坚实的通信技术保障。

### 三、5G 产业链解析

5G 产业链由上游基站升级（含基站射频、基带芯片等）、中游网络建设、下游产品应用及终端产品应用场景构成，包括器件原材料、基站天线、小微基站、通信网络设备、光纤光缆、光模块、系统集成与服务商、运营商等各细分产业链。

### 四、5G 产业成为国家战略，各应用领域需求旺盛

目前，5G 产业已经成为国家战略。2017 年 3 月两会期间，李克强总理在《政府工作报告》中专门提及"第五代移动通信技术（5G）"对国家未来发展的重要性；在国务院发布的《"十三五"国家信息化规划》中，曾经十六次提到了"5G"。高层有志于在 5G 网络技术上走在全球前列。5G 已是产业界必争高地。以国内 3 大运营商为主体，4G 时代中国移动、中国联通和中国电信各有子品牌，且市场份额和策略有显著高下（4G 时代中国移动在国内市场是领先的），暂落后的中国联通和中国电信已纷纷发力突破 5G，当然中国移动不会就此落下。

5G 是推动移动技术进入通用领域的催化剂，也是通信领域自上而下竞争格局重塑之机。通信领域是典型的基础设施先行，以 4G 为例，过去几年的"宽带中国"等硬件建设潮，催生了非常大的光通信市场（光纤光缆、光模块、光器件）。5G 的投资规模、竞争格局都发生了巨大的变化，国内通信产业链

在经历了 2G 空白、3G 跟随、4G 同步的路径之后，5G 和物联网，将逐步实现引领全球。当前，网络信息技术成为全球科技竞争的制高点，而 5G 又是制高点上的必争之地，世界各国竞相超前部署、加快发展。从技术概念到全球最大的 5G 试验网，五年来，我国信息通信业以创新驱动 5G 发展，突破关键核心技术，加快技术试验深入开展，取得了令人瞩目的阶段性成果。如果说 4G 是"修路"，那么 5G 则是"造城"，需要产业链协同推进。经过五年的磨砺与积累，"中国军团"已逐渐成为全球 5G 创新领域的领导力量，正是有了这些创新成果的支撑，中国运营商和中国厂商才能让 5G 技术走出实验室，应用到室外场景。

电信运营商在我国 5G 产业布局中发挥着龙头作用。从应用方面看，在 5G 网络规模化的持续驱动下，我国 5G 消费类应用逐渐成熟，运营商专网项目纷纷落地，工业互联网行业应用多点开花。5G 正进入融合创新的关键阶段，5G 行业应用规模商用进程有望提速。在我国 5G 网络规模化的持续驱动下，5G 消费类应用逐渐成熟，将真正帮助整个社会构建"万物互联"，无人驾驶、云计算、可穿戴设备、智能家居、远程医疗等海量物联网成为现实，为我国新型智慧城市建设提供坚实的通信保障。

# 第七节　加快 CIM 基础平台建设应用，推动新型智慧城市建设迈入新阶段

## 一、CIM 基础平台简介与定位

城市信息模型（CIM）以建筑信息模型（BIM）、地理信息系统（GIS）、物联网（IoT）等技术为基础，整合城市地上地下、室内室外、历史现状未来多维多尺度空间数据和物联感知数据，构建起三维数字空间的城市信息有机综合体。城市信息模型基础平台（CIM 基础平台）是管理和表达城市立体空间、建筑物和基础设施等三维数字模型，支撑城市规划、建设、管理、运行工作的基础性操作平台，是智慧城市的基础性和关键性信息基础设施。

CIM 基础平台是定位于城市智慧化运营管理的基础平台，由城市人民政

府主导建设，负责全面协调和统筹管理，并明确责任部门推进 CIM 基础平台的规划建设、运行管理、更新维护工作。

## 二、CIM 基础平台的总体架构、建设内容及应用范围

### (一)CIM 基础平台的总体架构

CIM 基础平台采用云计算架构，符合 PaaS 功能视图的相关规定，总体架构主要包括三个层次和两大体系，包括设施层、数据层、服务层，以及标准规范体系和信息安全与运维保障体系。横向层次的上层对其下层具有依赖关系，纵向体系对相关层次具有约束关系。①设施层：应包括信息基础设施和物联感知设备；②数据层：应建设至少包括时空基础、资源调查、规划管控、工程建设项目、物联感知和公共专题等类别的 CIM 数据资源体系；③服务层：提供数据汇聚与管理、数据查询与可视化、平台分析、平台运行与服务、平台开发接口等功能与服务；④标准规范体系：应建立统一的标准规范，指导 CIM 基础平台的建设和管理，应与国家和行业数据标准与技术规范衔接；⑤信息安全与运维保障体系：应按照国家网络安全等级保护相关政策和标准要求建立运行、维护、更新与信息安全保障体系，保障 CIM 基础平台网络、数据、应用及服务的稳定运行①。

### (二)CIM 基础平台的建设内容

CIM 基础平台的主要建设内容包括功能建设、数据建设、安全运维。其中，功能建设必须提供汇聚建筑信息模型和其他三维模型的能力，应具备模拟仿真建筑单体到社区和城市的能力，宜支撑工程建设项目各阶段模型管理应用的能力。CIM 基础平台宜对接智慧城市时空大数据平台和国土空间基础信息平台，应对接或整合已有工程建设项目业务协同平台(即"多规合一"业务协同平台)功能，集成共享时空基础、规划管控、资源调查等相关信息资源。

### (三)CIM 基础平台的应用范围

CIM 基础平台可支撑工程建设项目策划协同、立项用地规划审查、规划

---

① 高付明. 打造城市信息模型(CIM)基础平台[EB/OL]. [2023-07-16]. https://mp. weixin. qq. com/s/1E2DZLOn－Hm＿M5HKgxMLXA

设计模型报建审查、施工图模型审查、竣工验收模型备案、城市设计、城市综合管理等应用，用户宜包括政府部门、企事业单位和社会公众等。CIM 基础平台可支撑城市建设、城市管理、城市运行、公共服务、城市体检、城市安全、住房、管线、交通、水务、规划、自然资源、土地管理、绿色建筑、社区管理、医疗卫生、应急指挥等领域的应用，应对接工程建设项目审批管理系统、一体化在线政务服务平台等系统，并支撑智慧城市其他应用的建设与运行。

### 三、CIM 基础平台的特性

#### (一)CIM 基础平台的基础性

CIM 基础平台是 CIM 数据汇聚、应用的载体，是新型智慧城市的基础支撑平台，为相关应用提供丰富的信息服务和开发接口，支撑新型智慧城市应用的建设与运行。

#### (二)CIM 基础平台的专业性

CIM 基础平台具备城市基础地理信息、建筑信息模型和其他三维模型汇聚、清洗、转换、模型轻量化、模型抽取、模型浏览、定位查询、多场景融合与可视化表达、支撑各类应用的开放接口等基本功能，可提供工程建设项目各阶段模型汇聚、物联监测和分析仿真等专业功能。

#### (三)CIM 基础平台的可扩展性

CIM 基础平台建设结合实际情况，从满足基本需求出发，考虑平台框架和数据构成的可扩展性，满足数据汇聚更新、服务扩展和新型智慧城市应用延伸等要求。

#### (四)CIM 基础平台的集成性

CIM 基础平台应利用城市现有政务信息化基础设施资源，支撑城市规划、建设、综合管理和社会公共服务等多领域应用，实现与相关平台(系统)的对接或集成整合。

### 四、CIM 基础平台数据的分级、分类、编码与构成

#### (一)CIM 基础平台数据的分级

城市信息模型按精细度宜分为 7 级，为满足最低应用要求，CIM 基础平

台的模型精细度应不低于 2 级，条件具备时宜将精细度更高的模型汇入 CIM 基础平台。

### (二)CIM 基础平台数据的分类

CIM 基础平台数据从成果、进程、资源、属性和应用 5 大维度进行分类：①成果包括按功能分建筑物、按形态分建筑物、按功能分建筑空间、按形态分建筑空间、BIM 元素、工作成果、模型内容等 7 种分类；②进程包括工程建设项目阶段、行为、专业领域、采集方式等 4 种分类；③资源包括建筑产品、组织角色、工具、信息等 4 种分类；④属性包括材质、属性、用地类型等 3 种分类；⑤应用包括行业 1 种分类。

### (三)CIM 基础平台数据的编码

CIM 分类编码应采用面状编码方式，由表代码和详细代码两个部分组成，两个部分用英文字符"－"进行连接。表代码应采用 2 位数字表示，详细代码由大类代码、中类代码、小类代码和子类代码组成，之间用英文字符"."隔开。

### (四)CIM 基础平台数据的构成

CIM 数据宜包括时空基础数据、资源调查数据、规划管控数据、工程建设项目数据、公共专题数据和物联感知数据等门类数据。CIM 基础平台数据构成应包括城市行政区、数字高程模型、建筑三维模型(白模，含建筑统一编码等属性)、标准地址、实有单位和实有人口等数据。

## 五、CIM 基础平台的主要功能

CIM 基础平台的功能主要包括数据汇聚与管理、数据查询与可视化、平台分析、平台运行与服务、平台开发接口等功能。

## 六、国家关于推动 CIM 基础平台发展的相关政策

2019 年 3 月，住建部启动了城市信息模型(CIM)平台建设的试点工作，首批试点城市包括南京、北京、广州、厦门和雄安新区。旨在逐步实现工程建设项目全生命周期的电子化审查审批，促进工程建设项目规划、设计、建设、管理、运营全周期一体联动，不断丰富和完善城市规划建设管理数据信息，为新型智慧城市管理平台建设奠定基础。2021 年 5 月，住建部出台了《城

市信息模型(CIM)基础平台技术导则》,为全国城市信息模型(CIM)基础平台的建设和应用推广提供了技术指导。导则指出,CIM基础平台宜对接智慧城市时空大数据平台和国土空间基础信息平台,应对接或整合已有工程建设项目业务协同平台(即"多规合一"业务协同平台)功能,集成共享时空基础、规划管控、资源调查等相关信息资源;CIM基础平台应支撑城市建设、城市管理、城市运行、公共服务、城市体检、城市安全、住房、管线、交通、水务、规划、自然资源、土地管理、绿色建筑、社区管理、医疗卫生、应急指挥等领域的应用,应对接工程建设项目审批管理系统、一体化在线政务服务平台等系统,并支撑新型智慧城市其他应用的建设与运行。

## 七、推进城市信息模型(CIM)平台建设的必要性

从内涵上来讲,CIM具有模型、平台等多重内涵。CIM作为平台的含义,更多的是作为新型智慧城市的基础性平台而存在。CIM基础平台致力于建立一个城市信息和数据汇聚的基础平台,实现城市海量多源异构数据的融合。在城市基础地理信息的基础上,建立建筑物、基础设施等BIM和三维数字模型,表达和管理城市三维空间,支撑城市规划建设管理运行的数字化、立体化、精细化、智慧化,支撑新型智慧城市的建设和运行。近年来,习近平总书记对建设"网络强国、数字中国、智慧社会"做出了重大战略部署。2018年底中央经济工作会议以来,党中央高度重视新型基础设施的建设。CIM基础平台作为现代城市的重要新型基础设施和新型智慧城市的基础支撑性平台,将支撑城市建设、城市管理、城市运行、公共服务、城市体检、城市安全、住房、管线、交通、水务、规划、自然资源、土地管理、绿色建筑、社区管理、医疗卫生、应急指挥等领域的应用,可应用于工程建设项目审批管理系统、一体化在线政务服务平台等系统,是提升城市建设管理的信息化、智能化和智慧化的重要途径,是提升城市治理能力现代化的必经之路,也是贯彻落实网络强国、数字中国、智慧社会战略部署的重要支撑。

## 八、当前推进CIM基础平台建设应用工作存在的误区及问题

当前,CIM在国内外均属于刚起步的新生概念,相关技术理论还在讨论

阶段。但当前，各地 CIM 平台建设项目已开展得如火如荼，据不完全统计，截止到 2020 年 8 月，已有 30 多个地区提出 CIM 基础平台建设。不少城市、新区、园区尺度的 CIM 项目陆续进入招标实践阶段。2021 年 5 月，在总结 CIM 试点经验的基础上，住建部发布了《城市信息模型（CIM）基础平台技术导则》（修订版），指导和规范各地 CIM 平台的建设工作。CIM 基础平台建设将进入快速发展的探索实践期。但当下 CIM 基础平台的发展还受限于关键自主软件和平台不成熟、数据治理体系不健全，相关标准体系不完善，信息安全技术和制度不完整等关键技术的制约。目前住建部、科技部、工信部已在相关科研项目中选拔优秀团队集中攻关，相关技术需要"边走边替代"。但当前在推进 CIM 基础平台中还存在诸多思想认识层面的误区，这将严重影响 CIM 推进工作的效果，甚至背离推进 CIM 基础平台建设的意义和初衷。

**（一）对于 CIM 平台的基础性理解不够客观，缺少"共建共享"**

当前，大部分城市在 CIM 基础平台的工作基础仍很十分薄弱，CIM 工作的顶层框架不健全，城市三维空间数字底板尚未形成，数据汇聚的体制机制不健全，表达城市多尺度、多行业的模型耦合度不高，"重应用、轻底层"的现象比较普遍，城市"数字底座"还没有打牢，就开始盲目搭建基于 CIM 平台的"应用大楼"。这在少数城市试点探索阶段，问题还不大，但中长期来看，底层综合平台的缺失，势必会造成业务协同的障碍，重蹈"信息孤岛现象丛生，业务各自为政，信息资源重复建设"的覆辙。由于国内现阶段 CIM 建设情况还处于探索阶段，重点围绕 BIM 集合展开，不同领域不同类型的 BIM 彼此不通，实现不同类型的 BIM 集合存在技术难度，数据量过于庞大，图形引擎效率不够理想；另外，数据标准难以统一，不同机构、行业、部门、城市等都有不同的规划建设运营标准。[①]

**（二）推进 CIM 平台的差异性把握不够精准，意欲"大干快上"**

当前部分试点城市 CIM 基础平台的建设虽有了相当进展，但仍在探索阶段。相比之下，很多城市还没有基础，出现"一哄而上""盲目跟风""大幅冒

---

① 王晓晖. 新时期我国推进智慧城市和 CIM 工作的认识和思考[N]. 中国建设报, 2021-04-23 (2).

进"的现象。各地在资源禀赋、经济基础、行业现状、人才构成、区域本底等存在差异性、阶段性等特点，应该有选择、有重点地推进示范项目，通过示范推广带动。

**（三）推进 CIM 工作中的协同性重视不够，缺少"跨界"开放思维**

平台建设涉及各行业、各环节、各领域的协同推进。但由于城市的复杂性，信息领域专家短期内对城市发展规律、城市管理的工作模式理解不深，而传统的城市规划建设管理领域人员，又对信息技术和信息化工作知之甚少，存在"两张皮"现象。亟待尽快打通信息化和城市规划建设管理的知识体系，相互"科普"，相互融合，相向发力。

**（四）安全性问题尚未完全解决**

CIM 汇聚了海量信息，使城市地上地下基本透明，对城市建设、城市管理价值巨大，安全问题对 CIM 平台来说是应当引起高度重视的问题，但是目前总体来看，安全性问题尚未完全解决。

## 九、当前推进 CIM 基础平台建设应当重点注意的几个方面

CIM 平台建设属于新型智慧城市建设的基础支撑部分，在具体推进过程中需要重点关注以下几个方面。

①理顺体制机制，明确 CIM 基础平台建设的牵头部门、管理部门以及技术支持部门及其人员。其目的是让各共享使用单位在使用 CIM 平台时，遇到问题能够迅速找到归口部门、管理人员，提升工作效率。

②坚持问题导向，应用导向。建设 CIM 平台目的不在建，而在应用。建设前应当多了解，多调研各应用部门的使用需求；建成后，应当在重点部门加强推广应用。像城市管理、住建、交通、公安、环境、水利等部门的推广使用，打造各类应用场景，以用促建，在使用中发现问题，解决问题，完善提升 CIM 平台功能。比如城市管理部门就有着非常多的应用场景：像市政管理领域，包括道路管理、桥梁管理、城市照明管理、城市排水防汛管理、城市排污及污水处理管理；城市园林绿化领域；市容环卫领域；城市停车、共享单车管理领域；城市广告管理领域；城市运行安全管理领域，包括供水、供气、供暖、供电管理等；数字城管领域，包括城市管理大脑的建设等等，

都有非常广泛的应用前景。

③坚持地上地下一体化建设，一体化运行。地下管线、综合管廊及隧道涵洞都是城市安全运行的重要组成部分，地上设施的安全运行离不开地下基础设施的支持，所以 CIM 基础平台应当坚持一体化建设，一体化运行，只有这样才能发挥出"1+1>2"的效果。

④应当差别化对待，重点管理区域、重点管理部位精细度要做得更高，其他非重点区域精细度做得一般即可。因为 CIM 基础平台建设是一件耗时、耗力、耗钱的系统工程，在当今各地区财力普遍紧张有限的状况下，进行差别化对待，突出重点，"将好钢用在刀刃上"，这样既可以满足实际使用需求，又可以节省大量的人力、财力、物力。

⑤应当标准先行，提供统一的地图接口服务，同时要注重平台的延展性、共享性和兼容性。CIM 基础平台首先应当遵循国家标准建设，另外，建设部门应当提供 CIM 平台统一的地图接口服务，为各应用部门使用地图提供便利。各应用部门可以将各部门的普查数据、专题数据、共享数据、管理运行数据落在地图上，为各应用部门基于 CIM 平台打造各类"CIM+"的应用场景提供便利。

⑥应当建立完善的 CIM 基础平台数据完善更新机制，注重 CIM 平台的全生命周期管理。当今我国各城市的建设日新月异，如果不注重 CIM 平台的数据完善更新，在平台建成后用不了几年，其 CIM 平台就会因为数据老化、更新不及时而逐渐丧失平台应有的作用，所以各城市主管部门、建设单位应当重视 CIM 基础平台的数据完善更新机制建设，注重 CIM 平台的全生命周期管理，确保 CIM 基础平台及时更新，更好地为新型智慧城市建设服务。

## 十、CIM 基础平台建设应用推广工作建议及展望

CIM 基础平台的建设应遵循"政府主导、多方参与，因地制宜、以用促建，融合共享、安全可靠，产用结合、协同突破"的原则，统一管理 CIM 数据资源，提供各类数据、服务和应用接口，满足数据汇聚、业务协同和信息联动的要求。

由于新型智慧城市的建设需要一个整体性的框架设计，绝不是各个行业

单兵作战,需要在数据、技术、业务层面进行深层次的融合。CIM 平台为新型智慧城市的建设提供了一个整体性的、全局联动的数据融合和业务协同的基础性平台。未来,应以 CIM 平台为底层搭建各项"CIM＋"应用,搭建新型智慧城市的整体框架。当前相关领域的信息化和平台建设已经有了很好的进展。CIM 平台不是一个全新的概念,也不是从"零"开始的工程,是需要我们实现现有信息化资源的充分整合和信息共享,以城市空间为纽带,融合各类信息,形成一个坚实的"三维数字底座",理顺一套坚实的"保障机制"。从务实角度而言,CIM 平台建设亟待解决三个方面的核心技术:一是空间定位、分割及编码体系,确保城市任何部件或事件都能在四维时空中得到识别;二是图像快速存储、显示、计算等,尤其是在移动网页端实现,与图像引擎效率密切相关;三是跨行业、跨机构、跨部门的标准体系,包括专业、数据、安全等方面需要自上而下,协调同步。

2021 年 5 月,住建部出台了《城市信息模型(CIM)基础平台技术导则》,为全国城市信息模型(CIM)基础平台的建设和应用推广提供了技术指导和遵循。应当以政府主管部门公信力为基础,自上而下,统筹规划布局,制定相应的配套考核标准,推动在 CIM 基础平台建设领域中跨行业跨部门数据融合。CIM 基础平台数据库建立与共享的管理政策与标准规范是核心。数据在中枢汇聚或采用分布式技术进行端的融合,被更多部门、机构和企业采用,才能实现数据库的真正价值。根据安全要求和市场经济规律,出台相关政策和标准,规范数据交流、获取、交易制度,这些是政府主管部门的重要抓手。

CIM 建设是国内外发展大趋势,不管是 BIM＋GIS 还是基于广义数据库的 BIM＋GIS＋IoT 等,都是行业探索的技术路径,本质都是为解决区域、城市、片区、社区、建筑、部件、事件、人等在空间中的定位、数据融合及其计算。在 BIM 领域,我国目前与国外差距仍然很大,关键性技术并未解决,应用人才队伍尚未成熟。因此,需要从人才教育、硬软件创新、产业培育、规范标准制定等发展趋势,结合 5G(第五代移动通信技术)和物联网变革,进行中长期布局,而不仅仅是解决短期问题。

下一步,推进 CIM 平台建设,还需要从政府层面、研发企业、业内专家多个方面推进工作。在行业和企业专家一方,应放大格局,相互学习,求同存异，探索推进，同时，积极推进科研成果向实践转化。在地方政府一方，需要综合谋划、统筹推进 CIM 平台建设工作，加快推进数据汇聚，推进产学研用结合，根据城市经济技术条件、发展阶段、实际需求，不断提升城市数字化、信息化、智能化水平。在企业一方，应着眼长远，与其他企业协同，与地方政府合作，一起做大新型智慧城市"蛋糕"。国家相关部门一方，则应加大支持力度，推动软件研发、技术创新、制度创新，支持城市平台建设，推进国家、省、市三级平台互联互通。

# 第八节　数字孪生城市在新型智慧城市建设中的应用

## 一、数字孪生与数字孪生城市的概念

"孪生"的概念起源于美国国家航空航天局的"阿波罗计划"，即构建两个相同的航天飞行器，其中一个发射到太空执行任务，另一个留在地球上用于反映太空中航天器在任务期间的工作状态，从而辅助工程师分析处理太空中出现的紧急事件。"数字孪生(Digital Twin)"的设想首次出现于 2003 年前后 Grieves 教授在美国密歇根大学的产品全生命周期管理课程上，即在虚拟空间构建的数字模型与物理实体交互映射，忠实地描述物理实体全生命周期的运行轨迹。

"数字孪生"就是指充分运用物理模型、传感器、运作历史等数据，集成多学科、多物理量、多尺度、多概率的模拟仿真全过程，在虚拟空间中完成与现实世界的实时映射，进而反映相对应的实体设备的生命周期过程。简而言之，数字孪生就是将现实世界的物理体、系统及其流程等复制到虚拟现实空间，形成一个"克隆体"，两者最终构成一个"数字双胞胎"。

"数字孪生城市"就是通过对物理城市的人、物、事等数字化制造一个与之对应的虚拟城市，集地理信息、物联感知、信息模型、算法仿真、虚实交互等技术优势于一体，支撑构建未来城市发展新形态。实现信息维度上虚拟城市和物理维度上的实体城市同生共存、虚实交融，人们可以通过对虚拟世界的调控来指挥现实世界的运转。

数字孪生城市是数字城市建设的目标之一，也是新型智慧城市建设的新高度、新阶段，它不仅具有新型智慧城市特点，更多的是用到数字孪生技术，映射虚拟仿真，虚实共存。数字孪生城市已经成为新型智慧城市未来发展的选择和必由之路，目前，它已经由概念培养期进入了建设的探索期。

## 二、数字孪生城市技术架构

数字孪生城市技术架构由三个部分组成，包括基础设施端、信息中枢端和应用服务端，通过物理城市数据收集、传输、处理、可视化呈现数字虚拟城市，进而实现城市智能管理。

其中，基础设施端主要负责城市数据的收集与传输；信息中枢端进行数据接收、处理、传导；应用服务端是数字孪生城市模型的实际应用。

## 三、数字孪生城市建设发展的几个阶段

数字孪生城市建设可分为四个阶段：视觉先行—物联感知—应用升级—模拟仿真。

具体来看，第一阶段是视觉先行，建立可视化城市模型，以三维渲染的方式呈现出城市基础设施、建筑、地理信息等静态信息。

第二阶段是物联感知，逐步增加传感器、摄像头等硬件设备和智能终端，收集城市动态数据。

第三阶段是应用升级，在数字孪生城市模型平台上利用技术手段进行城市运行情况基本分析并制定决策。

第四阶段是模拟仿真，也是数字孪生城市发展的高阶形态，在综合掌握城市过去、现在的运行数据信息情况下，经过深度学习和计算推演城市运行可能会出现的状态，提前设计出解决方案并进行决策模拟，以提出最佳解决方案。

## 四、数字孪生城市需要实现的几种能力

数字孪生城市建设的最终目的是赋能新型智慧城市建设，实现城市治理

能力现代化。具体来说应当逐步实现以下四个层级的能力。

第一,需要新一代信息技术融合赋能创新驱动,实现天地一体化泛在感知与实时监测能力,铺设立体化全方位广义时空感知网。

第二,虚实结合双向映射与数据挖掘知识发现能力,依靠 CIM 城市信息基础设施构建数字底座与信息聚合大数据中台。

第三,数字孪生强调全空间、全生命周期模拟仿真与预测能力,建立强大的知识库与模型库。

第四,综合态势研判与智慧决策能力,实现新型智慧城市运行大脑的能力。

## 五、目前我国数字孪生城市的发展现状、建设建议及其在新型智慧城市建设中的应用前景

数字孪生城市是发展和带动数字经济的重要载体,助力城市以数字化为引领,推动城市规划建设治理服务整体性转变、全方位赋能、革命性重塑。数字孪生城市已成为新型智慧城市建设的主流模式,是未来新型智慧城市形态演变的重要方向。

《国民经济和社会发展第十四个五年规划纲要和 2035 年远景目标》明确提出"以数字化助推城乡发展和治理模式创新,全面提高运行效率和宜居度",要"探索建设数字孪生城市"。在先后经历了 2017—2018 年的概念培育期、2019 年的技术方案架构期、2020 年的应用场景试点期后,数字孪生城市迎来"整体性落地建设"探索期。

目前虽然我国已有多个省市提出数字孪生城市相关的建设项目,但尚未有真正完成数字孪生城市建设的城市。整体上,我国数字孪生城市建设处于基础期,还存在建设目标不清晰、方案不完善、技术不明确等问题。但是在全国各地政产学研用的协同推进下,我国数字孪生城市发展呈现良好态势,但是面临的问题与挑战也更加突出,标准引领、应用驱动的发展方向正在逐步明晰。

一是数字孪生城市共识逐渐形成。近年来,随着数字孪生城市的发展兴起,城市信息模型、实景三维城市、物模型、城市仿真等相关概念与技术得

以加速发展，同时也出现了技术交织带来的概念混淆问题。从发展重心来看，几个领域各有侧重，均不全面，可共同构成数字孪生城市全部能力。实景三维城市注重实体测绘与底图服务，兼具建模、感知等功能；城市信息模型注重建筑建模与城市要素管理，兼具地理信息、物联网等功能；物模型注重感知设备的语义建模，突出属性与模型的结合表达；城市仿真注重在数字空间基于算法与数据的模拟推演，兼具建模、交互等能力。业界普遍认为，各条技术路线最终都将走向数字孪生城市，应综合以上各领域的突出技术优势，集地理信息、物联感知、信息模型、算法仿真、虚实交互等技术能力于一体，支撑构建未来城市发展新形态。

二是数字孪生城市发展呈现协同推进态势。数字孪生城市支持政策相继出台、产业组团发展态势明显、标准规范初步制定、应用需求逐渐明朗、学术成果快速增长。从数字孪生城市主要涉及领域看，物模型标准兴起，推动城市感知设施孪生互通互认；空间地理信息进入新型基础测绘阶段，有力支撑孪生底座构建；城市信息模型市场活跃，模型数据深度融合有望实现；城市跨学科仿真、云化仿真推进步伐加快；虚实交互呈现出供给侧低代码构建、需求侧跨终端智能体验的发展态势。

三是进入探索建设期后，标准规范与应用场景将成数字孪生城市驱动之双轮。在标准方面，应围绕地理信息、物联感知、信息模型、城市仿真、交互控制五大技术体系的集成与互通，加强布局研究，聚焦总体谋划、建设推进、后期运营三个环节全过程的痛点堵点，形成包含总体、数据、技术/平台/设施、应用场景、安全、运行等要素的标准体系，区分轻重缓急有节奏地编制关键标准。在应用方面，应进一步体现时代特征与问题导向，发挥数字孪生技术精准映射、虚实互动、智能操控等特点优势，瞄准疫情防控、绿色双碳、安全应急等高契合度高价值应用场景，创新应用模式，提高应用黏性，推动面向政府(ToG)向面向企业(ToB)和面向个人(ToC)转变，建立应用成效倒逼机制，避免拈轻怕重、过度建设、重复建设等新型智慧城市建设问题重现。[①]

最后，直面诸多现实挑战，亟须政产学研用进一步加强协作与创新，通过开展全过程咨询、加强全链条协作、严控全过程交付、优化高质量供给、营造全生态环境等具体举措，高质量推进数字孪生城市落地实践。

数字孪生城市具有精准映射、虚实融合、模拟仿真等核心能力，对于自动发现城市风险、自发洞察城市运行规律、追踪回溯人物轨迹、时间控管及空间定位、分析推演治理决策、仿真演练预案以及高效配置要素资源等方面发挥着重要的作用。通过打造数字孪生城市，推进新一代信息通信技术与城市信息化发展战略深度融合，最终提升城市综合治理能力的数字化水平，已成为当前新型智慧城市现代化全周期管理的"最后一公里"，基于数字孪生城市推进新型智慧城市建设将会为其提供强大助力。

总之，数字孪生城市是一个涉及多类型技术的庞大系统工程，其建设不能一蹴而就，而应该在现有技术体系和数字化成果的基础之上，区分轻重缓急、有步骤分阶段进行建设。"数字孪生"不再仅仅是一种技术，而是成为一种发展新模式、一个转型的新路径、一股推动各行业深刻变革的新动力。数字孪生是新型智慧城市的新阶段、新模式和新高度，将使我们能更深刻、及时地刻画和理解城市状态及规律，走出只有局部没有综合、缺乏时空耦合与预见性造成的"头疼医头、脚疼医脚""事后诸葛亮"等决策困境，实现由静态信息向动态体征，由被动方式到主动方式，由事后处理到事前预知，由具体事务到系统综合的创新发展，通过孪生映射、把脉诊断与共生治理达到科学研判、科学决策、管理精细、敏捷及时高效、公众生活幸福的新境界。

---

① 中国信息通信研究院、中国互联网协会和中国通信标准化协会. 数字孪生城市白皮书(2021): 28.

# 第九节　元宇宙的产生兴起与新型智慧城市建设

## 一、元宇宙的概念与本质

元宇宙（Metaverse）是利用科技手段进行链接与创造的，与现实世界映射与交互的虚拟世界，具备新型社会体系的数字生活空间。元宇宙本质上是对现实世界的虚拟化、数字化过程，需要对内容生产、经济系统、用户体验以及实体世界内容等进行大量改造。但元宇宙的发展是循序渐进的，是在共享的基础设施、标准及协议的支撑下，由众多工具、平台不断融合、进化而最终成形。它基于扩展现实技术提供沉浸式体验，基于数字孪生技术生成现实世界的镜像，基于区块链技术搭建经济体系，将虚拟世界与现实世界在经济系统、社交系统、身份系统上密切融合，并且允许每个用户进行内容生产和世界编辑。

元宇宙一词诞生于1992年的科幻小说《雪崩》，小说描绘了一个庞大的虚拟现实世界，在这里，人们用数字化身来控制，并相互竞争以提高自己的地位，到现在看来，描述的还是超前的未来世界。关于"元宇宙"，比较认可的思想源头是美国数学家和计算机专家弗诺·文奇教授，其在1981年出版的小说《真名实姓》中，创造性地构思了一个通过脑机接口进入并获得感官体验的虚拟世界。[①] 2020年人类社会到达虚拟化的临界点，疫情加速了新技术的发展，加速了非接触式文化的形成。2021年是元宇宙的元年，从中央部委到多个地方政府都在超前布局，比如上海"十四五"规划等，面向元宇宙的新技术、新概念、新场景应运而生，各个行业都在发力，这是一个很好的机遇。

## 二、元宇宙的特征属性

一般来说，元宇宙具备与现实世界平行、反作用于现实世界、多种高技

---

① 左鹏飞. 最近大火的元宇宙到底是什么？［N］. 科技日报，2021-09-13(3).

术综合三大特征。另一种看法认为元宇宙具备社会与空间属性、科技赋能的超越延伸、人机与人工智能共创、真实感与现实映射性、交易与流通五大特征。元宇宙同时具备三个属性，一是包括时间和空间的时空性，二是包括虚拟人、自然人、机器人的人机性，三是基于区块链所产生的经济增值性。

## 三、元宇宙的核心技术

元宇宙本身不是一种技术，而是一个理念和概念，它需要整合不同的新技术，元宇宙涉及非常多的技术，包括人工智能、数字孪生、区块链、云计算、拓展现实、机器人、脑机接口、5G等，元宇宙的生态版图中有底层技术支撑、前端设备平台和场景内容入口等。元宇宙目前主要有以下几项核心技术。

一是扩展现实技术，包括 VR 和 AR。扩展现实技术可以提供沉浸式的体验。

二是数字孪生，能够把现实世界镜像到虚拟世界里面去。

三是用区块链来搭建经济体系。随着元宇宙的进一步发展，对整个现实社会的模拟程度加强，人类在元宇宙当中不仅可以花钱，而且有可能赚钱，这样在虚拟世界里同样形成了一套经济体系。

作为一种多项数字技术的综合集成应用，元宇宙场景从概念到真正落地需要实现两个技术突破：第一个是 XR、数字孪生、区块链、人工智能等单项技术的突破，从不同维度实现立体视觉、深度沉浸、虚拟分身等元宇宙应用的基础功能；第二个是多项数字技术的综合应用突破，通过多技术的叠加兼容、交互融合，凝聚形成技术合力推动元宇宙稳定有序发展。

## 四、元宇宙和数字孪生的联系与区别

### (一)元宇宙和数字孪生的联系

数字孪生与元宇宙的共同点都是以数字技术为基础，对物理世界进行模拟仿真，进行可视化感知与交互，一般而言，底层支撑技术原理通用。

简单来说，数字孪生是现实世界1∶1的投影，强调完美重现现实世界的运作；元宇宙是现实世界的1∶n的投影，强调虚拟场景的各种体验和交互。

从理论上看，数字孪生应该是元宇宙中的一种完全复刻现实物理空间规律的特殊元宇宙。

### (二)数字孪生与元宇宙的差异

数字孪生是以精确映射物理世界中的事件与设备为底层框架，小到工厂，大到城市管理，一切基于客观的动态数据与人工智能分析，进一步模拟和分析，以辅助管理者精准决策。数字孪生是对唯一现实世界物理元素的复制，它首先面向物，强调物理真实性。

元宇宙既可以以物理世界创造数字空间，也可以完全塑造独立的数字世界，理念状态是基于数字世界实现的原生社会，每个人都可以拥有唯一、独立的数字身份，完成在线社交、工作、商业交易等。元宇宙是虚拟现实，它直接面向人，强调视觉沉浸性、展示丰富的想象力和沉浸感。

数字孪生的主要应用区域在智慧城市、智慧建筑、智慧医疗、工业制造方面，在智慧建筑领域，应用数字孪生技术，能够将真实世界的建筑物在虚拟空间进行四维投射，实现建筑物全要素数字化和虚拟化、状态实时化和可视化。数字孪生未来的应用将不只局限于智慧城市、智慧工业、环保、农业等领域，利用空间计算能力和 AI 技术将空间、场景、数据和用户连接起来，形成现实世界和虚拟世界结合的交界面，不仅可以支持机器人、汽车、AR/VR 头显等各种应用，还可以为未来城市空间中的社交、娱乐、信息获取等场景应用提供底层支持。这不仅仅是概念，而是每天都在发生、发展的数字建筑，现实世界的"造物主"们正在不遗余力地应用和推广"数字孪生"技术，并获得成倍的产业生产力优化。

而元宇宙目前却仍处于概念阶段，尽管有很多基于元宇宙的雏形出现，但距离元宇宙真正建成的那一天还是存在一些距离。元宇宙的本质就是数字化的延伸，或者说是下一代的互联网容器，也就是说新一代的互联网是 3D 沉浸式的"元宇宙"形态，所有互联网公司甚至实体企业都将连接到"元宇宙"这个 3D 互联网容器之中。

数字孪生，是通过对我们现实世界中各种各样的工业化的要求，针对现实世界的形态生成的数字化设计；元宇宙的主要关注对象是人和社会，通过数字化的形式，基于创造的理念进行设计。元宇宙中具有不确定性和不科学性，包括神话和游戏。但是，我们可以充分地利用元宇宙映射技术来完成对现实世界的映射，实现最大限度的交互，比数字孪生可能更上一个台阶。

元宇宙可分为孪生、原生和共生三个阶段。首先虚拟重建现实世界，包括环境、运行和与精神无关的行为信息，以及部分一致的规则沿用，达到高度模拟仿真效果；然后创建虚拟世界新规则，加上现实世界一部分不变的规则，通过沉浸融入与精神世界关联度不高的人的行为感知信息，原生出一些新生态丰富现实世界；最后，在原生基础上，通过融入精神感知信息和行为，即人类受刚性规则约束的行为和受精神世界柔性影响的情感行为，真正达到现实世界、虚拟世界和精神世界的三元融合，互为倚重，彼此共生。

总结而言，数字孪生重在对唯一现实世界物理元素的复制，强调物理真实性，注重对设备的监测、对城市的管理；而元宇宙强调视觉沉浸性、展示丰富的想象力和沉浸感，更侧重于构建公平开放的理想数字社会。

## 五、元宇宙的发展现状

目前，元宇宙仍处于行业发展的初级阶段，无论是底层技术还是应用场景，与未来的成熟形态相比仍有较大差距，但这也意味着元宇宙相关产业可拓展的空间巨大。目前来看，元宇宙仅仅在游戏娱乐行业初步体现，随着技术的不断成熟，元宇宙的下一发展阶段是在数字化的世界中去重构现实中的社交、消费等多个方面，逐步真正成为现实世界的虚拟映射。

## 六、元宇宙的产业布局模式及带来的影响

### (一)从目前的情况来看，各大科技企业主要还是依托其既有优势来布局元宇宙领域，主要可以分为三种模式

第一种是聚焦核心元器件和基础性平台领域，加快布局元宇宙硬件入口和操作系统，以英伟达、Meta、微软等国际数字科技巨头为主，字节跳动等国内企业也在加快推进元宇宙相关硬件的研发。

第二种是聚焦商业模式与内容场景，探索元宇宙相关应用场景落地，以国内数字科技巨头为主，如腾讯表示将在游戏、社交等领域加快对元宇宙的研究开发。

第三种是政府推动企业入局模式，以韩国企业为主。韩国是全球推进元宇宙产业发展最为积极的国家之一，其首都首尔在 2020 年 11 月宣布成为首个加入元宇宙的城市政府；同时，韩国元宇宙产业的发展主要是相关政府部门牵头，引导和推动三星、现代汽车、LG 等企业组成"元宇宙联盟"，形成企业在元宇宙领域的发展合力，以此推动实现更大范围的虚拟现实连接，并建立韩国国家级元宇宙发展平台。

**（二）元宇宙未来将会给人们的生产、工作、生活和社会经济发展带来影响变化**

从技术创新和协作方式上来看，元宇宙未来将会进一步提高社会生产效率，将会催生出一系列新技术、新业态、新模式，促进传统产业变革；从产业侧重发展来看，元宇宙未来将会推动文创产业跨界衍生，极大地刺激信息消费；从改变工作生活方式来看，元宇宙未来将会重构工作生活方式，大量工作和生活将在虚拟世界发生；从改变社会治理模式来看，元宇宙未来将会推动智慧城市建设，创新社会治理模式。

元宇宙不仅是重要的新兴产业，也是需要重视的社会治理领域，政府需要通过全程参与元宇宙的形成和发展过程，科学地规划引导，以便前瞻性考虑和解决其发展所带来的相关问题。

## 七、元宇宙概念在新型智慧城市建设中的应用

未来元宇宙的发展将会与新型智慧城市建设息息相关，政府需要提前规划布局，利用好元宇宙的发展态势，因为元宇宙将会成为新型智慧城市建设的重要助力，将会为城市的治理体系和治理能力带来重大提升，主要表现在以下几个方面。

**（一）全局视角的全域监控**

城市管理者对城市基础信息和状态的掌握受限于数据收集和统计的时间，存在延时性和不准确性。如果充分利用元宇宙提供的实时、沉浸、低延时特性，可以让城市管理者置身于其管理的城市中，以全局视角感知城市状态，将会全面获取城市信息，充分发挥城市管理者的能力。

### （二）城市治理模拟决策

在元宇宙，基于与现实世界实时映射的属性，现实中所有人和物都可以在元宇宙中体现，将所有城市问题全量映射到元宇宙中，通过在元宇宙中观察事件的动态，提前发现态势的变化，推演事件的发展趋势及影响，模拟问题处置，为现实世界提供预处置。

### （三）应急事件处置

现实世界进行水灾、火灾、演练一般按脚本开展，缺少随机性、真实性、全面性。在元宇宙的世界，模拟一场真实的火灾、水灾等应急事件，是轻而易举的事。可以充分体现真实的场景、多变的态势、全员的参与，大幅提高全员的应急能力。这一点对全球来说都至关重要，将成为城市智慧应急管理的重要技术助力。

### （四）城市规划建设模拟

由于城市管理部门不同的权责划分存在的难以全局统筹、协调性欠缺的问题，在元宇宙的世界，对城市规划可能存在的问题可以及早发现，并且可以基于模拟的方式或者 AI 的分析为城市规划建设提供更新、更有效的建议。

## 八、未来成熟的元宇宙或将面临的三大挑战

一是元宇宙基础设施被攻击问题。未来元宇宙将演化成为一个超大规模、极致开放、动态优化的复杂系统，这一系统将由庞大的数字基础设施和传统基础设施进行合力支撑。同时，由于元宇宙将比互联网更深度融入人们的日常工作和生活，因此如果元宇宙相关基础设施受到攻击、侵入、干扰和破坏，将对正常经济社会发展产生更加严重的冲击和影响。

二是高度垄断问题。成熟运行的元宇宙体系，需要实现超大规模用户的连接交互、海量标准规范的对接统一，以及大规模基础设施的投入运营，因此前期建设过程需要有实力的企业投入巨大的人力和物力，这也导致了元宇宙具有一种内在垄断基因。同时，元宇宙的成熟运营也需要相对稳定的服务提供商。因此，如何避免形成高度垄断，在未来元宇宙产业发展过程中将是一个非常重要的课题。

三是数字成瘾问题。伴随元宇宙的深入发展，其"双刃剑"特征将更加突

出。从积极方面来说，元宇宙将打破人们所习惯的现实世界物理规则，在虚拟世界重新定义绝大部分的生产生活方式，对宏观社会、中观产业和微观个体三个不同层面产生显著影响，以全新的生产方式和合作方式提高全社会的生产效率。然而，从消极方面来说，在大量算法的加持下，元宇宙所产生的新型视觉场景，会让更多人沉浸在虚拟世界中不能自拔。如何维系现实世界和元宇宙之间的正面互动关系，发挥元宇宙的积极作用，抑制消极作用，妥善解决未来数字成瘾问题，也是元宇宙未来将要面临的一大挑战。

元宇宙将会是互联网发展的下一个风口，是下一代互联网的终极形态，同时也是未来各类技术发展的重要方向，它将成为数字经济发展的重要驱动。但从宏观元宇宙概念到各行各业的具体落实落地还需要现实世界的政府和人民付出巨大的努力。在元宇宙的建设过程中相关部门应当积极面对，有所作为，避免走虚拟"元宇宙"的错误之路，同时要积极防范风险，采取强有力的措施干预调控垄断，绝不能放任不管，任其野蛮生长。另外，相关部门应当妥善解决未来数字成瘾问题，坚持趋利避害、去伪存真，坚持脱虚向实、虚实融合、以虚促实、以虚强实的"元宇宙"新型智慧城市建设大战略思想，相信元宇宙的建设发展将会成为我国新型智慧城市建设的重要助力。

# 第六章　加快城市运行管理服务平台建设，促进新型智慧城市发展

## 第一节　从"数字城管"到"城市运行管理服务平台"的发展演进及其区别联系

城市运行管理服务平台是新型智慧城市在专项领域建设发展到一定历史阶段的产物，它将在我国新型智慧城市建设发展历程中占有重要的历史地位。虽然新型智慧城市的内涵与外延均远大于城市运行管理服务平台，但是两者在建设理念、思路与建设目标上是一致的，可以说，加快城市运行管理服务平台建设就是加快我国新型智慧城市建设。本节将重点介绍从"数字城管"到"城市运行管理服务平台"的发展演进过程及其区别联系，阐明城市运行管理服务平台与新型智慧城市两者间的区别与联系。

现代信息技术是推动城市持续发展的强大动力。自 2004 年网格化城市管理模式的应用与推广，到 2015 年智慧城管概念的提出与探索，到 2017 年城市综合管理服务平台的提出与探索，到 2021 年城市运行管理服务平台建设的全面实施，经过近 20 年的探索和实践，现代信息技术在城市治理中的地位与作用越来越突出，对推动城市管理手段、管理模式、管理理念创新，促进城市高质量发展具有重要意义。

## 一、网格化城市管理（数字化城市管理）模式的应用与推广（2004—2016年）

2004年，北京市东城区首创数字化城市管理模式，全国第一个数字化城市管理系统——"北京市东城区网格化城市管理系统"正式运行。2005年，建设部召开数字化城市管理现场会，在全国推广数字化城市管理模式。2005—2007年，建设部分三批在全国开展数字化城市管理工作试点，自2008年起全面推开。经过十余年的发展，超过95%的地级以上城市依托网格化城市管理模式，建成了数字化城市管理系统。

网格化城市管理模式，是针对城市管理主体多、问题发现不及时、处置被动滞后等管理弊端，从管理方法、管理体制和管理机制等方面进行的重大变革与创新。

一是管理方法创新，建立了单元网格和部件事件管理法。将城市划分成若干个网格状单元，由专职的网格员实施全时段巡查，使得问题发现变得更加主动及时、责任更加明晰。将城市管理对象分为城市部件和事件，通过拉网式普查，明确每个部件的名称、归属部门等信息，做到"底数清、情况明"；通过建立标准，明确所有管理对象的主管部门、权属单位、处置单位、处置时限和结案标准等，保障问题的准确派遣、快速处置，推动由粗放管理向精细管理转变。

二是管理体制创新，建立了"监管分离"的管理体制。建立高位独立的城市管理监督指挥中心，将监督职能和管理职能分开，避免任何涉及城市管理职能的部门和单位，既当"运动员"又当"裁判员"，形成了依托监督指挥机构驱动专业部门和属地政府履职的长效机制。

三是管理机制创新，建立了闭环流程和绩效评价机制。设计了涵盖信息收集、案卷建立、任务派遣、任务处理、结果反馈、核实结案、综合评价的七步闭环流程，建立了主动及时的问题发现机制、责任明确的问题处置机制和长效的考核评价机制，改变了过去"发现问题靠投诉"的被动管理模式，实现了由被动型管理向主动型管理的转变。

网格化城市管理（数字化城市管理）系统主要由无线采集、监督中心受理、协调工作、监督指挥、综合评价、地理编码、应用维护、数据交换、基础数据资源管理等9个基础系统和其他扩展子系统构成。十多年的实践证明，网格化管理模式的应用与推广，在高效处置城市管理各类问题、及时回应群众关切、提升城市精细化治理水平方面发挥了重要作用。在推进智慧科技赋能城市治理、全面加快建设城市运行管理服务平台的新阶段，网格化管理模式依然显示着强大的生命力，并且正向着更广泛的领域和范围拓展，朝着"一网统管"的目标稳步迈进。

## 二、智慧城管阶段的探索与实践(2015—2019 年)

经过了将近10年数字城管建设运行发展积淀，2015 年 12 月 24 日，《中共中央国务院关于深入推进城市执法体制改革改进城市管理工作的指导意见》(中发〔2015〕37 号)发布，要求积极推进城市管理数字化、精细化、智慧化，所有市、县都要整合形成数字化城市管理平台。要求基于城市公共信息平台，综合运用物联网、云计算、大数据等现代信息技术，整合人口、交通、能源、建设等公共设施信息和公共基础服务，拓展数字化城市管理平台功能。加快数字化城市管理向智慧化升级，实现感知、分析、服务、指挥、监察"五位一体"。

据此，各省、市相继出台智慧城管建设文件，智慧城管概念逐渐形成。江苏省、四川省、山东省、重庆市等各个省(直辖市)住建厅相继出台加快推进智慧城管建设方面的指导意见，各个城市纷纷开始了智慧城管建设方面的探索与实践。

智慧城管其实是在网格化城市管理(数字化城市管理)模式的基础上，拓展数字化城市管理平台功能，同时综合运用物联网、云计算、大数据、人工智能、区块链、5G 通信等新技术，根据工作需要逐步增加了各类行业应用系统，如智慧环卫、智慧园林、市政公用预警监测系统、综合执法、智慧广告、智慧防汛、智慧照明、智慧道桥、共享单车、智慧停车等智慧行业应用系统，增加了针对专项治理、痛点难点城市管理问题的特色系统，如渣土车管理系统、油烟监管系统、视频智能分析系统等，拓展普及了便民公众服务的智慧应用，并且汇聚共享城市管理内部行业部门数据，逐步共享了自然资源、交通、公安、政法、生态环境等部门信息资源，进行了各类数据的汇聚、交换、整理、分析，在建设数据共享中心基础上进行各类城市管理问题的监测预警、综合分析、一张图展示、统筹协调和实时的应急指挥调度。

智慧城管发展阶段是数字城管向城市综合管理服务平台的发展过渡阶段，在城市管理信息化发展过程中具有承上启下的历史地位，经过了这个阶段的探索与实践，在管理方式方法以及技术积累上都达到了一个新水平、新高度，这一切为即将到来的城市综合管理服务平台概念的提出奠定了坚实的基础。

### 三、城市综合管理服务平台的提出与探索(2017—2020 年)

习近平总书记在中央城市工作会议上指出，抓城市工作，一定要抓住城市管理和服务这个重点，不断完善城市管理和服务，彻底改变粗放型管理方式，让人民群众在城市生活得更方便、更舒心、更美好。

住建部深入贯彻习近平总书记重要指示批示精神，紧紧围绕"管理"和"服务"两个重点，在前期智慧城管发展经验基础上，部署在数字化城市管理信息系统的基础上搭建城市综合管理服务平台，依托平台实现对城市管理工作的统筹协调、指挥监督和综合评价，推动提升城市精细化管理服务水平。

2017 年下半年，住建部党组作出搭建城市综合管理服务平台的决策部署。之后连续 3 年的住房和城乡建设工作会议上，均就城市综合管理服务平台建设作出明确部署。住建部部长王蒙徽多次指出，城市综合管理服务平台是实现城市管理统筹协调、推进城市精细化管理的有效抓手。提出搭建城市综合管理服务平台，推动城市管理走向城市治理。

2018 年，住建部倡导各省市搭建城市综合管理服务平台，加强城市管理统筹协调，建立城市管理综合评价机制。加快城市综合管理服务平台建设，推动城市管理信息全国联网，完善城市管理基础数据库，提高城市精细化管理水平。

2019 年，住建部要求加快建设城市综合管理服务平台，逐步实现国家、省、城市平台联网。

经过前期调研和试点，2020 年 3 月，住建部办公厅印发《关于开展城市综合管理服务平台建设和联网工作的通知》，发布《城市综合管理服务平台建设指南(试行)《城市综合管理服务平台技术标准》(CJJ/T 312—2020),要求各地在数字化城市管理系统的基础上,整合共享城市管理服务数据资源,拓展优化功能,建设完善国家、省、市三级城市综合管理服务平台,实现三级平台互联互通、数据同步、业务协同。同年8月,住建部联合中央网信办、科技部、工信部、人社部、商务部、银保监会等部门印发《关于加快推进新型城市基础设施建设的指导意见》(建改发〔2020〕73号),将"城市综合管理服务平台建设"列入"新城建"7项重点任务之一。

按照"边建设、边完善,先联网、后提升"的工作思路,国家、省、市三级加快推进城市综合管理服务平台建设和联网工作。2020年上半年,国家城市综合管理服务平台基本建成并开始试运行,50个城市平台与国家平台实现了联网互通。

城市综合管理服务平台的建设发展是我国城市高速发展的需要,是实现城市治理体系和治理能力现代化的时代要求,是各类新技术应用、数字城管以及智慧城管发展到较高历史阶段的产物。城市综合管理服务平台的建设发展响应了时代要求,以"干净、整洁、有序、安全以及群众满意"为目标,抓住了城市管理和服务这两个重点,推动城市管理向城市治理转变,为下一步城市运行管理服务平台的提出奠定了技术基础、理论基础以及实践基础。

## 四、城市运行管理服务平台的建设实践(2020年至今)

进入"十四五"时期,为深入贯彻党中央国务院关于统筹发展与安全、加强城市风险防控的重要决策部署,住建部组织有关专家深入研究,在总结上海"一网统管"建设经验的基础上,在部署城市综合管理服务平台基础上,扩展"城市安全运行"有关内容,搭建城市运行管理服务平台,推动城市运行管理"一网统管"。

2020年8月,习近平总书记在中办调研时对《委托研究成果专报》"特大城市治理中的风险防控问题"作出重要批示。住建部认真研究落实总书记的重要批示精神,赴上海市专题调研城市运行管理平台有关做法,组织有关专家开展大城市治理相关风险防控研究。

针对当前大城市治理中的风险和不足,住建部党组指示要求把安全放在更加突出的位置，在城市综合管理服务平台的基础上，增加城市运行管理有关内容，建设城市运行管理服务平台。

同年8月，住建部联合中央网信办、科技部、工信部、人社部、商务部、银保监会等部门印发《关于加快推进新型城市基础设施建设的指导意见》（建改发〔2020〕73号），将"城市运行管理服务平台建设"列入新型城市基础设施建设六项重点任务之一（原"城市综合管理服务平台"与"城市安全平台"两项合并为"城市运行管理服务平台"），部署构建国家、省、市三级城市运行管理服务平台体系，推动城市运行管理"一网统管"。

同年9月24日，住建部发布了城市运行管理平台建设的通知，要求充分利用城市综合管理服务平台建设成果，构建城市三维空间数据底板，形成综合性城市管理数据库，搭建市域范围统一的市、区、街镇三级平台，城市治理事项统一纳入平台管理，积极推行城市运行网格化管理，聚焦重点领域和关键环节，强化智能化应用，提高城市安全韧性。与此同时，住建部重点推介了上海市城市运行管理服务平台建设经验。

2021年3月，《国民经济和社会发展第十四个五年规划和二〇三五年远景目标纲要》明确提出"完善城市信息模型平台和运行管理服务平台"的任务要求；2021年10月，中共中央办公厅、国务院办公厅《关于推动城乡建设绿色发展的意见》将"搭建城市运行管理服务平台"列为重点任务；2021年12月，《"十四五"国家信息化规划》"重大任务和重点工程"部分明确提出"完善城市信息模型平台和运行管理服务平台""推行城市'一张图'数字化管理和'一网统管'模式"的有关要求，并将城市运行保障系统建设纳入《"十四五"推进国家政务信息化规划》。这标志着搭建城市运行管理服务平台正式上升到国家战略意图的高度，成为各级政府的一项重要任务。

2021年12月，住建部印发《关于全面加快建设城市运行管理服务平台的通知》（建办督〔2021〕54号），部署各地以城市运行管理"一网统管"为目标，在城市综合管理服务平台建设和联网工作的基础上，围绕城市运行安全高效健康、城市管理干净整洁有序、为民服务精准精细精致，以物联网、大数据、人工智能、5G移动通信等前沿技术为支撑，整合城市运行管理服务相关信息系统，汇聚共享数据资源，构建全国城市运行管理服务平台"一张网"。同步发布《城市运行管理服务平台建设指南(试行)》《城市运行管理服务平台技术标准》(CJJ/T312—2021)和《城市运行管理服务平台数据标准》(CJ/T545—2021),作为现阶段指导平台建设和运行的基本依据。城市运行管理服务平台建设进入全面实施阶段。

2022年9月,住建部在加快推进城市运行管理服务平台建设要求的基础上,同步发布了《城市运行管理服务平台运行标准》和《城市运行管理服务平台管理标准》,自此,《城市运行管理服务平台建设指南(试行)》《城市运行管理服务平台技术标准》和《城市运行管理服务平台数据标准》《城市运行管理服务平台运行标准》和《城市运行管理服务平台管理标准》,"一指南,四标准"成为城市运行管理服务平台建设的标准性指导规范。

城市运行管理服务平台主要是在城市综合管理服务平台的基础上,增加完善了城市安全运行管理的相关内容。将城市综合管理服务评价"干净、整洁、有序、安全、群众满意"调整为管理评价和运行评价。管理评价指标包括干净、整洁、有序、群众满意度4类一级指标,22项二级指标,50个三级指标,管理评价重点从干净、整洁、有序等方面进行客观分析评价。同时开展群众满意度调查,从人民群众的主观感受反映城市的管理水平;运行评价指标包括市政设施、房屋建筑、交通设施、人员密集区域、群众获得感5类一级指标,22项二级指标,46个三级指标,运行评价重点从市政设施、房屋建筑、交通设施、人员密集区域等领域进行客观分析评价。同时开展群众获得感评价,对人民群众的运行感受进行量化评价。

城市运行管理服务平台要求加强推进城市管理工作的统筹协调、指挥监督、综合评价,推进城市治理"一网统管"。同时要求加强城市治理中的风险防控。全面梳理城市治理风险清单,建立和完善城市安全运行管理机制,健全信息互通、资源共享、协调联动的风险防控工作体系,实现对风险的源头管控、过程监测、预报预警、应急处置和系统治理。开展市容市貌环境整治专项行动。加强城市治理中的风险防控,提升城市安全韧性。

城市运行管理服务平台是在城市综合管理服务平台的基础上更进一步的要求,以管理评价和运行评价为抓手,更加重视城市的运行安全。截至2022年年底,天津、上海、重庆、内蒙古、山东、安徽、浙江、河南、湖北、湖南、广东、贵州、四川、甘肃等 19 个省级平台、274 个地级以上城市平台与国家平台实现联网，三级互联互通、数据同步、业务协同的平台体系初步建立。

## 五、数字城管平台、智慧城管平台、城市综合管理服务平台、城市运行管理服务平台的区别与联系

**(一)数字城管平台、智慧城管综合平台、城市综合管理服务平台、城市运行管理服务平台的区别**

数字城管平台是在 9 个子系统(无线采集、监督中心受理、协同工作、监督指挥、综合评价、地理编码、应用维护、数据交换、基础数据资源管理等子系统)基础上，拓展了 N 个子系统应用构成的。

智慧城管平台其实是在网格化城市管理(数字化城市管理)模式的基础上，拓展数字化城市管理平台功能，同时综合运用物联网、云计算、大数据、人工智能、区块链、5G 通信等新技术，根据工作需要逐步增加了各类行业应用系统，如智慧环卫、智慧园林、市政公用预警监测系统、综合执法、智慧广告、智慧防汛、智慧照明、智慧道桥、共享单车、智慧停车等智慧行业应用系统，增加了针对专项治理、痛点难点城市管理问题的特色系统，如渣土车管理系统、油烟监管系统、视频智能分析系统等等，拓展普及了便民公众服务的智慧应用，并且汇聚共享城市管理内部行业部门数据，逐步共享了自然资源、交通、公安、政法、生态环境等部门信息资源，进行了各类数据的汇聚、交换、整理、分析，在建设数据共享中心基础上进行各类城市管理问题的监测预警、综合分析、一张图展示、统筹协调和实时的应急指挥调度。

城市综合管理服务平台是指运用现代信息技术，集成城市管理相关基础数据、日常运行数据、相关行业数据等资源，实现国家、省、市联网互通、信息共享、数据交换和业务协同，对城市管理工作进行统筹协调、指挥调度、监督考核和综合评价的信息平台。简而言之，城市综合管理服务平台是在智慧城管平台的基础上进行了与国家、省、市等部门的联网对接，同时增加了业务指导、监督检查、综合评价三个板块的内容，便于国家、省、市进行指导、监督和评价工作。

城市运行管理服务平台是以城市运行管理"一网统管"为目标，以城市运行、管理、服务为主要内容，以物联网、大数据、人工智能、5G 移动通信等前沿技术为支撑，具有统筹协调、指挥调度、监测预警、监督考核和综合评价等功能的信息化平台。分为国家、省级和市级三级平台。作为汇聚城市运行管理服务相关数据资源的"一网统管"信息化平台，覆盖范围广，涉及部门多，现阶段以支撑城市运行安全、城市综合管理服务为主，随着"一网统管"体制机制逐步健全，运行管理服务应用场景不断丰富，再逐步向其他业务领域延伸扩展。城市运行管理服务平台以构建"横向到边、纵向到底"的城市运行管理服务工作体系为目标，推动城市管理手段、管理模式、管理理念创新，提升城市运行效率和风险防控水平，提高城市科学化、精细化、智能化管理水平，促进城市治理体系和治理能力现代化，推动城市高质量发展。简而言之，城市运行管理服务平台是在城市综合管理服务平台的基础上重点增加了城市安全运行管理的内容。

城市运行管理服务平台将城市综合管理服务评价"干净、整洁、有序、安全、群众满意"调整为管理评价和运行评价。管理评价指标包括干净、整洁、有序、群众满意度 4 类一级指标，22 项二级指标，50 个三级指标，管理评价重点从干净、整洁、有序等方面进行客观分析评价。同时开展群众满意度调查，从人民群众的主观感受反映城市的管理水平；运行评价指标包括市政设施、房屋建筑、交通设施、人员密集区域、群众获得感 5 类一级指标，22 项二级指标，46 个三级指标，运行评价重点从市政设施、房屋建筑、交通设施、人员密集区域等领域进行客观分析评价。同时开展群众获得感评价，对人民群众的运行感受进行量化评价。

简而言之，可以用以下关系表示。

数字城管＝9 个基础系统＋拓展系统；

智慧城管＝数字城管＋行业应用＋公众服务＋数据汇聚＋新技术应用；

综管服平台＝智慧城管＋联网对接＋业务指导＋监督检查＋综合评价；

运管服平台＝综管服平台＋城市安全运行管理。

图 6.1 为从数字城管到城市运行管理服务平台的发展历程及其区别联系图解。

图 6.1 从数字城管到城市运行管理服务平台的发展历程及其区别联系图解

**（二）数字城管平台、智慧城管平台、城市综合管理服务平台、城市运行管理服务平台的联系**

数字城管平台、智慧城管平台、城市综合管理服务平台、城市运行管理服务平台是城市管理方式、城市管理信息化发展的不同发展阶段，是从初级形态逐步向高级形态的发展演进，每一代平台都是在继承吸收前一代平台经验理论技术的基础上，逐步丰富完善发展演进为下一代平台，每一代平台都为城市管理的科学化、精细化、智能化发挥了巨大作用，作出了巨大贡献，具有不可或缺的历史地位，这些发展阶段不断提升了我国城市的科学化、精细化、智能化治理水平，共同推进了我国城市治理体系和治理能力的现代化。

## 六、城市运行管理服务平台与新型智慧城市的区别与联系

### （一）城市运行管理服务平台与新型智慧城市的区别

城市运行管理服务平台是以城市运行管理"一网统管"为目标，围绕城市运行安全高效健康、城市管理干净整洁有序、为民服务精准精细精致，以物联网、大数据、人工智能、5G移动通信等前沿技术为支撑，整合汇聚共享相关数据资源，加快现有信息化系统的迭代升级，加强对城市运行管理服务状况的实时监测、动态分析、统筹协调、指挥监督和综合评价，其范围主要包

括城市管理与城市运行安全两个领域，通过平台建设，最终要不断增强人民群众的获得感、幸福感、安全感。

新型智慧城市的范围涵盖了数字政府、数字经济、数字社会、城市大脑与以"一网统管"为目标的城市运行管理服务平台等内容，新型智慧城市是独具中国特色的智慧城市，其核心要义是以人为本、成效导向、统筹集约、协同创新、注重实效，强调以数据为驱动，本质是全心全意为人民服务。

新型智慧城市的内涵与外延均远大于城市运行管理服务平台，因此可以说城市运行管理服务平台是新型智慧城市的重要组成部分，城市运行管理服务平台是新型智慧城市在城市管理与城市安全运行领域的重大实践创新，是新型智慧城市在城市管理与城市安全运行领域建设的"急先锋"。

**(二)城市运行管理服务平台与新型智慧城市的联系**

1. 建设理念与思路一致

城市运行管理服务平台以物联网、大数据、人工智能、5G 移动通信等前沿技术为支撑，整合汇聚共享相关数据资源，加快现有信息化系统的迭代升级，加强对城市运行管理服务状况的实时监测、动态分析、统筹协调、指挥监督和综合评价，重视新技术的应用，重视数据的共享交换，注重数据驱动，坚持成效导向，坚持统筹集约。新型智慧城市同样重视物联网、大数据、人工智能、5G 移动通信等新技术的应用，同样坚持成效导向，坚持统筹集约，注重协同创新，注重实效，强调以数据为驱动，所以两者在建设理念与思路上完全一致。

2. 建设目标一致

城市运行管理服务平台以城市运行管理"一网统管"为目标，围绕城市运行安全高效健康、城市管理干净整洁有序、为民服务精准精细精致，将城市管理"干净、整洁、有序、群众满意度"，城市运行安全有序高效作为评价指标，在其建设目标上与新型智慧城市"以人为本、成效导向、统筹集约、协同创新、注重实效，全心全意为人民服务"的建设目标是一致的。

总之，虽然新型智慧城市的内涵与外延均远大于城市运行管理服务平台，但是两者在建设理念、思路与建设目标上是一致的，所以说加快城市运行管理服务平台建设就是加快我国新型智慧城市建设。

# 第二节 如何实现从"多网"到"一网"的转变

"一网统管"的理念是伴随着城市运行管理服务平台应运而生的，可以说，城市运行管理服务平台离不开"一网统管"。但是"一网统管"的概念不仅仅限于城市运行管理服务领域，它同样适用新型智慧城市的各个应用领域，新型智慧城市建设目标的最终落地实现同样离不开"一网统管"。本节重点介绍从"多网合一"到"一网统管"的实现方法，同时阐明"一网统管"对新型智慧城市建设的重要意义以及新型智慧城市如何实现"一网统管"。

2004年以来，北京市东城区网格化数字城管模式在全国得到迅速推广，网格化管理模式已经成为地方政府高度倚重的城市治理利器，除了数字城管领域，各地各部门都在不断拓展网格功能，如：公共安全、综合治理、安全生产、市场监管等专业领域都在建设自己的网格，进行网格化管理，持续增加网格力量。网格化管理模式已经从"单一"走向"多元"，但是在这个过程中，基层治理服务因工作交叠出现了相互推诿、效率不高、资源浪费等问题，网格力量急需整合。[①]

在党的十九届四中全会后，新时代社会治理面临新格局，提出了新挑战，街镇基层体制改革正在进行，推进"多网合一""一网统管"已经成为大势所趋，但是推进"多网合一""一网统管"急需解决好以下几个关键问题：为什么合？合什么？怎么合？如何才能将"一网统管"工作做得更好？

## 一、为什么合

当前，随着网格化治理的发展，在基层社区层面存在城管、公安、综治、安全、消防、创城等多个网格和系统交错布局、职责重复、各自为战等现象，造成了互相推诿、资源浪费、效率不高等问题，削弱了基层社会治理的成效。

---

① 曹海军，侯甜甜. 我国城市网格化管理的注意力变迁及逻辑演绎——基于2005—2021年中央政策文本的共词与聚类分析[J]. 南通大学学报(社会科学版)，2022(2).

"多网合一"的重要目标是提升基层网格事项的处置能力和效率,减少交叉建设、资源浪费,用最少的人解决最多的事,实现民心聚集在基层、问题解决在基层、服务拓展在基层。2019 年年初,中共中央办公厅、国务院办公厅印发了《关于推进基层整合审批服务执法力量的实施意见》,要求推进行政执法权限和力量向基层延伸和下沉,强化乡镇和街道的统一指挥和统筹协调职责,整合基层网格管理,将各部门在基层设置的多个网格整合为一个综合网格,依托村(社区)合理划分基本网格单元,统筹网格内党的建设、社会保障、综合治理、应急管理、社会救助等工作,实现"多网合一"。

## 二、合什么

合什么意味着整合资源的内容事项及深度。科学整合资源,就得从做什么事、用什么人和设备工具、按照什么标准要求、如何组织队伍开展工作等几个方面梳理。结合社区工作,可以从下沉网格事项、部门人员岗位、条块工作协同、经费运行保障等五个方面拆解合什么。

合到什么深度?①基层最需要合的是网格的指挥调度能力,合各条队伍协同处置能力。②梳理信息平台,合事项信息流。依据现有系统平台的能力整合更多的问题处置、事件信息工作流程,不断推动社会治理精细化、智慧化。如打通数字化城管、市长热线 12345 管理平台等,整合工作流程,实现网格统一。③疏通协作机制,合力处置问题。通过体制机制促进部门协调,推动各类处置力量合力解决疑难问题,避免因职责边界问题造成相互推诿,如,北京的"街乡吹哨、部门报到"。④整编队伍,合部门力量。成立网格治理中心,建立专职网格员队伍,其余各类网格该撤销的撤销,该合并的合并,发动多元力量,与执法大队、公安联动,实现"多网合一、一网统管"。

## 三、怎么合

第一,制订《网格工作事项清单》《网格事项分类分级标准及处置流程》和《网格事项准入和退出办法》,以此确定网格内工作内容。第二,制订《网格划分与调整规则》《网格工作标准及要求》,根据社区网格管理单元,管理服务对象的总工作量确定社区、街道的网格人员编额,配备网格事项经费。第三,编制《网格管理中心职能》《网格员队伍管理办法》《网格化管理办法》和《网格绩效考核办法》，从部门职能、人员岗位、运行管理等方面确定落实人员队伍和组织管理。第四，制定《网格管理运行机制》，实现纵向市、区、街道三级贯穿、横向各职能部门联动管理运行机制，建设社会治理协同工作平台，固化工作流程，建立市域社会治理"一网统管"运行长效机制。

## 四、推进"多网合一、一网统管"工作需要重点关注的几个方面

推行"多网合一"，深化网格力量整合，意味着网格需要全面融合党建、综治、城管、公安、安监、市场监管、环保、房管、消防、卫健、人社、民政等多个部门下沉网格的工作事项。"上面千条线、下面一根针"，每个"条"的事项都很专业，怎样能让网格员承接住如此之多的管理服务能力？如何让平凡岗位上的"社区总理"一天 12 小时利索地、简单地、有序地处理各种事务？

### (一)组队伍

以社区(村)为全科网格的管理单位，强化社区党建引领，在网格队伍中按照"1＋N＋X"的岗位结构，采用"全科网格＋专业队伍＋协同力量"的团队作战模式，拓展网格治理体系，打造一支共建联动、和谐共治、成果共享的全科网格团队，加强基层治理难点问题的处置能力，变"条块分割"为"纵合横连"，实现从"上面千条线，下面一根针"向"上面千条线，下面一张网"的转变。

### (二)统指挥

整合基层网格管理、数字城管和指挥平台的信息资源，建立新型智慧城市统一事件分拨平台，开放事件信息流转"端口"，与职能部门的信息系统互通互联，在相应管理层级实现统一事件汇聚与分拨，实行统一的指挥调度。建立健全问题发现、流转交办、协调联动、研判预警、督查考核等综合指挥工作机制，实现基层管理跨部门、跨层级的互联互通、信息共享、综合监测、协同运转，协同提高网格内各类问题的解决成效。

### (三)强能力

在社区范围内，全科网格能够提供全科服务，网格员不单指一个人，而

是指在网格里的一支队伍。为此，短期内可加强网格员专业培训，着力提升网格员的"一专多能"，从"单打独斗"转向"组团服务"，由"九龙治水"变为"一网统管"。长期内需要做好网格员的职级评定、岗位聘用、晋升通道、绩效薪酬等队伍优化管理的相关制度，强化网格员激励保障措施，不断提升队伍建设水平。另外，还需要建立规范的培训制度，加强网格长、网格员培训，提高其业务素质。人社部近期发布社区网格员职业岗位，各地网格员招聘都是自拟题目考试，社会上缺少网格员业务知识的相关培训。目前，社区网格员普遍年龄偏大，且文化程度不高，个人能力很难达到专业岗位的要求，在短期内无法实现"全能一专"。"多网合一"面临着网格员工作能力再提高、整合优化人员队伍的改革压力。

**(四)重视科技赋能，为推进"多网合一"、实现"一网统管"提供技术支撑**

从"多网"到"一网"，加强和创新社会治理离不开科技支撑。在推进全科网格建设中，"智能化"成为关键词之一。建立成熟可靠的智能化网格管理信息平台，打破部门行业数据壁垒，搭建智能网格"大数据库"，实现"一键查询、一屏尽览、一平台统调"。实现"智能发现、智能分析、自动预警、自动推送、处理反馈、核查结案"全链条运行流程，同时加强对处置结果的统计分析应用，为综合评价和各项业务考核提供有力的支撑，通过综合评价与绩效考核硬杠杆撬动各有关部门履职尽责，推动城市治理扁平化、精细化、精准化，确保预警事件快速响应和处置。为推进"多网合一"、实现"一网统管"、建设全科网格共治链提供科技支撑。

涉及基层治理的工作事项点多面广，以前的治理模式存在网格交叉重叠、力量分散的情况，网格整合将推动社会治理的重心下移到基层，资源、服务和管理下沉到网格，可以更好地为群众提供精准化、精细化服务。明确"网格统一划分、资源统一整合、人员统一调配、信息统一采集、工作统一要求"的建设要求，将全科网格工作纳入对各级部门的绩效目标考核，坚持党政主导、主管部门牵头、相关职能部门协同、乡镇（街道）统一管理，坚持走集约化融合之路。坚持"属地管理、费随事转、财政统筹、行业负责"，建立健全财政统筹网格工作经费机制，确保县域内社会治理资源充分下沉网格，促进网格划分、网格力量、网格职能和网格经费的"多网合一"。通过完善工作机制，理顺工作流程，明确职能部门在网格内的事、权、责，让网格的"物理整合"发挥出"化学效应"，分类制定职责清单和考核办法，对网格员工作实行"部门指导、行业考核、中心通报"，以提高网格工作质效；通过完善网格党建联席会议机制、部门联席会议机制、网格准入机制等，以保障全科网格的有序联动、高效运转。

推进"多网合一"，有利于解决社区治理中多网格工作叠加、资源分散浪费使用、民意诉求反馈渠道不畅、治理服务效率不高等问题，通过有序整合，推动政策、资源、服务、治理向基层倾斜，构建起"全域覆盖、全网整合、规范高效、常态运行"的网格化服务管理体系已经成为当前网格化社会治理发展的必然趋势。

## 五、实现"一网统管"对新型智慧城市的意义重大

随着新型智慧城市建设的逐步深入，城市治理的核心课题已渐渐从如何更好地管理城市发展到如何用数据更好地治理城市。当前的城市治理离不开"数"与"智"这两种能力的运用。党的十九届四中全会强调，推进国家治理体系和治理能力现代化，是全党的一项重大战略任务。国家"十四五"规划也明确提出推进新型城市建设，提高城市智能化水平，对城市运行实行"一网统管"。城市运行"一网统管"是指通过建设、架构和联通与城市运行管理、突发事件应急处置相关的各类城市运行系统，建成城市大脑与智能化网格管理信息平台，并对海量城市运行数据进行采集、汇聚、分析、研判和应用，从而实现城市运行"一屏观天下、一网管全城"目标的技术治理模式。

推动实施"一网统管"可以将新型智慧城市从"以建为主"转向长效运营，通过强化顶层设计、推动"三融五跨"场景建设和体制机制改革、激发数据要素价值、推广应用新技术"五位一体"总体布局，构建共建、共治、共享的治理新模式，将成为各地提升新型智慧城市建设成效、实现长效运营的必然选择。

## 六、新型智慧城市如何实现"一网统管"

### (一)强化顶层设计是基础

长期以来，由于缺乏"顶层设计"，各地的智慧城市建设规划五花八门、

部分关键内容欠缺,导致部门壁垒、信息孤岛、重复建设等问题层出不穷。新型智慧城市"一网统管"的建设需要统筹需求,强化顶层设计。充分考虑上下级"一网统管"的建设痛点、建设政策、建设现状和建设需求,结合城市数字经济发展所处阶段和城市建设发展规划,分析研判"一网统管"建设需求。通过科学推进"一网统管"顶层设计,以实际需求为牵引,选择适合本地发展的建设路径,避免盲目投资。

**(二)"三融五跨"场景建设驱动是关键**

当前,多地"一网统管"或者城市大脑建设初步实现了可感和可视,但是并没有被真正用起来。要实现可管和可治,就必须建设"三融五跨"场景应用。"三融五跨"即技术融合、业务融合、数据融合,实现跨层级、跨地域、跨系统、跨部门、跨业务的协同管理和服务。只有实现场景化的跨层级、跨地域、跨系统、跨部门、跨业务的多业务协调,才能将"一网统管"真正地用起来。只有对场景与数据进行充分的融合,才能最大限度地释放数据的价值。"三融五跨"的场景建设需要多个部门一起努力,甚至是多个系统合力来做。要想真正实现可管和可治,就要跳出单一部门的局限,推进"三融五跨"场景建设和综合创新,实现流程再造、协同治理和全流程闭环处置。

**(三)体制机制改革是保障**

为指导"一网统管"的建设和运营,多地进行了体制机制的改革。上海成立城市运行综合管理中心,整合了原有的监督指挥中心、热线受理中心、联勤联动中心、应急指挥中心和运行监控中心的职能,形成了"市级城运中心+区指挥中心+镇街基层治理分中心"的多级城市治理体系。广东按照"政企合作、管运分离"的总体原则,形成了"统一领导、统筹管理、专业运营"的"一网统管"改革建设管理模式。各级主要领导负责"一网统管"改革建设的宏观指导、统筹规划、跨部门协调和统一部署。各级综治部门及部分城市运行管理服务部门进行具体管理实施。各级部门统筹协调各职能部门的信息化项目管理,统筹数据的采集、分类、管理、分析和应用工作。同时设立各级"一网统管"建设运营中心,开展各级"一网统管"项目的建设和运营工作。

**(四)数据要素是根本**

2020年3月,党中央、国务院印发《关于构建更加完善的要素市场化配置体制机制的意见》，数据被正式列为五大生产要素之一。运用数据促进治理水平现代化，已成为各级政府部门的普遍共识。当前数据对政府应用的支撑仍有不足，数据利用水平亟待提高。按照"整体设计、管运分离"的原则，推动数据创新场景应用，建设常态化的数据运营机制，加强数据汇聚、更新、共享，有效促进政府各部门之间的信息共享，以支撑政府的业务决策分析和"三融五跨"场景建设，释放数据利用价值。

**（五）新技术的应用是前提**

"一网统管"的建设属于新型智慧城市建设的重要内容，离不开云计算、大数据、人工智能、区块链、物联网等新技术的加持。云计算技术提供安全、稳定、可靠、按需、可弹性扩展的计算资源能力。大数据技术可有效整合各领域的信息资源和数据库，为政府决策提供重要的参考数据。人工智能技术可提供智能感知发现能力，让城市的"人、物、动、态"实时动态地呈现出来。区块链技术可利用其去中心化、不可篡改、透明性和公开性的特点来保证政府数据的可信性和安全性。物联网技术可提供人、机、物的泛在感知能力，提升社会管理、公共服务的智能化水平。

新型智慧城市下的"一网统管"以结果为导向，以数据资源开发利用为主线，打造跨层级、跨地域、跨系统、跨部门、跨业务的新型智慧城市治理"一网统管"。围绕经济调控、市场监管、社会管理、公共服务、生态环境保护等主要职能，优化管理制度和管理流程，构建横向到边、纵向到底、全闭环数字治理模式，真正实现"一网感知形势、一网看全局、一网决策指挥、一网协同共治"。通过有效推进"一网统管"的建设，将为新型智慧城市的建设成效提供有力保障。

# 第三节　城市运行管理服务平台解读

城市运行管理服务平台是新型智慧城市在城市管理与城市安全运行领域的重大创新实践，它是新型智慧城市在城市管理与城市安全运行领域建设的"急先锋"，城市运行管理服务平台是新型智慧城市在专项领域建设发展到一定历史阶段的产物，它将在我国新型智慧城市建设发展历程中占有重要的历史地位。本节将从城市运行管理服务平台的定义、历史意义、建设依据、总体目标、建设内容、功能定位、主要特点、如何推进平台建设、需要关注的重点问题以及如何保证建设质量出发对城市运行管理服务平台进行多层级、全方位的解读，本节还将重点阐述城市运行管理服务平台在新型智慧城市中的历史地位，阐明如何借助城市运行管理服务平台建设推进新型智慧城市建设。

当前，城市管理信息化工作经过了多年的发展积累，已经达到了新阶段，面临新形势，党中央高度重视城市管理工作，审时度势地提出要把安全工作落实到城市工作和城市发展的各个环节和各个领域，提高城市科学化、精细化、智能化管理水平，努力让城市更有序、更安全、更干净，推动城市管理手段、管理模式、管理理念创新，让城市运转更聪明、更智慧等新要求。

进入"十四五"时期，为深入贯彻党中央国务院关于统筹发展与安全、加强城市风险防控的重要决策部署，住建部组织有关专家深入研究，在总结上海"一网统管"建设经验的基础上，在部署城市综合管理服务平台的基础上，扩展"城市安全运行"有关内容，搭建城市运行管理服务平台，推动城市运行管理"一网统管"。2021年3月，十三届全国人大四次会议审议通过的《国民经济和社会发展第十四个五年规划和二〇三五年远景目标纲要》将运管服平台建设纳入国家发展战略规划。2021年4月，中央文明委发布的《全国文明城市（地级以上）测评体系》中将运管服平台建设纳入文明城市测评体系。2022年1月12日，国务院印发《"十四五"数字经济发展规划》，要求深化新型智慧城市建设，推动城市数据整合共享和业务协同，提升城市综合管理服务能力，完善城市信息模型平台和运行管理服务平台，将运管服平台建设纳入国家发展战略规划。

住建部深入贯彻党中央国务院要求，积极推动城市管理信息化转型。2021年12月，住建部印发《关于全面加快建设城市运行管理服务平台的通知》，发布了《城市运行管理服务平台建设指南》《城市运行管理服务平台技术标准》《城市运行管理服务平台数据标准》，标志着国家、省、市三级城市运行管理服务平台建设工作全面启动实施。2023年10月，住建部发布了《城市运行管理服务平台运行标准》《城市运行管理服务平台管理标准》，标志着国家、省、市三级城市运行管理服务平台建设工作进入完善提升阶段。

2021年12月，住建部办公厅印发关于全面加快建设城市运行管理服务平台的通知要求：2022年年底前，直辖市、省会城市、计划单列市及部分地级城市建成城市运管服平台，有条件的省、自治区建成省级城市运管服平台。2023年年底前，所有省、自治区建成省级城市运管服平台，地级以上城市基本建成城市运管服平台。2025年年底前，城市运行管理"一网统管"体制机制基本完善，城市运行效率和风险防控能力明显增强，城市科学化、精细化、智能化治理水平大幅提升。

## 一、城市运行管理服务平台的定义

城市运行管理服务平台，是以城市运行管理"一网统管"为目标，以城市运行、管理、服务为主要内容，以物联网、大数据、人工智能、5G移动通信等前沿技术为支撑，具有统筹协调、指挥调度、监测预警、监督考核和综合评价等功能的信息化平台。分为国家、省级和市级三级平台。

## 二、城市运行管理服务平台建设的意义

建设城市运行管理服务平台，是贯彻落实习近平总书记重要指示批示精神和党中央决策部署的重要举措，是系统提升城市风险防控能力和精细化管理水平的重要途径，是运用数字技术推动城市管理手段、管理模式、管理理念创新的重要载体，对促进城市高质量发展、推进城市治理体系和治理能力现代化具有重要意义。

## 三、城市运行管理服务平台建设总体目标

以城市运行管理"一网统管"为目标，围绕"城市运行安全高效健康、城市管理干净整洁有序、为民服务精准精细精致"，以物联网、大数据、人工智能、5G移动通信等前沿技术为支撑，整合城市运行管理服务相关信息系统，汇聚共享数据资源，加快现有信息化系统的迭代升级，全面建成城市运管服平台，加强对城市运行管理服务状况的实时监测、动态分析、统筹协调、指

挥监督和综合评价，不断增强人民群众的获得感、幸福感、安全感。

城市运行管理服务平台旨在建立国家、省、市三级协同的工作体系。城市运管服平台包含国家、省、市三级，三级平台互联互通、数据同步、业务协同。其中，国家平台、省级平台"观全域、重指导、强监督"，对城市运行管理服务状况开展实时监测、动态分析、综合评价，是统筹协调、指挥监督重大事项的监督平台；市级平台"抓统筹、重实战、强考核"，第一时间发现问题、第一时间控制风险、第一时间解决问题，是统筹协调城市管理及相关部门"高效处置一件事"的一线作战平台。三级平台横向业务涵盖城市管理相关部门，纵向将应用延伸至区、街道、社区，与网格化管理相融合，推动形成"横向到边、纵向到底"的城市运行管理服务工作体系。

城市运行管理服务平台旨在构建党委政府领导下的"一网统管"工作格局。以城市运行管理"一网统管"为目标，通过"一张网"系统解决城市运行、管理、服务过程中的突出问题和矛盾。"一网统管"形式上是城市管理模式的创新，实质上是城市治理体制机制的变革。通过打造跨部门、跨地区、跨层级的业务应用场景，推进数据和业务深度融合，以线上信息流、数据流倒逼体制机制改革、倒逼体系重构和流程再造，推动城市政府按照"一网统管"要求，全面梳理业务流程，建立起全生命周期监管机制，改变以往九龙治水的被动局面，实现跨部门、跨层级资源整合和协同联动，系统提升城市风险防控能力和精细化管理水平。

城市运行管理服务平台彰显"实战中管用、基层干部爱用、群众感到受用"的价值取向。充分运用物联网、大数据、人工智能、5G移动通信等前沿技术，从群众需求和城市治理突出问题出发，把分散式信息系统整合起来，提供实战中管用、基层干部爱用、群众感到受用的智能化治理平台。通过对多维城市运行生命体征的感知分析、预报预警、跟踪处置，实现城市运行安全高效健康的目标；通过对城市管理部件、事件问题的及时发现、快速处置，推动城市精细化管理，实现城市管理干净整洁有序的目标；通过为人民群众提供普惠、便利、快捷的公共服务，及时解决人民群众的"急难愁盼"问题，实现为民服务精准精细精致的目标。这是城市运管服平台的核心目标，体现了以人民为中心的发展思想。[①]

### 四、城市运行管理服务平台的主要特点

城市运行管理服务平台具有以下主要特点。

一是统筹范围较广。城市运管服平台以"一网统管"为目标，目的是通过城市运管服平台"一张网"系统解决城市运行、管理、服务过程中的问题和矛盾，不断增强市民群众的获得感、幸福感、安全感。"一网统管"覆盖范围广，涉及部门多，是一项复杂的系统工程，现阶段以支撑城市运行安全、城市综合管理服务为主，随着"一网统管"体制机制逐步健全，应用场景不断丰富，再逐步向其他业务领域延伸拓展。

二是治理路径清晰。通过对燃气、供水、排水、供热等城市基础设施的安全运行实时监测、预报预警，提升城市风险防控能力。通过对市政公用、市容环卫、园林绿化、城管执法等领域的精细化管理，增强人民群众的满意度。通过提供精准精细精致的服务，解决人民群众的"急难愁盼"问题。

三是智慧科技赋能。城市运管服平台充分运用物联网、大数据、人工智能、5G移动通信等前沿技术，推动城市运行管理模式由传统经验型向现代科技型转变，提供实战中管用、基层干部爱用、群众感到受用的智能化应用和产品。

四是高位协调指挥。城市运管服平台作为城市政府治理城市的重要工具和平台，可以统筹协调、指挥调度各部门、各系统，具有"横向到边、纵向到底"的管理优势，可以对城市运行状况进行监测预警，对区域、部门城市运行管理服务工作开展监督考核，对城市运行监测和城市管理监督工作开展综合评价。

### 五、城市运行管理服务平台体系包含的内容以及"十四五"时期的工作目标

城市运行管理服务平台体系包括国家、省、市三级，三级平台互联互通、数据同步、业务协同，共同构成全国运管服平台"一张网"。

---

①　张璐. 推动城市运行管理服务平台建设全面落地[J]. 城乡建设，2022（7）：17.

"十四五"时期的工作目标是，2022 年年底前，直辖市、省会城市、计划单列市及部分地级城市建成城市运管服平台，有条件的省、自治区建成省级城市运管服平台。2023 年年底前，所有省、自治区建成省级城市运管服平台，地级以上城市基本建成城市运管服平台。2025 年年底前，城市运行管理"一网统管"体制机制基本完善，城市运行效率和风险防控能力明显增强，城市科学化、精细化、智能化治理水平大幅提升。

## 六、国家、省、市三级城市运行管理服务平台的功能定位

国家平台、省级平台主要是监督平台，汇聚全国（全省）城市运行管理服务相关数据资源，对全国（全省）城市运行管理服务工作开展业务指导、监督检查、监测分析和综合评价。

市级平台主要是操作平台、实战平台，以网格化管理为基础，综合利用城市综合管理服务系统、城市基础设施安全运行监测系统等建设成果，对接城市信息模型（CIM）基础平台，纵向联通国家平台、省级平台以及县（市、区）平台，横向整合对接市级相关部门信息系统，汇聚全市城市运行管理服务数据资源，聚焦重点领域和突出问题，开发智能化应用场景，实现对全市城市运行管理服务工作的统筹协调、指挥调度、监督考核、监测预警、分析研判和综合评价，推动城市运行管理"一网统管"。

"一网统管"覆盖范围广，涉及部门多，现阶段城市运管服平台重点以支撑城市运行安全、城市综合管理服务为主，随着"一网统管"体制机制逐步健全，应用场景不断丰富，再逐步向其他业务领域延伸拓展。

## 七、现阶段指导城市运行管理服务平台建设和运行的基本依据

为稳妥有序推进城市运管服平台建设，住建部同步发布《城市运行管理服务平台技术标准》（CJJ/T312—2021）（以下简称《技术标准》）、《城市运行管理服务平台数据标准》（CJ/T545—2021）（以下简称《数据标准》）和《城市运行管理服务平台建设指南》（以下简称《建设指南》），作为现阶段指导城市运管服平台建设和运行的基本依据。

其中，《技术标准》回答了城市运行管理服务平台是什么、建什么、怎么

建等问题，是指导国家、省、市三级平台建设的基本依据。

《数据标准》回答了如何建设综合性城市运行管理服务数据库、三级平台如何进行数据汇聚与共享交换等问题，对构建互联互通、数据同步、业务协同的平台体系，建立"用数据说话、用数据决策、用数据管理、用数据创新"的新机制具有重要的支撑作用。

《建设指南》回答了平台各个系统怎么建、如何建立组织体系、如何保障平台建设质量等问题，明确了组织管理、实施步骤、方案评审、评估验收和运行维护等方面的工作要求，对指导地方规范有序、节约集约建设运管服平台具有重要意义。

《运行标准》回答了什么才是城市运行"安全、高效、健康"的问题，确定了一系列的城市运行监测指标体系，是城市运行水平评价的主要依据。本标准将一系列城市运行监测指标作为城市运行状况的重要评价指标，主要用于市政设施、房屋建筑、交通设施、人员密集区域等方面的设备设施运行状态及群众获得感、幸福感、安全感的评价。以城市运行"安全、高效、健康"为目标，统筹发展和安全，指导各地在本标准确定的指标体系基础上，建立客观全面、科学合理、符合当地实际的城市运行指标体系，全面提升城市安全运行风险防控能力和城市精细化管理服务水平。

《管理标准》以城市管理"干净、整洁、有序"为目标，回答了城市运行平台应该达到什么目标效果，应该如何评价。该标准规定的城市管理监督指标，作为评价城市管理干净、整洁、有序水平和群众满意度的指标，属于目标性指标，是对城市管理水平评价的主要依据，目的是指导各地在本标准确定的指标体系基础上，建立客观全面、公平公正、符合当地实际的城市管理监督指标体系，加强城市管理监督工作。

## 八、国家平台、省级平台、市级平台现阶段需要建设的内容

国家平台包括统一底座、业务融合和辅助决策三个部分，主要建设业务指导、监督检查、监测分析、综合评价、决策建议、数据交换、数据汇聚和应用维护等系统。

省级平台建设业务指导、监督检查、监测分析、综合评价、决策建议、

数据交换、数据汇聚和应用维护等系统。

市级平台建设业务指导、指挥协调、行业应用、公众服务、运行监测、综合评价、决策建议、数据交换、数据汇聚和应用维护等系统。

上述平台系统是三级平台建设的基本要求，属于规定动作。省级平台、市级平台在完成规定动作的基础上，应结合各地实际，自行拓展其他系统和功能，丰富应用场景。

## 九、如何在现有信息化系统基础上迭代升级，集约节约建设城市运管服平台

一是要坚持统筹集约高效的原则，充分利用已有基础。自 2005 年全国推广网格化管理模式以来，各地陆续建设了数字化城市管理信息系统、城市综合管理服务系统、城市基础设施安全运行监测系统、城市生命线工程监测系统以及智慧城管、智慧住建等系统，为城市运行管理服务平台建设提供了很好的基础。各地在运管服平台建设过程中，要充分利用本地已有的城市管理信息化基础，对接城市信息模型（CIM）基础平台，整合共享城市运行管理服务相关信息系统与数据资源，避免低水平重复建设。

二是在升级路径方面，各地要对标《城市运行管理服务平台技术标准》《城市运行管理服务平台数据标准》《城市运行管理服务平台运行标准》《城市运行管理服务平台管理标准》中对平台的功能要求、数据库要求、城市运行监测指标体系要求、城市管理监督评价指标体系要求，因地制宜完善城市运管服平台所需的应用系统和数据资源，建立城市运行监测体系和城市管理监督评价体系。此外，还要紧密结合城市实际需求进行拓展，建立健全具有本地特色的智能化应用场景，真正打造实战中管用、基层干部爱用、群众感到受用的城市运管服平台。

## 十、推进城市运行管理服务平台建设过程中需要特别关注的重点问题

### （一）厘清国家、省、市三级城市运行管理服务平台的定位

国家平台是引领，其定位是指导、监督、评价；省级平台是枢纽，发挥

承上启下的重要作用，开展本省的监管、评价、决策；市级平台是基础，是运管服落地的主体，是创文创卫的重要支撑，是管好城市的重要"抓手"，是服务群众的重要"窗口"。

**(二)要高度重视市级城市运行管理服务平台建设，因为市级城市运行管理服务平台是国家、省级平台的基础，在这三级平台中具有基础性、支撑性地位**

国家平台、省级平台主要是监督指导平台，市级平台主要是操作平台、实战平台，以网格化管理为基础，综合利用城市综合管理服务系统、城市基础设施安全运行监测系统等建设成果，在这三级平台中，市级平台具有基础性的地位，如果没有市级平台或者市级平台没有建设好，国家平台、省级平台也就失去了支撑，缺失了基础。

**(三)行业应用子系统是整个市级城市运行管理服务平台的基础支撑，各个城市在推进城市运行管理服务平台建设过程中都要高度重视行业应用子系统的建设**

市级城市运行管理服务平台能不能建设好，能否发挥出操作平台、实战平台的作用，关键在于行业应用子系统是否能建设好。各个行业应用子系统，主要包括市政公用系统、市容环卫系统、园林绿化系统、城市管理执法系统、其他城管业务系统这几大板块。其中，市政公用包括道路、桥梁、隧道、管廊、供水、供热、供气、供电、照明、排水、污水处理等子系统，这些子系统可以是单个子系统，也可以是几个子系统合并组成的系统，比如市政公用监测预警系统就是以上多个子系统的总称，它包含供水、供热、供气等多个子系统，这些系统主要为城市运行安全管理提供系统支持和技术保障；城市管理执法系统是城市综合管理执法系统，为城市管理规范化执法提供系统支持和技术保障；市容环卫系统主要包括生活垃圾、建筑垃圾、垃圾分类、清扫保洁、公共厕所、城市容貌等方面的管理内容，为城市的市容市貌管理提供系统支持和技术保障；园林绿化系统主要包括城市绿地、城市公园、古树名木等方面的管理内容，为城市的园林绿化管理提供系统支持和技术保障；其他城管业务系统主要包括城市防汛系统、油烟管理系统、广告管理系统、智慧停车系统、共享单车管理系统、渣土车管理系统、无人机管控系统、社区管理系统等子系统。

该行业应用子系统中的市政公用系统主要为城市的"运行安全"管理服务，而市容环卫系统、园林绿化系统、城市管理执法系统、其他城管业务系统主要为城市的"干净、整洁、有序、群众满意"管理服务。城市运行管理服务平台中"实战中管用、基层干部爱用、群众感到受用"的目标主要是通过将各个行业应用子系统建设得"实用、爱用、受用"来实现，否则失去了各个行业应用子系统的支撑，空谈城市运行管理服务平台如何发挥作用只能像是一个没有柱子、没有基础的建筑物，只能说是无源之水、无本之木，成为"空中楼阁""海市蜃楼"。

### (四)要重视综合评价系统的建设

综合评价系统的主要作用是对城市运行管理服务工作进行评价，主要包含城市运行指标评价和城市管理指标评价，是考核评价一个城市能在多大程度上做到"干净、整洁、有序、安全、群众满意"的标尺，在做好综合评价系统建设的同时，要注意能对评价指标、评价网格、评价点位、评价对象、评价人员等进行灵活配置管理，能顺利地实现向试评试测试点城市派发平台填报任务，向第三方测评机构(或检查工作组)派发实地考察和问卷调查任务，对反馈的指标数据进行审核，并根据指标模型自动生成评价结果这一系列的功能。要建立客观全面、公平公正、符合当地实际的城市管理综合评价指标体系，为一个城市的运行管理服务水平进行精准画像。

### (五)要充分发挥公众服务系统的作用

社情民意一直都应是城市管理工作需要关注的工作重点，城市运行管理服务平台应当是有温度、充分尊重民意、为民服务的平台，应当受理来自社会公众的城市管理相关投诉、咨询和建议，以及通过新媒体渠道向社会公众提供城市管理相关便民服务。要充分利用热线服务、公众服务号、公众服务App等系统为公众提供城市管理领域的投诉、咨询和建议等服务，为公众提供水、电、气、热等公共事业便民热线服务，为公众提供城市管理相关的便民服务，真正做到"民有所呼、我有所应""你说我办、人民城管"，让人民群众共享城市管理科学化、精细化、智能化发展成果，真正共享城市运行管理服务平台建设所带来的城市治理能力、治理体系现代化成果，真正体会到城市治理能力所发生的实实在在的提升变化。

## 十一、如何推进城市运行管理服务平台建设

市级城市运行管理服务平台建设推进工作不能贪大求全，更不可能一蹴而就，应该在充分整合利用原有信息化建设成果的基础上逐步推进实施。各个行业应用系统，如市容环卫系统、园林绿化系统、城市管理执法系统、市政公用类系统，包括道路、桥梁、隧道、管廊、供水、供热、供气、供电、照明、排水、污水处理等子系统，在这些行业应用系统中，很多城市只建成运行了一部分，在这种情况下，就应该根据城市信息化建设的实际情况，充分考虑工作体制机制以及运行成熟度，根据实际情况做到因地制宜、因时制宜、因需制宜，做到成熟一块，纳入一块，有步骤、分阶段，逐步推进实施，不能盲目大干快上，贪大求全，为建而建。不能紧贴业务工作实际，不能解决实际工作问题，不求甚解，将造成资源浪费。

如果各个行业应用子系统未曾建设并有建设的意愿，那么这些行业应用子系统最好能由各个行业主管部门来建设。因为各行业主管部门更了解自身业务流程及工作需求，更能根据自身实际打造相应的业务系统，但这需要两个前提：一是该项行业应用系统建设资金来源能够得到有效保障，二是该行业主管部门有通过加强信息化建设来提升其自身行业管理水平及工作效率的主观意愿，两者缺一不可。在此基础上，针对该行业进行充分的需求调研，进行充分的需求开发、需求验证、需求确认、需求分析，厘清其业务工作流程，找准其工作中的痛点、难点、堵点，摸清该系统需要建设哪些功能点、实现哪些功能需求，进而通过建设量身打造的信息系统来解决其行业工作中的问题，帮助其提升行业管理水平及效率。

另外，构建城市运行管理服务平台中的运行监测板块，离不开涉及城市运行安全各行业大量的专业传感设备、控制设备的安装，通过这些专业设备来实施感知城市的生命运行体征，实现感知、监测、预警、分析，发现异常时进行及时的干预控制。如若没有各城市运行安全行业主管部门及有关企业的配合，在实际执行过程中，这些设备是无法顺利安装的，所以最好的办法是由各个行业主管部门及相关运营企业来进行建设安装，只有这样才能保证

该项工作的顺利推进实施。

## 十二、如何保障城市运行管理服务平台的建设质量

一是建立高效协同推进机制。省、市住房和城乡建设(城市管理)主管部门应分别建立城市运行管理服务平台建设协调推进机制,统筹协调平台建设运行中的重大事项,加强平台建设顶层设计,落实平台建设资金,建立相关工作机制,加强工作指导和监督检查,保障平台建设顺利推进。

二是把好技术方案评审关。省级平台、市级平台建设技术方案应按照《城市运行管理服务平台技术标准》《城市运行管理服务平台数据标准》《城市运行管理服务平台运行标准》《城市运行管理服务平台管理标准》制定。省级平台、省会城市和计划单列市平台建设技术方案由住建部组织专家审查,也可根据需要委托省级住房和城乡建设(城市管理)主管部门组织专家审查;其他市级平台建设技术方案由省级住房和城乡建设(城市管理)主管部门组织专家审查。城市运管服平台建设技术方案经专家审查通过后方可组织实施。

三是把好平台评估验收关。省级平台、省会城市和计划单列市平台建设完成后由住建部组织专家评估验收,也可根据需要委托省级住房和城乡建设(城市管理)主管部门组织专家评估验收;其他市级平台由省级住房和城乡建设(城市管理)主管部门组织专家评估验收。组织验收后,要抓好平台运行维护管理工作,确保平台功能完备、运行稳定、体验良好。

住建部正会同省级住房和城乡建设(城市管理)主管部门加强跟踪指导,采取专题培训、视频会议、实地检查、定期通报、典型示范、评估验收等方式,推动平台建设全面落地。目前,住建部城市管理监督局正在组织研究机构、专家和地方城市管理部门,研究编制培训教材,组建专家讲师团队。下一步,将组织对省级城市管理主管部门、部分城市人民政府及城市管理主管部门有关负责同志开展专题培训,推动各地提高平台建设和运行维护水平。

目前,国家平台已基本建成试运行。城市方面,上海、青岛、杭州、重庆、沈阳、合肥、太原、临沂、济宁等城市立足本地实际,探索建设城市运行管理服务平台,推动城市运行管理"一网统管",在保障城市安全有序运行、及时回应群众关切、促进城市高质量发展方面发挥了积极作用,值得其他城

市学习借鉴。

上海市在城市网格化管理系统基础上，把分散的信息资源整合起来，搭建统一的城市运行管理服务平台，以"一屏观天下、一网管全城"为总体要求，打造"三级平台、五级应用"体系，围绕"高效处置一件事"开发 20 余个智能化应用场景，为"一网统管"探索了路径、提供了样板。

青岛市整合供热供气、环境卫生、综合执法等 16 个城市管理行业部门数据，汇聚住建、园林、公安、交通等 30 个部门数据，打造 24 个特色应用场景，形成了数据资源"一中心"、业务支撑"一平台"、城市运行"一张图"、行业应用"一张网"的新模式。

杭州市按照"整合、共享、节约"原则，以数字城管为基础，依托"城市大脑"城管系统，整合原有的行业监管、综合执法、便民服务等资源，打造"横向到边、纵向到底"的城市运行管理服务平台。

沈阳市搭建 1 个城市运行管理核心平台、1 个综合性城市运行管理数据库、6 个行业应用系统，开发涵盖城市运行、行业监管、智能预警等领域的 N 个智能化应用场景，全市 969 名网格监督员、4 784 名基层路长负责对责任区域内的问题进行日常巡查上报。[①]

合肥市在生命线工程安全运行监测方面作出了积极探索，实现对城市水、电、气、热、交通运行风险的及时感知、早期预测预警和高效处置应对。

重庆市江北区建成市容环卫、市政设施、城管执法、道路照明及停车管理等 21 个业务系统，共享接入公安、森林消防、河长制、排水等视频资源 2.2 万余路，实现对 62 类常见、高发问题的智能采集、一键派遣和智能核查。[②]

太原市构建"六大系统＋N 个应用场景"的运管服平台基础框架，开发了包括供水、供气、供热、道路桥梁养护、积水点监测"一张图"等在内的城市运行体征分析系统。

临沂市大力实施"数字技术＋城市管理"，优化城市管理水平和服务体系，

---

① 张璐. 推动城市运行管理服务平台建设全面落地[J]. 城乡建设，2022(7)：19.
② 张璐. 推动城市运行管理服务平台建设全面落地[J]. 城乡建设，2022(7)：19.

加快推进"运管服"平台的建设。在体制架构上，实现市县（区）一体化建设、一体化运行。以城市运行管理服务"一网统管"为目标，初步构建起"全域覆盖、全时可用、全程可控"城市运行管理服务体系。主要建设了"一网""一库""一图""一端""一平台"。即建设"网格化＋"的管理新模式；建设综合性城市管理数据库；绘制"28＋N"城市管理全要素地图；建设城市管理移动终端；建立涵盖基础支撑、行业监管、公众服务、综合运行"4＋6＋3＋N"的"城市管理大脑"应用体系和城市运行管理服务平台，实现各类应用模块、专题数据的智能分析、研判、预警。建立了高位协调、主动发现、快速处置、综合考核、平急转换五大长效机制。

济宁市将"一网统管"纳入《济宁市城镇容貌和环境卫生管理条例》，成立以市长为主任的市城市运行管理委员会，办公室设在市城市运行管理服务中心（负责平台运行和监督考核），构建起了市级层面统筹协调的工作机制。

## 十三、城市运行管理服务平台在新型智慧城市建设发展史上的历史地位

新型智慧城市建设由各专项领域的智慧建设构成，新型智慧城市从概念理念向实际应用转化，需要在各专项领域进行大量的创新实践。毫无疑问，城市运行管理服务平台是新型智慧城市在城市管理与城市安全运行领域的重大创新实践，它是新型智慧城市在城市管理与城市安全运行领域建设的"急先锋"，城市运行管理服务平台是新型智慧城市在专项领域建设发展到一定历史阶段的产物，是提升我国城市治理体系与治理能力现代化水平的重要载体，是我国新型智慧城市建设发展史上的里程碑，它将在我国新型智慧城市建设发展历程中占有重要的历史地位。

## 十四、如何借助城市运行管理服务平台建设推进新型智慧城市建设

虽然新型智慧城市的内涵与外延均远大于城市运行管理服务平台，但是两者在建设理念、思路与建设目标上是一致的，加快城市运行管理服务平台建设就是加快新型智慧城市建设，所以说我们完全可以通过加快运管服平台

建设来推进在城市管理与城市安全运行两大重要领域的新型智慧城市建设。

**（一）通过建设"城市运行管理服务大脑"助力新型智慧城市"城市大脑"建设**

"城市运行管理服务大脑"主要涉及城市管理与城市安全运行两大领域，它能实现多类数据的空间维度整合，通过共享整合自然资源、政法、生态环境、住建、交通、市场监管、行政审批、供水、供气、供暖、城市管理等部门信息资源，形成城市运行管理服务大数据；能实现各类专题数据的智能监测分析、研判和预警；采用大数据架构建设，打通了数据通道，打破了数据孤岛，让城市运行管理服务领域的各类数据关联起来、流动起来，数据处理能力大幅提高，实现了统一的数据分析、一张图展示、科学的决策建议和实时的应急指挥调度。新型智慧城市"城市大脑"的建设理念是要实现感知设施统筹、数据统管、平台统一、系统集成和应用多样的，推动数据跨层级、跨地域、跨部门汇聚共享开放，实现各级各部门智慧应用与指挥调度的横向互联、纵向贯通及条块协同。

"城市运行管理服务大脑"与新型智慧城市"城市大脑"建设理念与设计思路完全一致，"城市运行管理服务大脑"完全可以作为新型智慧城市"城市大脑"的一个分中心来建设，整合数据为新型智慧城市"城市大脑"所用，通过"城市运行管理服务大脑"及其数据中心建设来汇聚整合展示城市管理与城市安全运行领域数据，将会极大地助力新型智慧城市"城市大脑"建设。

**（二）通过建设城市运行管理服务平台数字基础设施夯实新型智慧城市数字基础设施**

①通过城市运行管理服务平台数据中心建设助力新型智慧城市数据中心建设。通过城市运行管理服务平台数据中心建设来整合汇聚展示城市管理与城市安全运行领域数据，通过整合挖掘分析各方数据，同时促进城市管理与城市安全运行领域分布计算、边缘计算和超级计算协同发展，将会极大地助力新型智慧城市数据中心建设。②通过共享整合城市运行管理服务领域视频监控资源助力新型智慧城市公共视频监控资源汇聚整合。城市运行管理服务领域视频监控资源包含城市管理与城市安全两大领域视频资源，覆盖面广，数量庞大，通过建立上下联动、横向协同的统筹协调机制，强化集约建设和

统筹管理,将其视频资源整合汇聚共享到新型智慧城市公共视频监控联网应用体系,将会极大助力新型智慧城市公共视频监控资源整合。③通过加强城市运行管理服务领域数字基础设施建设水平提升新型智慧城市数字基础设施水平。推动物联网、云计算、大数据、人工智能、区块链、5G 等新兴数字技术与数字城管、市政公用、市容环卫、园林绿化、城市管理执法、地下管线、城市防汛、油烟管理、广告管理、智慧停车、共享单车管理、渣土车管理、无人机管控、社区管理等其他城市运行管理服务行业基础设施深度融合,提升传统基础设施数字化、智能化、精细化管理水平和运行效率,将会极大地提升新型智慧城市数字基础设施水平。④ 通过加强城市信息模型(CIM)在城市运行管理服务平台的推广应用夯实新型智慧城市数字孪生城市底座。基于空间规划信息平台和国土空间规划"一张图",在城区范围内地上和地下建设的 BIM、CIM 模型,构建的数字孪生城市底座模型将会为城市运行管理服务平台中城市管理与城市安全运行两大方向的应用领域提供全方位智能服务,为城市运行管理服务的敏捷管理和精细化治理提供支撑,将进一步催生城市管理手段、管理模式、管理理念创新,提升城市风险防控能力和精细化管理水平,对促进城市高质量发展、推进城市治理体系和治理能力现代化具有重要作用。

**(三)通过提升城市运行管理服务水平来构建新型智慧城市数字治理新格局**

围绕城市运行管理服务"一网统管""一屏统揽"建设目标,大力推进城市运行管理服务平台建设,聚焦业务指导、指挥协调、行业应用、公众服务、运行监测、综合评价、决策建议、数据交换、数据汇聚和应用维护板块,大力开展数字城管、市政公用、市容环卫、园林绿化、城市管理执法、地下管线、城市防汛、油烟管理、广告管理、智慧停车、共享单车管理、渣土车管理、无人机管控、社区管理等行业特色应用场景建设,加强城市基础设施安全运行监测,在供水、供气、供暖、供电、排水、排污、道桥、隧道、照明、地下管线等城市生命线行业形成以自动化、智能化城市基础设施运行风险监测和预警为代表的城市管理的硬实力。构建城市运行风险的"识别—监测—预警—联动"的全链条防控体系,发挥多元主体作用,共同为城市的安全、高效、健康运行，提供长效优质服务，对保障城市有序运行、提高城市安全水平、提升城市综合承载能力具有重要的作用。通过提升城市运行管理服务水平，努力实现城市"干净、整洁、有序、安全、群众满意"的基本目标，将会持续高质量构建形成新型智慧城市数字治理新格局，不断增强城市的创造力、竞争力、吸引力。

**(四)通过加强城市运行管理服务平台便民服务建设来提升新型智慧城市数字惠民水平**

1. 通过加强城市运行管理服务平台便民服务建设让市民参与城市管理更加"方便"多元

大力拓宽市民参与城市管理渠道，通过建设城市运行管理服务平台公众服务系统，重点建设市民通 App、微信、12345 热线、舆情监测、创城督办、大气污染治理以及各类评选与问卷调查等部分，拓展了市民参与渠道，让市民参与城市管理更加"方便"多元，拓展市民参与城市治理工作的重要渠道。

2. 推进智慧出行服务

①构建交通基础设施和运输装备感知体系，加快城市交通信号灯、电子标识等智能升级，应用绿波带、交通诱导屏等智能管控方式，提升通行效率。推进各类停车资源数据联网，逐步实现中心城区停车场"一网运行"。推行"掌上公交"、乘车电子支付、电子站牌，提升群众出行体验。②按照停车设施普查、停车场联网改造、智慧停车平台建设"三步走"的工作思路，有序推进智慧停车管理工作，完成所有停车场联网改造任务，逐步实现"全市一个停车场"及"一网统管"建设目标，为市民出行提供精准导航和实时空余车位查询，让市民享受到高质量停车体验。③按照"政府引导、企业参与、共建共享"的原则，积极探索形成"一平台五统一"共享单车大数据平台。通过科学制订投放总量，有效解决站牌停放过量问题，引导广大市民绿色出行，营造良好的出行秩序。④拓展城市运行管理服务平台智慧社区服务。"一网统管"是新型智慧城市的新起点，在最低层级、最早时间，以相对小的成本解决最突出的问题，实现线上线下协同高效处置。"一网统管"相当于把城市看作一个生命体，把数据看作神经网络，而社区则是一个细胞单元。以此为出发点来探索怎么对城市生命体的健康状态进行评估。通过加快完善智慧社区服务体系，

推动各领域公共服务向社区延伸，实现社区服务和管理功能综合集成，为社区居民提供多场景、一站式综合服务。通过城市运行管理服务平台便民服务建设将会极大地提升新型智慧城市数字惠民水平。

城市运行管理服务平台是新型智慧城市在城市管理与城市安全运行领域的重大创新实践，城市运行管理服务平台是新型智慧城市在专项领域建设发展到一定历史阶段的产物，是提升我国城市治理体系与治理能力现代化水平的重要载体，它是新型智慧城市在城市管理与城市安全运行领域建设的"急先锋"，通过加快城市运行管理服务平台大脑、数字基础设施、行业应用、便民服务等方面的建设来加快推进新型智慧城市建设，我们将会构建形成一个善感知、会思考、有温度的新型智慧城市生态体系，逐步实现新型智慧城市"以人为本、成效导向、统筹集约、协同创新、注重实效，全心全意为人民服务"的建设目标。

# 第四节　关于加强城市运行管理服务平台技术标准及数据标准贯彻落实的建议和思考

## 一、贯彻实施城市运行管理服务平台相关标准对于新型智慧城市标准建设工作的意义

标准是经济活动和社会发展的技术支撑，是国家基础性制度的重要方面。标准化在推进国家治理体系和治理能力现代化中发挥着基础性、引领性作用。毋庸置疑，城市运行管理服务平台系列标准是新型智慧城市标准体系建设的重要组成部分，因为城市运行管理服务平台是新型智慧城市在城市管理与城市安全运行领域的重大创新实践，城市运行管理服务平台是新型智慧城市在专项领域建设发展到一定历史阶段的产物，由于两者在建设理念、思路与建设目标上是一致的，所以说加快城市运行管理服务平台相关标准（包括《城市运行管理服务平台技术标准》《城市运行管理服务平台数据标准》和《城市运行管理服务平台建设指南》等）的贯彻实施就是在丰富和完善新型智慧城市标准体系建设，加强城市运行管理服务平台相关标准的贯彻实施对新型智慧城市

标准建设推广工作意义重大、影响深远。

## 二、关于加强城市运行管理服务平台技术标准贯彻落实的建议和思考

为认真贯彻习近平总书记关于提高城市科学化精细化智能化治理水平的系列指示精神，落实《中华人民共和国国民经济和社会发展第十四个五年规划和二〇三五年远景目标纲要》，推动建立国家、省、市三级城市运行管理服务平台"一张网"，2021年12月，住建部印发了《关于全面加快建设城市运行管理服务平台的通知》，发布了《城市运行管理服务平台技术标准》(CJJ/T312—2021，以下简称《技术标准》)，并于2022年1月1日起正式实施。该《技术标准》与《城市运行管理服务平台数据标准》(简称《数据标准》)配套使用，用以指导城市运行管理服务平台的设计、建设、验收、运行和维护。《技术标准》是城市运行管理服务平台(以下简称"城市运管服平台")系列标准规范的重要组成部分，明确了城市运管服平台是什么、建什么、怎么建等问题，是国家、省、市三级平台建设的基本依据。

### (一)《技术标准》包含的内容

《技术标准》共分为9章。其中，"总则""术语"章节介绍了标准适用范围、平台定位及相关术语的基本概念。"基本规定""平台功能要求"章节明确了国家、省、市三级平台的基本架构、主要系统以及功能模块。"数据库要求""数据交换接口"章节规定了国家、省、市三级平台数据库建设的具体内容，明确了数据交换接口的一般规定，介绍了数据接口调用的流程和安全验证的方法。"基础环境"章节规定了搭建国家、省、市三级平台的运行环境和安全环境。"平台实施和验收"章节规范了国家、省、市三级平台开展实施和平台验收工作的主要内容，"平台运行维护"章节明确了日常管理、运行保障、应急预案等运行维护工作要求。

### (二)国家、省、市三级平台之间的架构关系

国家、省、市三级平台互联、互通、数据同步、业务协同，共同构成"一张网"，是"一网统管"的基础平台，是各级、各部门包括市民群众都可以使用的开放平台。

《技术标准》规定的国家平台功能是对三级平台的基本要求，属于规定动作。建设省级平台、市级平台时，在完成规定动作的基础上，可以结合各地实际，自行拓展其他系统和功能，丰富应用场景。通过搭建国家、省、市三级城市运管服平台，构建国家、省、市三级"横向到边、纵向到底"城市运行管理服务工作体系。国家平台纵向与省级平台和市级平台互联互通，横向共享国务院有关部门城市运行管理服务相关数据，整合或共享住建部其他相关信息系统，汇聚全国城市运行管理服务数据资源，对全国城市运行管理服务工作开展业务指导、监督检查、监测分析和综合评价。省级平台纵向与国家平台和市级平台互联互通，横向共享省级有关部门城市运行管理服务相关数据，整合或共享省级住建部门其他相关信息系统，汇聚全省城市运行管理服务数据资源，对全省城市运行管理服务工作开展业务指导、监督检查、监测预警、分析研判和综合评价。市级平台纵向对接省级平台和国家平台，联通区(市、县)平台，覆盖市、区、街道(镇)三级，并向社区、网格延伸，与智慧社区综合信息平台、智慧物业管理服务平台等对接；横向整合对接共享市级相关部门信息系统，汇聚全市城市运行管理服务数据资源，对全市城市运行管理服务工作进行统筹协调、指挥调度、监测预警、监督考核、分析研判和综合评价。

**(三)城市运管服平台的主要建设内容**

国家平台包括统一底座、业务融合和辅助决策三个部分，主要建设业务指导、监督检查、监测分析、综合评价、决策建议、数据交换、数据汇聚和应用维护等系统。

省级平台建设业务指导、监督检查、监测分析、综合评价、决策建议、数据交换、数据汇聚和应用维护等系统，并可根据各省实际需求拓展系统和功能。

市级平台建设业务指导、指挥协调、行业应用、公众服务、运行监测、综合评价、决策建议、数据交换、数据汇聚和应用维护等系统，并应根据城市实际需求拓展系统和功能。

**(四)省级平台与市级平台如何"共用共享"国家平台的业务指导系统**

一是从主要功能上看，国家平台业务指导系统包括政策法规、行业动态、经验交流等功能模块，通过这些功能模块实现对全国相关法律法规、政策制度、体制机制建设情况、行业动态、队伍建设、典型经验等数据的分层分级汇聚共享。二是从业务场景上看，首先由城市向省级平台上传本市的政策法规、行业动态、经验交流等信息，省级审核后上传国家平台。省级也可以向国家平台上传省本级的政策法规、行业动态、经验交流等信息。国家平台对城市上传经省级审核的信息以及省级平台上传的信息进行复核后在全国范围共享。没有建成省级平台的省份，城市可以将有关信息直接上传国家平台。三是共用方式，业务指导系统由国家平台统一开发，省、市可通过国家平台分配的单点登录账号和使用权限，共用该系统。对于省级平台、市级平台自行建设业务指导系统的，需将业务指导系统相关信息和数据及时共享至国家平台，方便在全国范围共享。

**（五）国家、省、市三级平台"业务协同"的实现方式**

以国家、省、市三级平台的监督检查业务场景为例，首先，国家平台和省级平台的功能定位基本一致，都是通过监督检查系统，构建"统筹布置、按责转办、重点督办、限时反馈"的闭环工作流程和运行机制，包括重点工作任务督办、联网监督、巡查发现等功能模块，其中，重点工作任务督办模块的重点是具备向下级平台布置工作任务、明确工作要求和完成时限、接收下级平台反馈的工作进展和落实情况、对即将逾期的工作任务进行提醒、对已逾期的工作任务进行督办等功能。其次，市级平台主要是通过指挥协调系统，与国家平台和省级平台的监督检查系统实现业务协同，一方面通过指挥协调系统接收、办理和反馈国家平台和省级平台监督检查系统布置的重点工作任务，另一方面通过指挥协调系统支撑城市运行管理领域巡查事项问题的发现、转办和处置，将巡查事项问题数据同步上传至国家平台和省级平台。

**（六）省级平台的监测分析系统与市级平台的运行监测系统在建设目标及功能定位方面的异同**

首先，在系统建设目标上，省级平台建设监测分析系统，市级平台建设运行监测系统，都是为了落实国家关于城市基础设施安全运行的有关要求，保障城市运行安全高效健康，提高城市安全管理水平，提升城市综合承载能力。其次，在系统功能定位上，省级平台的监测分析系统包括风险管理、监测预警、风险防控和运行统计分析等功能模块，重在汇聚所辖城市的风险隐患、监测报警、风险防控等数据，并开展数据的分析研判和趋势预测；市级平台的运行监测系统包括监测信息管理、风险管理、监测报警、预测预警、巡检巡查、风险防控、决策支持、隐患上报与突发事件推送等功能模块，其功能定位重在对燃气、供水、排水、供热、环卫、内涝、管廊、路面塌陷、建筑施工、危房、桥梁、隧道、人员密集场所等专项安全运行状态进行常态化的巡检巡查、监测报警、预测预警，核心是要实现安全隐患的第一时间发现、第一时间处置，变事后监管为事前预防。

### (七)综合评价系统的评价内容、评价机制和评价功能的定位

一是评价内容，聚焦"评什么"，目前正在编制的《城市运行管理服务平台运行标准》和《城市运行管理服务平台管理标准》，是城市运行管理服务平台标准体系的重要内容。其中，"运行标准"主要围绕"市政设施、房屋建筑、交通设施、人员密集区域、群众获得感"等维度构建城市运行监测指标体系，"管理标准"主要围绕"干净、整洁、有序、群众满意度"等维度构建城市管理监督指标体系，综合评价内容将主要围绕这两大方面的指标体系来确定。二是评价机制，聚焦"怎么评"，省级综合评价由省级住房和城乡建设(城市管理)主管部门组织第三方开展实地考察，市级综合评价由城市政府组织开展自评工作，并配合部、省住房和城乡建设(城市管理)主管部门做好第三方实地考察工作。三是评价功能，聚焦"如何获取评价数据"，省级和市级的综合评价系统基本一致，包括评价指标管理、评价任务管理、实地考察、评价结果生成等功能模块，并且市级综合评价系统应建立评价网格专题图层和评价点位清单，从而有效支撑通过实时监测、平台上报、实地考察、问卷调查等方式获取评价指标数据，保障对城市运行监测和城市管理监督工作开展的综合评价。

### (八)市级平台如何充分利用现有城市管理信息化基础进行升级建设

一是要坚持统筹集约高效的原则，充分利用已有基础。自2005年全国推广网格化管理模式以来，各地陆续建设了数字化城市管理信息系统、城市综合管理服务系统、城市基础设施安全运行监测系统、城市生命线工程监测系统以及"智慧城管""智慧住建"等系统，为城市运管服平台建设提供了很好的基础。各地在运管服平台建设过程中，要充分利用本地已有的城市管理信息

化基础，对接城市信息模型（CIM）基础平台，整合共享城市运行管理服务相关信息系统与数据资源，避免低水平重复建设。二是在升级路径方面，各地要对标《技术标准》中的平台功能要求和数据库要求，因地制宜完善城市运管服平台所需的应用系统和数据资源，此外，还要紧密结合城市实际需求进行拓展，建立健全具有本地特色的城市运行管理服务智能化应用场景，真正打造实战中管用、基层干部爱用、群众感到受用的城市运管服平台。

**（九）县（市、区）级城市运管服平台如何结合市级平台进行集约建设**

一方面，市级层面，要按照全市"一盘棋"思路，统筹推进城市运管服平台建设，市级平台宜按市、县（市、区）一体化建设城市运管服平台，与县（市、区）共管共用。这种建设模式不仅有利于降低市、县（市、区）的建设财政、技术压力，而且可有效避免因县（市、区）级平台独立建设可能造成的系统建设标准不统一、数据不同步、业务不协同等问题。另一方面，对人口规模较大、经济较发达，有意愿自主建设平台的县（市、区），要充分借鉴市级平台建设的经验做法，在充分共享市级平台建设成果的基础上，以与市级平台一体化联动为前提，以创新特色应用场景为建设重点，可因地制宜自主搭建本县（市、区）平台。

**（十）关于平台的实施验收与运行维护工作需要注意的事项**

在平台实施方面，从项目全生命周期规范化管理角度规定了"从建立项目建设组织体系，明确平台建设单位；到制定项目总体方案，编制项目建设实施方案，确定平台开发单位，开发系统功能并组织系统集成和联调；再到平台试运行，开展项目验收，投入正式运行"等项目基本流程。在平台验收方面，为保障平台运行效果，《技术标准》将"建立城市运行管理服务长效机制，制定监督、指挥、处置和考核等制度"作为平台验收的基本条件之一；为检验平台功能、建设与运行模式、数据可靠性和运行效果，《技术标准》规定了"平台稳定运行 3 个月后进行验收"，并强调验收程序应包括总体情况介绍、平台演示、文档查阅、实地考察、平台数据随机抽查和专家质询等内容。在平台运维方面，《技术标准》规定了要建立平台运行维护管理制度，保障平台维护工作日常化、规范化；要建立严格的数据备份机制，确保数据的安全性；要建立运行保障机制，建立风险预警联动机制，使风险事件处置更加流畅；要设置专业岗位人员进行平台运行维护管理；要制定平台运行应急预案，确保平台出现异常后能及时恢复正常运行。

## 三、关于加强城市运行管理服务平台数据标准贯彻落实的建议和思考

经住建部批准的《城市运行管理服务平台数据标准》(CJ/T 545—2021，简称《数据标准》)于 2022 年 1 月 1 日起正式实施。该《数据标准》与《城市运行管理服务平台技术标准》(简称《技术标准》)配套使用，用以指导城市运行管理服务平台的设计、建设、验收、运行和维护。这既是构建"横向到边、纵向到底"的城市运行管理服务工作体系，规范城市运行管理服务平台数据库建设和管理，增强城市运行管理服务统筹协调能力的迫切需要，也有利于推动城市运行管理"一网统管"建设，健全"一网统管"体制机制，丰富管理服务应用场景，推动城市管理手段、管理模式、管理理念创新，促进城市治理体系和治理能力现代化，提升新时代城市管理服务水平。

城市运行管理服务平台建设离不开数据采集、汇聚、分析、呈现和应用，通过数据平台的建设和推广应用，将数据融入管理各环节全链条，以数据循环倒逼管理闭环，推进数据与业务之间的关系渐进式重塑，有效整合管理资源，增强数据赋能和科技支撑，推动城市管理体制、机制不断优化创新，提升城市管理科学化、精细化、智能化水平。[①]

### (一)制定数据标准的必要性

2021 年 10 月，中共中央、国务院印发的《国家标准化发展纲要》中明确提出：标准是经济活动和社会发展的技术支撑，是国家基础性制度的重要方面。标准化在推进国家治理体系和治理能力现代化中发挥着基础性、引领性作用。城市运行管理服务平台建设，迫切需要迈进数据标准化管理的新阶段。

#### 1. 数据标准先行的必要性

城市运行管理服务平台建设是一项跨多部门、多领域和多元化的治理实

---

① 武斌. 关于加强城市运行管理服务平台数据标准贯彻落实的建议和思考[J]. 城市管理与科技，2022(5)：36.

践活动，推动顶层设计层层落实和应用场景落地见效，必然需要有配套完善的标准制度作为支撑，需要相应的标准作为"通用语言"联通各方，确保大家在同一语境下对话沟通、合作推进。

（1）制定数据标准是实现数据全周期管理的前提

在城市运行管理服务平台建设中，制定统一的数据标准是实现数据全周期管理的基础。由于数据标准缺位造成的数据分类代码设置、数据项构成与数据收集无标准可依，空间坐标系缺乏统一约束等问题，其影响将会贯穿数据采集、存储、整合、使用、共享、应用等一系列环节。出台统一的数据标准，规范并强化数据全周期管理，对数据质量实现贯穿全生命周期的有效控制就显得尤为重要。

（2）制定数据标准是实现数据融合利用的途径

城市管理领域每时每刻都在产生各类数据，城市运行管理服务平台建设过程中需要数据标准支撑实现数据互联互通，并以标准化的形式覆盖更多的业务模块和场景建设，降低数据管理成本，管控数据风险。由国家行业主管部门及时出台权威的数据标准，有利于破除"数据孤岛"等障碍，为全面实现数据融合开辟现实路径，真正解决城市管理难题。

（3）制定数据标准是实现系统集约化建设的基础

长期以来，城市管理数据分散分布、多头管理，在数据标准缺位的情况下，不仅"一网统管"建设的数据汇聚共享基础不牢，也可能导致各行业内部系统存在重复建设，甚至平台建设推倒重来的局面。在"一网统管"统筹设计、集约共享的建设原则下，及时出台系统的数据标准指导各方开展整体规划，为系统集约化建设创造条件，能够推动实现模块化搭建、分布式建设，提升"一网统管"建设的整体效能。

2. 数据标准的主要内容

住建部批准发布的《数据标准》以及《技术标准》配套文件，适用于以城市运行管理"一网统管"为目标，以城市运行、管理、服务为主要内容，以物联网、大数据、人工智能、5G移动通信等前沿技术为支撑，汇聚城市运行管理服务相关数据资源的"一网统管"信息化平台数据库的建设和运行管理。依据《技术标准》，城市运行管理服务平台分为三级，即国家、省级和市级，各级平台将建立城市运行管理服务数据库，其设计、建设、验收、运行和维护应符合《数据标准》和《技术标准》。

从《数据标准》的总体要求看，城市运行管理服务平台数据应包括业务指导、监督检查、监测分析、综合评价数据，城市基础数据，运行、管理和服务数据，外部汇聚数据等多个门类数据，每一门类数据又分为若干大类和小类。数据内容可根据实际需要拓展。同时，还对主要数据项包括字段名称、字段代码、字段类型、字段长度、约束条件等进行了明确规定。为指导三级平台数据库建设，《数据标准》还针对三级平台数据内容分别提出具体要求。其中，国家平台数据应包括业务指导、监督检查、监测分析、综合评价，以及省市平台上报和外部汇聚等数据。省级平台数据应包括业务指导、监督检查、监测分析、综合评价、市级平台上报和外部汇聚等数据，并可根据实际需要拓展数据内容。市级平台数据则应包括城市基础数据，运行、管理、服务和综合评价等数据。

**(二)数据标准的重要作用**

《数据标准》的出台，标志着城市运行管理"一网统管"进入标准化、专业化建设的新阶段，对以"一网统管"为基础的智慧城市建设实现高质量发展，以及"一网统管"建设中各参与主体之间实现公平竞争，都将起到重要的推动作用。

1. 有力打通"一网统管"数据底座

《数据标准》中明确要求："国家和省级平台空间数据、坐标数据项应使用2000国家大地坐标系，市级平台空间数据、坐标数据项使用的坐标系应与所在城市基础测绘的坐标系一致。"空间坐标系的统一将为统筹基础要素，推进底层技术整合，实现数据融合治理提升等提供必要的基础条件。这个统一有利于进一步统一地理空间编码体系，整合汇聚城市多源异构时空数据，推动跨部门、跨领域下的空间数据共享服务。

2. 加快推动数据有序互联互通

《数据标准》的出台有利于把分散的信息系统整合起来，建立共享共用、无缝连接、集约高效、一网统管的综合数据资源池，融合跨领域数据资源，汇聚多维、全量、全时数据，进一步释放数据要素价值。

3. 推动城市运行监测数据规范化

城市运行监测是城市"生命线"的重要保障手段。《数据标准》对城市运行监测和城市管理监督等方面的数据提出了细化的数据构成和采集要求，其中运行监测数据主要涉及市政设施类、房屋建筑类、交通设施类、人员密集区域类等多门类数据。这一举措有利于系统构建城市运行监测体系，推动城市运行情况实时反馈，进一步加强城市运行状况评估。

4. 强化各级平台数据贯通能力

依据《数据标准》，国家、省级和市级三级平台数据库建设应实现向上数据层层汇聚、向下数据随业务指导和监督检查层层贯通。其中，国家平台数据库应包含省市平台上报数据；省级平台数据库应包含市级平台上报数据；在市级平台层面，数据库将汇聚多来源、多种类、多时相的城市基础数据，运行、管理、服务和综合评价数据，来源涵盖测绘部门、统计部门、运行指挥部门、相关行业部门和12345热线平台等。数据贯通能力的增强有利于数据流转循环，实现以用促通、以通促用。

5. 加速数据开放共享和场景落地

《数据标准》对主要数据构成和收集规范做出明确要求，这为加速"一网统管"数据流动和开放共享提供了基础；为政企合作进行数据资源对接共享、完善协作机制、优化业务流程、促进服务创新开启了大门。一方面，有利于数据输出方和数据使用方之间实现相互协同，充分发挥数据的聚合价值；另一方面，也有利于推动重点领域的细化数据标准规范出台，引导技术升级和管理创新。

**(三)加强数据标准贯彻落实的建议和思考**

1. 提升贯标系统性

《数据标准》贯标不是简单的技术问题，而是涉及管理、业务、技术三位一体的系统性工作。既要确保对原有数据规则的兼容衔接，避免"一刀切"式执行；又要统筹调整管理惯性和业务操作，避免贯标应用与管理和业务割裂。相关主体应结合自身特点和各级城市运行管理服务平台的建设实际，制定具体的贯标方案，并将《数据标准》融入数据治理目标之中，贯穿于数据治理全过程。同时，在法规和政策文件制定时积极应用《数据标准》。

## 2. 平衡业务多元性

城市管理领域涉及行业类型多样，对数据的采集和使用需求各异，在从数据库建设与管理角度对数据进行规范的同时，实际贯标应用中还要兼顾各行业特点和业务属性等，确保多元业务的稳定性。业务部门的参与积极性和配合程度，将直接影响整个贯标过程的顺畅程度。贯标过程中，应就《数据标准》的规范性、可用性和前瞻性与业务部门进行沟通，提前与业务部门达成共识。需特别关注行业已建系统存量大和业务动态变化程度高的业务部门，可考虑分类分步推进或与系统升级改造保持同步，最大限度地减小贯标对现有业务的影响。

## 3. 兼顾数据延展性

城市运行管理"一网统管"目标的实现基于数据互联、互通、互融。因此，提高数据融合度、促进数据有效循环至关重要。贯标时应注意根据实际需要拓展数据内容，充分考虑到同一门类数据赋能跨领域业务的可能性，以及多部门数据支撑同一复合应用场景的需要，尽可能增强数据延展性，提升单类数据与整个数据生态的协同能力。

## 4. 保持系统兼容性

城市管理涉及领域广、行业专业性强，在城市管理领域缺乏数据标准支撑的情况下，已建或在建的"城市大脑"或城市管理信息化平台多已执行智慧城市数据融合等国家标准，开展数据库规范建设。在贯标过程中应充分关注已建平台或系统与《数据标准》的兼容问题。一方面，对已建运行时间较长、历史数据较多的情况，按需做好贯标前期研究，确保贯标后数据信息无损、数据关系可联、数据脉络清晰。另一方面，对在建平台，可根据建设进程分类推进贯标工作，还在设计期的从设计层面做好贯标准备，在建设初期的及时对标进行方案调整，处于建设收尾阶段的按需进行贯标评估，必要时可重新进行平台测试，确保平台验收符合《数据标准》。

## 5. 保障数据安全性

《数据标准》暂未专门就用户数据权限和数据精度提出规范性要求。建议在贯标过程中，从保证数据安全的角度，对连带产生的数据使用权、数据处置权等一系列问题进行充分考虑，有条件的地区可结合自身实际开展相应探索。如 2022 年 1 月 1 日起施行的《上海市数据条例》中就明确规定，公共数据实行分类管理，主管部门应当根据公共数据的通用性、基础性、重要性和数据来源属性等制定公共数据分类规则和标准，明确不同类别公共数据的管理要求，在公共数据全生命周期采取差异化管理措施。

当前，我国仍处于城市运行管理服务平台建设的起步阶段，《数据标准》的出台，为各地平台建设提供了方向性的指导和具体实践的规范约束。但考虑到科学技术发展日益加速，新技术、新手段层出不穷，平台创新发展"永远在路上"，要促进城市运行管理服务平台标准化体系不断完善，为进一步提升城市管理能力和水平打好基础、保驾护航。

总之，城市运行管理服务平台相关标准用以指导城市运行管理服务平台的设计、建设、验收、运行和维护，是国家、省、市三级平台建设的基本依据。新型智慧城市系列标准的发布与实施，将更好地支撑开展新型智慧城市建设评价工作。开展新型智慧城市评价可以科学衡量各地新型智慧城市建设成效，总结典型实践经验，实现"以评促建，以评促改，以评促管"，助力新型智慧城市健康可持续发展。城市运行管理服务平台综合评价板块从"干净、整洁、有序、群众满意"四个维度，设计"平台上报类、问卷调查类、实地考察类、自动采集类"等四大类核心指标的采集方式，从城市运行安全维度设计运行评价指标；新型智慧城市从"惠民服务、精准治理、生态宜居、信息基础设施、信息资源、产业发展、信息安全、创新发展、市民体验"九个维度设计评价指标，两者在评价指标的设计理念与思路方向上是一致的，所以通过加快城市运行管理服务平台相关标准的贯彻实施就是在完善新型智慧城市标准体系建设，加强城市运行管理服务平台相关标准的贯彻实施对新型智慧城市标准体系建设推广工作意义重大、影响深远。

城市运行管理服务平台相关标准较之于新型智慧城市系列标准是分项与总项、部分与整体的关系，新型智慧城市系列标准是总的标准体系。另外，由于各个行业业务场景、工作情况不尽相同，每个行业都需要根据自己的工作需求、服务场景，建立适合其业务工作的智慧城市行业标准体系，这样才能更接地气和更有针对性，避免泛泛而谈，更好地指导促进各行业工作的开展。除了住建部门的城市运行管理服务领域，如公安、教育、医疗卫生、交通运输、环保、自然资源、金融行业、电子商务、工业生产控制等行业部门，都需要建立并完善各自行业相关的智慧城市标准体系，通过建立这些标准体系，在国家新型智慧城市总的标准体系的统领下，逐步迭代更新完善、协同配合发挥作用，共同为我国的新型智慧城市建设以及各行业各部门的智慧化建设工作提供指引。

## 第五节　新型智慧城市治理视域下城市运行管理服务平台的价值思考

党的二十大报告提出，推进中国式现代化，打造宜居、韧性、智慧城市。围绕推进国家治理体系和治理能力现代化的总目标，全面加快建设城市运行管理服务平台（以下简称城市运管服平台），推动城市运行"一网统管"，是贯彻落实习近平总书记重要指示批示精神、党中央国务院决策部署的重要举措，是系统提升城市风险防控能力、精细化管理水平、人民群众对城市服务满意度的重要途径，是运用数字技术推动城市管理手段、管理模式、管理理念创新的重要抓手，同时它也是新型智慧城市在城市管理与城市安全运行领域的重大创新实践，是新型智慧城市在专项领域建设发展到一定历史阶段的产物，对构建治理体系、创新治理机制、扎牢治理根基、集成治理经验，夯实新型智慧城市治理现代化"中国路径"具有重要意义。

### 一、枢纽价值：推进治理架构贯通化，实现从单体到体系的转变

自2005年全国推广网格化管理模式以来，数字化城市管理平台为全国各城市精细化管理提供了有力支撑。2016年10月，国家城市管理监督局成立，为部—省—市县城市管理工作的上下联动奠定了条件，也为全国城市管理工作实现"一盘棋"的整体性、系统性、协同性创造了条件。2021年12月，住建部印发《关于全面加快建设城市运行管理服务平台的通知》，部署各地在数字化城市管理信息系统和城市综合管理服务平台的基础上，拓展"城市运行保障"相关建设内容，完善城市运行"一网统管"体制机制。

城市运管服平台打破了过去仅仅局限于单体城市的架构模式，自上而下贯通拓展成为"互联互通、数据同步、业务协同"的国家、省、市三级城市运管服平台体系，有力强化了央地之间就城市治理分层分级分类的协同架构：国家级平台抓总体、抓大事，重在"观全域"，对全国重大事项统一实施指挥处置；省级平台发挥枢纽联通作用，衔接上下左右，实现对本省重大风险的源头管控、过程监测、预报预警、应急处置和综合治理；市县平台重在实战联动，推动线下作业，第一时间发现问题、第一时间控制风险、第一时间解决问题，打造快速反应、处置高效的一线作战平台。在三级平台基础上，可进一步依托移动终端将应用延伸至责任网格、社区，形成五级城市运行管理服务系统。

城市运行管理服务平台多级体系架构设计，完全符合新型智慧城市既能自上而下又能自下而上的顶层设计思想，抓住数字化时代城市管理工作的"牛鼻子"，最终实现对全国城市运行管理服务状况的实时监测、动态分析、统筹协调、指挥监督和综合评价，形成"致广大而尽精微"的平台化协同、在线化服务、数据化决策、智能化监管的新型数字政府治理模式，保障党和国家的城市治理理念、谋略、政策、制度、规则、行动、目标、绩效在中央、省级、市级、区县、乡镇、社区多个层级有序、有效、有力地贯通。①

## 二、系统价值：推进治理体系标准化，实现从碎片到全局的转变

城市运管服平台建设旨在针对"人、地、物、事、情、组织"等城市治理要素，推动"物联、数联、智联"的信息技术支撑体系，形成"全域感知、全数融通、全时响应、全程协同、全息智研"的治理格局。然而面对跨行业、跨部门、跨层级的城市管理业务应用场景，打通横向各部门、纵向各层级的业务壁垒，整合、融合城市要素数据资源，实现城市运行体征全域感知、多元业务协同、重大事件预警、数据分析精准、指挥调度智能协同、全局决策科学

有效，这与新型智慧城市建设重视实施全域多要素城市治理、数据驱动、融合共享、成效导向、统筹集约、协同创新的建设理念与思路是一致的，其中坚持标准规范先行是关键。

对此，应将《城市运行管理服务平台建设指南（试行）》（以下简称《指南》）与《城市运行管理服务平台技术标准》（CJJ/T 312—2021）、《城市运行管理服务平台数据标准》（CJ/T 545—2021）配套使用，作为指导国家、省级、市级三级城市运管服平台建设和运行的基本依据。各地应按照《城市运行管理服务平台技术标准》开展城市运管服平台的建设和运维，按照《城市运行管理服务平台数据标准》建立综合性城市运行管理服务数据库并开展数据交换与汇聚，按照《城市运行管理服务平台运行监测指标及评价标准》和《城市运行管理服务平台管理监督指标及评价标准》开展城市运行监测、城市管理监督和综合评价工作。

四个行业标准与指南构成相对完整的城市运管服平台标准规范体系，"一指南四标准"相互补充、各有侧重，一方面规范三级城市运管服平台应用体系、数据体系、管理体系、基础环境等建设内容，保证互联互通、数据同步、业务协同；另一方面也是开展建设方案审查、平台实施和验收、平台运行维护和综合评价工作的基本依据和重要参考。

因为城市运行管理服务平台相关标准与新型智慧城市标准体系两者在顶层设计、评价指标等方面的设计理念与思路是一致的，两者是部分与整体的关系，所以通过加快城市运行管理服务平台相关标准的贯彻实施就是在丰富和完善新型智慧城市标准体系建设。

## 三、智治价值：推进治理工具数据化，实现从经验到数智的转变

新型智慧城市以数字化转型驱动治理方式变革，充分发挥数据赋能作用，全面提升用数据决策、用数据管理、用数据监管、用数据服务的能力。新型智慧城市重视数据驱动治理方式变革的建设思想理念与城市运行管理服务平台加强数据治理、重视数据驱动、彰显数据价值、实现数据赋能的建设理念不谋而合。两者都通过推进治理工具数据化，实现从经验到数智的转变。

根据《城市运行管理服务平台建设指南》，国家平台、省级平台应建立包括业务指导、监督检查、监测分析、综合评价数据，市级平台上报数据和外部汇聚数据在内的综合性城市运行管理服务数据库；市级平台则从指挥协调、行业应用、公众服务、运行监测、综合评价等系统以及其他外部系统采集城市基础数据，运行、管理、服务和综合评价等数据。

平台依托建立统一的地名地址标准和数据库，打造城市运行空间底图，汇聚政务数据、视频数据、物联数据、地图数据和社会行业等公共数据资源，实现基础地理信息、建筑物模型、基础设施等各类城市治理要素的"一图汇聚"和动态呈现。将城市信息模型（CIM）、建筑信息模型（BIM）、地理信息系统（GIS）和物联网（IoT）等多项技术统一集成，构建城市三维空间的"静态＋动态"数据底板，进而围绕观、管、防、处、评、督等维度，聚焦"人、物、动、态"，建立市政设施、市容环境、城市交通、城市安全、城市活力等方面的运管服指标体系，生动立体地呈现城市运行宏观态势和微观脉动。

平台建设着重对市政设施运行、房屋建筑运行、交通设施运行和人员密集区域运行的安全进行监测，包括燃气、供水、排水、供热、环卫、内涝、照明、管廊、路面塌陷、建筑施工、危房、桥梁、隧道、人员密集场所等专项监测点位、监测设备、监测项阈值、设备实时监测、设备报警、报警分析和报警关联处置数据，体现对城市安全底线的高度关注。

以客观数据作为衡量标准，平台使城市管理决策者"有数可依""有据可考"，推动决策实现从"经验判断型"向"数据分析型"的转变，从"被动处置型"向"主动发现型"的转变，在一定程度上能够避免传统工作的主观性、随意性和选择性，从而客观、科学、公正地保障城市治理高效运行。

## 四、赋能价值：推进治理方式实战化，实现从有用到好用的转变

新型智慧城市坚持以人为本、成效导向、统筹集约、协同创新、注重实效，其坚持问题导向、注重实效实绩、实行逐步推进、坚持求真务实、坚持统筹集约、重视协同创新赋能、科技赋能的价值取向与城市运行管理服务平台是一致的。

城市运行管理服务平台建设彰显"应用为要、管用为王"的价值取向，聚焦"主责主业、民生热点、公共安全、风险防控"，强化"部门应用、基层应用、专项应用"，合理确定建设范围和重点。《城市运行管理服务平台建设指南》（以下简称《指南》）中，国家平台、省级平台主要建设业务指导、监督检查、监测分析、综合评价和决策建议等 5 个应用系统，以及数据交换、数据汇聚和应用维护等 3 个后台支撑系统。市级平台是三级城市运管服平台的基础，包括业务指导、指挥协调、行业应用、公众服务、运行监测、综合评价和决策建议等 7 个应用系统，以及数据交换、数据汇聚和应用维护等 3 个后台支撑系统。

三级平台上下联动，将城市管理工作中的"观"包括人、物及多维城市运行生命体征等的感知分析；"管"包括联合指挥、事件上报、事件处置、过程跟踪；"防"包括社会风险、公共安全、自然灾害等的分析、预警和跟踪；"处"针对城市治理实现全流程跟踪和处置；"评"建立相应考核、督查和评估机制等加以系统集成，构筑治理闭环，推动实现政务服务"一网通办"、政府运行"一网协同"、城市运行"一网统管"、城市服务"一键直达"，为人民群众提供普惠、便利、快捷、精准的公共服务。

《指南》强调，应以需求为导向，坚持因地制宜，加强资源集约统筹利用。为此，激活存量资源与统筹增量需求相结合，充分利用现有信息化基础设施和建设成果（如数字化城市管理信息系统、城市综合管理服务系统、城市基础设施安全运行监测系统、城市生命线工程监测系统以及智慧城管、智慧住建等系统），加强物联网、大数据、人工智能、5G 移动通信等前沿技术应用，搭建物理分散、逻辑集中、资源共享的国家、省、市三级城市运管服平台，避免低水平重复建设，切实提高项目建设效能和投入产出比。

同时，《指南》提出顺应信息化发展客观规律，按照"边建设，边完善""先联网，后提升""先网络通，后数据通"的工作思路，稳步有序推动实施。2022年年底前，直辖市、省会城市、计划单列市及部分地级城市建成城市运管服平台，有条件的省、自治区建成省级城市运管服平台。2023 年年底前，所有省、自治区建成省级城市运管服平台，地级以上城市基本建成城市运管服平台。2025 年年底前，城市运行管理"一网统管"体制机制基本完善，城市运行效率和风险防控能力明显增强，城市科学化精细化智能化治理水平大幅提升。

总体来看，城市运行管理服务平台治理方式实战化的建设思想与价值取向完全符合新型智慧城市的设计思想与价值取向。

## 五、革新价值：推进治理机制集约化，实现从分散到集成的转变

新型智慧城市治理机制坚持统筹集约，以数据资源为驱动引擎，以模式创新为推进路径，实现经济、社会、政府等领域重塑与能力提升，以城市治理体系、治理能力的现代化和城市经济体系的现代化支撑城市发展。城市运行管理服务平台在理念升级、精细治理、数据驱动、机制创新等方面均与新型智慧城市的革新价值一致，城市运行管理服务平台建设追求"一网统管"目标，理顺"千条线"，练出"绣花功"，实现政府业务整体化治理。为此，国家、省、市三级城市运管服平台的建设不能仅仅关注技术层面的实现，更重要的是要强化流程再造和联勤联动，推进管理模式革命性重塑。

以线上信息流、数据流倒逼线下业务流程全面优化和管理创新，以技术手段倒逼业务部门开展流程再造和业务创新，推动城市管理部门按照"一网统管"的要求，全面梳理内部工作流程，推进城市运行各类问题处理模式从传统人工处理向智能管理转变，实现"指令到人"，做好"高效处置一件事"，改变以往九龙治水、推诿扯皮、效率低下的被动局面。如平台的监督检查系统包括重点工作任务督办、联网监督和巡查发现等功能模块，构建"统筹布置、按责转办、重点督办、限时反馈"的闭环工作流程机制。

需要特别强调的是，为推动构建党委政府领导下的"一网统管"工作格局，切实发挥城市运管服平台指挥调度、统筹协调、高位监督等作用，建立健全综合协调、监督指挥、工作协同、综合评价等机制，省级住房和城乡建设（城市管理）主管部门应发挥省级城市管理协调议事机构的作用，统筹协调城市运管服平台建设运行中的重大事项，有序推进省级平台建设、运行和维护；市级、区级应明确城市运行管理服务指挥工作牵头部门，加强城市运行管理服务指挥队伍建设，切实做好平台建设、运行、管理、维护和综合评价等工作。对此，《指南》提出了建设平台的七步法：加强领导，明确责任；编制方案，

组织实施；健全职责，建立制度；数据建库，系统搭建；编制手册，人员培训；系统测试，平台验收；档案整理，规范运行。

总之，城市运管服平台是新型智慧城市在专项领域建设发展到一定历史阶段的产物，是新型智慧城市在城市管理与城市安全运行领域的重大创新实践，其关于城市治理各方面的价值取向均能与新型智慧城市建设的价值取向保持一致。城市运管服平台作为"一网统管"信息化平台，覆盖范围广，涉及部门多，不可能一蹴而就。为此，应立足新发展阶段，完整、准确、全面贯彻新发展理念，认真贯彻落实党的二十大精神，进一步统一思想，瞄准"大平台、大数据、大系统"一张蓝图绘到底，协同配合、攻坚突破。在实战中发现问题，在解决问题中不断完善、迭代升级，在创新中提升效能，加快管理方式和流程的革命性再造；在建设样板示范中，发挥标杆引领作用，激发基层创新活力，充分发挥专家队伍作用，调动社会各方的积极性、创造性，形成全行业共同推进城市运管服平台建设的强大合力，早日推动从"一指南四标准"的行业标准体系向城市运管服平台国家标准体系的升级转变，让城市运管服平台为人民群众美好生活的获得感、幸福感、安全感保驾护航。

## 第六节　地级城市及县区级城市运行管理服务平台建设思路及经验分享

### 一、做好市县两级城市运管服平台建设工作对于实现新型智慧城市建设目标的意义

新型智慧城市以为民服务全程全时、城市治理高效有序、数据开放共融共享、经济发展绿色开源、网络空间安全清朗为建设要求，通过体系规划、信息主导、改革创新，推进新一代信息技术与城市现代化深度融合、迭代演进，实现国家与城市协调发展的新生态。城市运行管理服务平台以城市运行管理"一网统管"为目标，围绕城市运行安全高效健康、城市管理干净整洁有序、为民服务精准精细精致，将城市管理"干净、整洁、有序、安全、群众满意"，城市运行安全有序高效作为评价指标，在其建设目标上与新型智慧城市

"以人为本、成效导向、统筹集约、协同创新、注重实效，全心全意为人民服务"的建设目标是一致的，所以说加快城市运行管理服务平台建设就是在加强新型智慧城市建设。

城市运管服平台打破了过去仅局限于单体城市的架构模式，自上而下贯通拓展成为"互联互通、数据同步、业务协同"的国家、省、市、县四级城市运管服平台体系，有力强化了央地之间就城市治理分层分级分类的协同架构。四级平台中，国家级平台抓总体、抓大事，重在"观全域"，对全国重大事项统一实施指挥处置；省级平台发挥枢纽联通作用，衔接上下左右，实现对本省重大风险的源头管控、过程监测、预报预警、应急处置和综合治理；市县平台重在实战联动，推动线下作业，第一时间发现问题、第一时间控制风险、第一时间解决问题，打造快速反应、处置高效的一线作战平台。总体来说，城市运管服平台建设运行效果如何，能否真正发挥作用，市县两级平台建设运行效果是关键。因为市县级运管服平台是全国四级运管服平台数据的基础来源，是第一时间发现问题、源头解决问题的根本保障，市县两级运管服平台如果建设运行失败，则整个运管服平台将成为无源之水、无本之木，失去了根基，必定是失败的。因此，高效高质量完成市县两级城市运管服平台建设对保证全国城市运行管理服务平台的建设运行成效至关重要，同样对保障实现市县两级新型智慧城市的建设预期目标意义重大，影响深远。

## 二、市级城市运行管理服务平台的功能定位

市级城市运行管理服务平台是四级城市运管服平台的基础。建设市级城市运管服平台，可依托数字化城市管理信息系统、城市综合管理服务系统、城市基础设施安全运行监测系统、城市信息模型（CIM）基础平台等，整合相关数据资源，拓展优化平台功能，实现对全市城市运行管理服务工作的统筹协调、指挥调度、监督考核、监测预警、分析研判和综合评价。

市级城市运行管理服务平台是国家、省级平台的基础，在这四级平台中具有基础性、支撑性地位。国家平台、省级平台主要是监督指导平台，市级平台主要是操作平台、实战平台，以网格化管理为基础，综合利用城市综合管理服务系统、城市基础设施安全运行监测系统等建设成果，在这四级平台

中，市级平台具有基础性的地位，如果没有市级平台或者市级平台没有建设好，则国家平台、省级平台也就失去了支撑，缺失了基础。

### 三、县(区)级城市运行管理服务平台的功能定位

对县(区)级城市运行管理服务平台，住建部在发布文件时并未做硬性规定，目前，部分先进省份对县(区)级城市运行管理服务平台建设进行了要求。住建部在《城市运行管理服务平台建设指南》中指出：市级平台宜按市、县(市、区、旗)一体化模式进行建设，共用建设成果。对人口规模较大、有单独建设需求、愿意自主建设城市运管服平台的县(市、区、旗)，可依照市级平台建设要求，自主搭建本县(市、区、旗)平台。

总体来说，县(区)级平台的总体功能定位应当与市级平台相似，但是由于我国不少县(区)级城市运行行业管理部门信息化基础偏弱，这些县(区)级在建设县(区)级城市运行管理服务平台时应当更加务实，打好基础，将人力财力物力重点放在补齐涉及城市运行管理的各行业应用系统短板上，将重点精力放在提升各涉及城市运行行业部门管理的信息化、智慧化水平上，改善促进提升其工作效率上。

### 四、如何处理市级平台与县(区)级平台之间的建设关系

个人认为，在进行市级平台与县(区)级平台建设时应遵循以下二十字原则，即"一体化建设、一体化运行、以共享为主、以自建为辅"。

市级平台宜按市、县(市、区、旗)一体化建设、一体化运行的模式进行建设运行，让县(市、区、旗)共用共享市级平台建设成果。为什么要坚持"一体化建设、一体化运行"？其根本原因是，为了减少重复性建设，节省建设资金，让很多财政紧张的县(区)也能快速地实现信息化、智慧化，共享建设发展成果。那为什么又要坚持"以共享为主、以自建为辅"呢？因为对一些人口规模较大、有相关业务管理工作需求的县(区)，应当允许其建设与其工作需求相适应的专业化、有特色的系统平台，比如，很多县(区)有共享单车、广告、油烟、渣土车、违建、门前五包等城市行业管理工作需求，则应当鼓励其大胆创新建设。只有这样才能更好地帮助其创造性地开展工作，适应城市

运行管理的需要，做到百花齐放，百家争鸣，而不是千篇一律地一刀切。

## 五、市级平台与县(区)级平台的建设原则

### (一)坚持统筹集约高效

以需求为导向，充分利用现有信息化基础设施和建设成果，加强物联网、大数据、人工智能、5G 移动通信等前沿技术应用，搭建物理分散、逻辑集中、资源共享的国家、省、市三级城市运管服平台，避免低水平重复建设。

### (二)坚持科学稳步有序

以目标为导向，按照"边建设、边完善""先联网、后提升""先网络通、后数据通"的工作思路，强化"一网统管"理念，顺应信息化发展客观规律，稳步有序推动实施，加快实现国家、省、市、县(区)四级城市运管服平台互联互通、数据同步、业务协同。

### (三)坚持标准规范先行

以标准为引领，依据《城市运行管理服务平台技术标准》《城市运行管理服务平台数据标准》《城市运行管理服务平台管理标准(试行)》《城市运行管理服务平台运行标准(试行)》《城市运行管理服务平台建设指南(试行)》等，规范各级城市运管服平台应用体系、数据体系、管理体系、基础环境等建设内容。

## 六、市级城市运行管理服务平台建设内容

市级平台以网格化管理为基础，综合利用城市综合管理服务系统、城市基础设施安全运行监测系统等建设成果，对接城市信息模型(CIM)基础平台，纵向联通国家平台、省级平台以及县(市、区)平台，横向整合对接市级相关部门信息系统，汇聚全市城市运行管理服务数据资源，对全市城市运行管理服务工作进行统筹协调、指挥调度、监督考核、监测预警、分析研判和综合评价。总体来说，市级城市运行管理服务平台建设内容至少应当涵盖应用体系建设、数据体系建设、管理体系建设、基础环境建设四个方面。

### (一)应用体系建设

市级平台应用体系包括业务指导、指挥协调、行业应用、公众服务、运行监测、综合评价和决策建议等 7 个应用系统，以及数据交换、数据汇聚和

应用维护等 3 个后台支撑系统。各地应以城市运行管理"一网统管"为目标，综合考虑本市经济发展、人口数量、城市特点等因素，结合城市实际需要，拓展应用系统，丰富应用场景。

市级平台的系统功能应符合《城市运行管理服务平台技术标准》中"市级平台"章节的规定。这 7 个应用系统及 3 个后台支撑系统是市级城市运行管理服务平台建设的规定动作，在后期的专家验收中会重点检查核对，不可或缺。

1. 业务指导系统

市级平台可共用国家平台业务指导系统，通过国家平台统一分配账号使用权限，将国家平台业务指导系统以单点登录的方式集成到市级平台。如市级平台自行建设业务指导系统，则应通过数据交换系统将业务指导数据共享至国家平台或省级平台。

2. 指挥协调系统

指挥协调系统是市级平台的核心系统。因为市级平台通过各类采集方式（包括运行监测系统）发现的问题最终都要通过指挥协调系统派遣、处置、结案。依据《城市市政综合监管信息系统技术规范》(CJJ/T 106)，建设监管数据无线采集、监督中心受理、协同工作、监督指挥、绩效评价（《城市市政综合监管信息系统技术规范》中的综合评价子系统）、地理编码、基础数据资源管理等子系统，实现城市运行管理问题的"发现、立案、派单、核查、处置、结案"的闭环管理，并具备接收、办理和反馈国家平台和省级平台监督检查系统布置的重点工作任务的功能，实现对重点工作任务的上传下达、监督指导。

根据综合评价工作要求，应将与城市运行管理服务相关的管理对象按照《数字化城市管理信息系统 第 2 部分：管理部件和事件》(GB/T 30428.2)规定的规则和编码要求，列入部件和事件扩展类别。增加主次干道、背街小巷、商业步行街、公园、广场、农贸市场、公共厕所、火车站或长途汽车站、河流湖泊、便民摊点规划区、社区、主要交通路口等实地考察样本所涉及的相关专题图层，并纳入基础数据资源管理子系统进行统一管理维护。

所以说，指挥协调系统应当包含数字化城市管理系统，但是其范畴大于数字化城市管理系统，因为其具备接收、办理和反馈国家平台和省级平台监督检查系统布置的重点工作任务的功能。另外，在数字城管平台万米单元网格与责任网格划分的基础上，市级城市运行管理服务平台又增加了评价网格与评价点位的概念及要求，故其考核评价涵盖的范围较之前数管系统更加广泛全面。相较于之前的数字城管系统，指挥协调系统应当重点在拓展城市管理问题信息采集方式，加强智能化改造上下功夫，提升城市管理问题处置效率。

3. 行业应用系统

行业应用系统是整个市级运管服平台的重中之重，行业应用系统应围绕城市管理主要职责，建设市政公用、市容环卫、园林绿化和城市管理执法等行业应用系统，支撑城市管理部门行业监管工作需要。行业应用系统的总体建设思路是：无论对新建的城市管理行业应用系统，还是现有的城市管理行业应用系统，都应统一集成整合到市级平台。

行业应用子系统是整个市级城市运行管理服务平台的基础支撑，各个城市在推进城市运行管理服务平台建设过程中都要高度重视行业应用子系统的建设。

而市级城市运行管理服务平台能不能建设好，能否发挥出操作平台、实战平台的作用，关键在于行业应用子系统是否能建设好。各个行业应用子系统，主要包括市政公用系统、市容环卫系统、园林绿化系统、城市管理执法系统、其他城管业务系统这几大板块。其中，市政公用包括道路、桥梁、隧道、管廊、供水、供热、供气、供电、照明、排水、污水处理等子系统，这些子系统可以是单个子系统，也可以是几个子系统合并组成的系统，比如市政公用监测预警系统就是以上多个子系统的总称，它包含供水、供热、供气等多个子系统，这些系统主要为城市运行安全管理提供系统支持和技术保障；城市管理执法系统是城市综合管理执法系统，为城市管理规范化执法提供系统支持和技术保障；市容环卫系统主要包括生活垃圾、建筑垃圾、垃圾分类、清扫保洁、公共厕所、城市容貌等方面的管理内容，为城市的市容市貌管理提供系统支持和技术保障；园林绿化系统主要包括城市绿地、城市公园、古树名木等方面的管理内容，为城市的园林绿化管理提供系统支持和技术保障；其他城管业务系统主要包括城市防汛系统、油烟管理系统、广告管理系统、智慧停车系统、共享单车管理系统、渣土车管理系统、无人机管控系统、社区管理系统等子系统。

这些行业应用子系统中市政公用系统主要为城市的"运行安全"管理服务，而市容环卫系统、园林绿化系统、城市管理执法系统、其他城管业务系统主要为城市的"干净、整洁、有序、群众满意"管理服务。城市运行管理服务平台中"实战中管用、基层干部爱用、群众感到受用"的目标主要是通过将各个行业应用子系统建设得"实用、爱用、受用"来实现的，否则失去了各个行业应用子系统的支撑，空谈城市运行管理服务平台如何发挥作用只能像是一个没有柱子、没有基础的建筑物，只能说是无源之水、无本之木，成为"空中楼阁""海市蜃楼"。

4. 公众服务系统

公众服务系统是为市民提供精准、精细、精致服务的重要窗口。包括热线服务、公众服务号和公众类应用程序（App）等，具备通过指挥协调系统对公众诉求进行派单、处置、核查和结案的功能，以及对服务结果及服务满意度进行调查回访的功能。

社情民意一直都应是城市管理工作需要关注的工作重点，城市运行管理服务平台应当是有温度、充分尊重民意、为民服务的平台，应当受理来自社会公众的城市管理相关投诉、咨询和建议，以及通过新媒体渠道向社会公众提供城市管理相关便民服务。要充分利用热线服务、公众服务号、公众服务App等系统为公众提供城市管理领域的投诉、咨询和建议等服务，为公众提供水、电、气、热等公共事业便民热线服务，为公众提供城市管理相关的便民服务，真正做到"民有所呼、我有所应""你说我办、人民城管"，让人民群众共享城市管理科学化、精细化、智能化发展成果，真正共享城市运行管理服务平台建设所带来的城市治理能力、治理体系现代化成果，真正体会到城市治理能力所发生的实实在在的提升变化。

5. 运行监测系统

运行监测系统聚焦市政设施、房屋建筑、交通设施和人员密集区域等领域，对防洪排涝、燃气安全、路面塌陷、管网漏损、桥梁坍塌等开展运行监测，对城市运行风险进行识别、评估、管理、监测、预警、处置，实现城市运行全生命周期监测管理。该系统包括监测信息管理、风险管理、监测报警、预测预警、巡检巡查、风险防控、决策支持、隐患上报与突发事件推送等子系统。各地宜结合地方实际，按需扩展运行监测领域和范围。

运行监测系统主要功能是为城市的"运行安全"管理服务。其主要建设思路是在各涉及城市运行安全各行业主管部门及相关企业完成信息化建设的基础上，即在有关部门完成相应行业应用系统建设的基础上，共享抽取有用的数据，建设运行监测系统。建设运行监测系统并不需要该项行业应用系统的全部数据（对生产经营、用户缴费等数据并不需要），只需要抽取监测预警信息数据、巡检巡查数据、风险防控及决策数据、隐患上报与突发事件推送数据等涉及该行业运行安全的重点数据，建设运行监测系统。

6. 综合评价系统

综合评价系统根据评价工作要求，通过实时监测、平台上报、实地考察、问卷调查等方式获取相关数据，并采用大数据分析、卫星遥感等方法，对城市运行监测和城市管理监督工作开展综合评价。该系统具备评价指标管理、评价任务管理、实地考察评价、评价结果生成及综合分析等功能。各地宜结合地方实际，将综合评价工作向行政区域内区县、街道延伸。

综合评价系统主要作用是对城市运行管理服务工作进行评价，主要包含城市运行指标评价和城市管理指标评价，是考核评价一个城市能在多大程度上做到"干净、整洁、有序、安全、群众满意"的标尺，在做好综合评价系统建设的同时，要注意能对评价指标、评价网格、评价点位、评价对象、评价人员等进行灵活配置管理，能顺利地实现向试评试测试点城市派发平台上报填报任务，向第三方测评机构（或检查工作组）派发实地考察和问卷调查任务，对反馈的指标数据进行审核，并根据指标模型自动生成评价结果这一系列的功能。要建立客观全面、公平公正、符合当地实际的城市管理综合评价指标体系，为一个城市的运行管理服务水平进行精准画像。

7. 决策建议系统

基于综合性城市运行管理服务数据库，开展分析研判，提炼工作成果，为城市人民政府及相关部门动态掌握城市运行管理服务态势、及时做出处置响应、部署相关工作、开展专项行动、制定相关政策等提供决策建议。可根据城市实际需求拓展其他专题。

决策建议系统主要建设思路为：通过对接各城市管理行业应用系统，抽取关键数据，建设多个专题，精准展示各城市运行管理服务行业态势，发现该行业运行管理的重点问题及高发频发问题，发现该行业运行管理的发展趋势，做到会分析、会思考，及时做出处置响应、部署相关工作、开展专项行动、为领导制定相关政策等提供决策建议提供依据。

8. 数据交换系统

市级平台从指挥协调、行业应用、公众服务、运行监测、综合评价等系统，以及其他外部系统采集城市基础数据，运行、管理、服务和综合评价等数据，通过数据交换系统向国家平台、省级平台共享。数据交换系统包括接入平台配置、接口服务发布、接口服务订阅、接口状态监控和数据交换等功能模块。

9. 数据汇聚系统

根据城市运行管理服务工作需要，汇聚城市基础数据，运行、管理、服务和综合评价等数据，对各类数据进行清洗、校验、抽取、融合，形成市级综合性城市运行管理服务数据库。该系统包括数据获取、数据清洗、数据融合、数据资源编目等功能模块。

10. 应用维护系统

根据系统运维管理需要，对组织机构、人员权限、业务流程、工作表单、功能参数等事项进行日常管理和维护。该系统具备机构配置、人员配置、权限配置、流程配置、表单配置、统计配置和系统配置等功能。

（二）数据体系建设

市级平台应建立包括城市基础数据，城市运行、管理、服务和综合评价等数据在内的综合性城市运行管理服务数据库。可结合实际，以需求为导向，在上述数据库内容的基础上，按照"一网统管"要求，汇聚共享住房和城乡建设领域其他数据、相关部门数据，不断丰富扩大数据库内容，切实发挥数据库支撑作用。市级平台数据内容应符合《城市运行管理服务平台数据标准》中"7 市级平台数据"章节的规定。

数据体系建设为城市运行管理服务平台提供数据支撑。城市运行管理服务平台建设离不开数据采集、汇聚、分析、呈现和应用，通过数据平台的建设和推广应用，将数据融入管理各环节全链条，以数据循环倒逼管理闭环，推进数据与业务之间的关系渐进式重塑，有效整合管理资源，增强数据赋能和科技支撑，推动城市管理体制、机制不断优化创新，提升城市管理科学化、精细化、智能化水平。

**（三）管理体系建设**

管理体系建设是地级城市及县区级城市运行管理服务平台高效建设运行的根本保证，俗话说"三分建，七分管"，再好的平台，如果没有人用，只能是个摆设；再好的平台，如果没有配套的管理体系建设，没有强有力的体制机制作保障，也无法发挥其应有的效能作用，所以说高质量的管理体系建设是城市运行管理服务平台高效建设运行的根本保证。总体说来，管理体系建设包括组织体系建设和运行机制建设两大部分。

1. 组织体系建设

为推动构建党委政府领导下的"一网统管"工作格局，切实发挥城市运管服平台指挥调度、统筹协调、高位监督等作用，市级、县（区）级应明确城市运行管理服务指挥工作牵头部门，加强城市运行管理服务指挥队伍建设，切实做好平台建设、运行、管理、维护和综合评价等工作。

2. 运行机制建设

（1）综合协调机制

贯彻落实《中共中央、国务院关于深入推进城市执法体制改革改进城市管理工作的指导意见》要求，应建立城市政府主要负责同志牵头的城市管理工作协调机制，加强对城市运行管理服务工作的统筹协调、监督检查和考核奖惩。建立健全相关部门之间信息互通、资源共享、协调联动等工作机制。

（2）监督指挥机制

监督制度建设。参照《数字化城市管理信息系统 第2部分：部件和事件》（GB/T 30428.2—2013）规定，建立健全以问题发现、核查结案为核心内容的问题监督制度体系。

处置制度建设。参照《数字化城市管理信息系统 第8部分：立案、处置和结案》（GB/T 30428.8—2020）规定，建立健全职责明晰、及时高效、结果满意的问题处置制度体系。

考核制度建设。参照《数字化城市管理信息系统 第 4 部分：绩效评价》（GB/T 30428.4—2016）规定，建立健全城市运行管理服务绩效考核办法，以标准化的统计数据为依据，构建对各处置部门和单位的绩效考核制度体系。推动将考核结果纳入经济社会发展综合评价体系和领导干部政绩考核体系，发挥考核的"指挥棒"作用。

（3）工作协同机制

根据国家、省、市三级重点工作任务上传下达、监督指导的需要，应建立市级重点工作受理反馈机制，安排专人及时接收、落实并反馈国家平台、省级平台下达的工作任务；建立左右协同的协调机制，保障城市运行管理相关事项的横向及时联动。通过上下联动、左右协同，逐步实现跨部门、跨层级"统筹布置、按责转办、重点督办、限时反馈"的闭环管理。

（4）综合评价机制

围绕"市政设施、房屋建筑、交通设施、人员密集区域、群众获得感"和"干净、整洁、有序、群众满意度"等核心指标，定期开展城市运行管理服务自评价工作，并配合部、省住房和城乡建设（城市管理）主管部门做好第三方实地考察工作。可结合本地实际增加特色指标，创新评价方法。

**（四）基础环境建设**

应符合《城市运行管理服务平台技术标准》中"基础环境"章节的规定，同时应根据市级平台的功能、并发量、数据量等情况，合理规划服务器、存储和网络等基础环境资源，并按照能够支持市级平台稳定高效运行 3 至 5 年的要求配置必要的设备。

各市应结合本地实际，按照统筹、集约、高效的原则，为市级城市运行管理服务中心配备必要的行政办公和指挥场所。

## 七、如何快速推进市、县（区）城市运行管理服务平台建设

市、县（区）主管部门应建立健全平台建设协调推进机制，统筹协调平台建设运行中的重大事项，加强平台建设顶层设计，落实平台建设资金，建立相关工作机制，加强工作指导和监督检查，保障平台建设顺利推进。应充分发挥专家队伍作用，吸纳城市运行管理各行业专家，为平台建设提供智库支

撑。完善专业化的城市运行管理服务信息采集队伍、座席队伍等运营保障力量，培养信息化组织管理和专业技术人才，逐步构建完善的人才队伍体系。应加强对城市运管服平台相关标准和建设指南的宣贯培训，规范平台建设运行。总体来说，为快速推进平台建设，应当做好以下几个方面。

### （一）加强领导，明确责任

为推动构建党委政府领导下的"一网统管"工作格局，加快成立城市运行管理服务平台建设领导小组，切实发挥城市运管服平台指挥调度、统筹协调、高位监督等作用，明确城市运行管理服务平台建设运行的牵头部门和配合部门。编制项目实施工作方案，制定项目总体规划，市、县（区）主要分管领导可赴先进地市考察调研，学习借鉴先进城市的建设经验。

### （二）编制方案，落实资金

积极组织相关部门开展需求调研，可聘请国内知名企业参与项目方案设计，做好项目顶层设计和技术方案编制，并邀请省住建厅（或住建部）和本地信息化项目审批单位进行方案评审，确保项目启动、调研、立项、可研、初设、财评等流程合法合规。多措并举尽早落实项目建设资金来源，包括财政资金、专项债、智慧城市打包项目等方式。市、县（区）主管部门要按照当地电子政务工程建设项目管理要求，开展平台立项和招投标工作，确定承建单位。针对资金困难的情形，可以分期推进，一期按照"搭框架、建核心应用"方式推进，二期、三期按照"查漏补缺、打造亮点"方式推进。

### （三）健全机构，优化制度

基于现有数字城管指挥中心机构，优化升级为城市运行管理服务监督（指挥）中心，完善城市运行管理服务综合协调、监督指挥、综合评价等管理制度。完善城市运行管理服务中心场地及人员队伍，强化市场化服务模式和智能化技术赋能模式。

### （四）搭建平台，推进运行

通过招投标手续，筛选行业内优秀企业参与平台建设开发和运行模式设计工作，确保平台建设得好、运行得稳、发挥实效。项目实施过程中，成立业主单位、监理单位和承建单位的项目组，抽调专业人员，深度开展项目实施相关工作，定期跟踪项目进展和建设效果，做到项目进度和项目质量可控。

同时注意编制各岗位人员的培训手册，开展业务培训、技术培训，并对城市运管服平台建设过程中的相关文档资料进行整理存档，投入运行。

**(五)发挥实效，推进验收**

稳定试运行须满 3 个月，方可组织项目验收工作。省级平台、省会城市和计划单列市平台由住建部组织专家评估验收，也可委托省级住房和城乡建设(城市管理)主管部门组织专家评估验收；其他市级平台由省级住房和城乡建设(城市管理)主管部门组织验收。市、县(区)主管部门要注意积极与兄弟城市交流互动，相互学习平台建设、运行方式、人员管理、资金筹措、综合评价等先进经验和做法。

**(六)注重平台的运行维护，并且要重视在运维期间不断完善，拓展平台功能**

1. 加强日常管理

城市运管服平台均应制定平台运行维护管理制度，配备系统管理人员，监测平台运行、数据交换、数据备份等状态；对操作系统、数据库系统、应用系统和网络设备设置权限，阻止非授权用户读取、修改、破坏或窃取数据；定期对各类数据进行备份；定期对应用系统日志、数据库日志和业务操作日志等系统运行日志进行分析，及时发现并处置系统异常情况。

2. 重视软件和数据维护

城市运管服平台要具备对应用系统及数据资源进行快速管理和维护的能力，根据机构、人员、工作流程、工作表单、地图等管理内容变化情况，及时进行相应的更新和调整，保证系统正常运行。

3. 制定应急预案，定期组织演练

城市运管服平台要制定有效的平台运行应急预案，定期组织演练。应急预案应包括网络、服务器、存储设备、平台软件系统等异常情况的处置方案，确保平台持续平稳高效运行。

4. 重视在项目运维期间内不断完善、拓展平台各项功能

在前期项目建设期间，很多系统快速建设推进，在系统平台正式使用期间可能会陆续发现各种问题，这时就需要在项目运维期间不断完善、拓展平台各项功能，根据实际工作需求不断打磨各类应用系统，让其更加实用好用。

总之，市级、县(区)两级平台应当按照"一体化建设、一体化运行、以共享为主、以自建为辅"来建设运行。市级、县(区)级平台建设运行要以实战平台作为自身定位，以网格化管理为基础，综合利用原有信息化建设成果，发挥好自身承上启下的基础性作用，为国家平台、省级平台的业务指导、监督检查、监测分析和综合评价工作提供坚实的支撑。市级、县(区)两级城市在高效高质量完成运管服务平台建设工作后，市县两级城市同时也将在实现新型智慧城市建设预期目标的征途上迈进一大步。

# 第七节　部分城市运行管理服务平台建设优秀案例

新型智慧城市强调实现"优政、惠民、强基、兴业"，以自主安全为保障基石，以数据资源为驱动引擎，以模式创新为推进路径，实现经济、社会、政府等领域重塑与能力提升，以城市治理体系、治理能力的现代化和城市经济体系的现代化支撑城市发展。新型智慧城市是我国社会实现工业化、城镇化、信息化发展目标的重要举措，也是破解城市发展难题、提升公共服务能力、转变经济发展方式的必然要求。城市运行管理服务平台以城市运行管理"一网统管"为目标，围绕城市运行安全高效健康、城市管理干净整洁有序、为民服务精准精细精致，两者在建设目标方向上是一致的，是整体与部分的关系。总体来看，城市运行管理服务平台建设工作做得扎实、走在前列的城市，其新型智慧城市建设工作也不落后，同样也很出色。

"十四五"时期，我国城市运行管理服务平台的工作目标是：2022 年年底前，直辖市、省会城市、计划单列市及部分地级城市建成城市运管服平台，有条件的省、自治区建成省级城市运管服平台。2023 年年底前，所有省、自治区建成省级城市运管服平台，地级以上城市基本建成城市运管服平台。2025 年年底前，城市运行管理"一网统管"体制机制基本完善，城市运行效率和风险防控能力明显增强，城市科学化、精细化、智能化治理水平大幅提升。城市运行管理服务平台体系包括国家、省、市三级，三级平台互联互通、数据同步、业务协同，共同构成全国运管服平台"一张网"。

我国城市运行管理服务平台建设发展如火如荼、方兴未艾，其中涌现出了许多优秀案例，上海、青岛、杭州、重庆、沈阳、合肥、太原、临沂、济宁、宿迁等城市立足本地实际，探索建设城市运行管理服务平台，推动城市运行管理"一网统管"，在保障城市安全有序运行、及时回应群众关切、促进城市高质量发展方面发挥了积极作用，值得其他城市学习借鉴。上海市经济发达，人口众多，是我国的特大城市；临沂市为我国山东省下辖地级市，人口较多，经济总量不算太大，城市正在快速发展，是我国北方比较典型的二三线城市；太原市为我国西部重要省会城市，人口众多，历史悠久，经济相对发达；宿迁市为江苏省北部地区比较典型的地级市，人口经济总量不大，正处于快速上升发展阶段。

本节主要以上海市、临沂市、太原市、宿迁市的城市运行管理服务平台建设运行情况作为案例，具有较强的代表性。

## 上海市城市运行管理信息系统建设经验做法[①]

上海市住房和城乡建设管理委员会

"两张网"建设（即政务服务一网通办、城市运行一网统管），是习近平总书记 2019 年考察上海时交给上海在城市治理领域的一项重大改革任务。我委在住建部的指导下，坚决贯彻落实上海市委、市政府工作要求，把推进"一网统管"建设作为提高上海城市治理能力现代化水平的"牛鼻子"工程，充分发挥网格化管理的体制机制优势，着力在数据汇集、系统集成、联勤联动、共享开放上下功夫，加快建设城市运行管理信息系统，不断提升城市管理精细感知、精确认知、精准行动能力，保障城市安全运行有序。主要做法如下。

## 一、以城市网格化管理信息系统为基础，加快推进"一网统管"

城市网格化管理是住建部打造数字化城市管理的一项创新举措。自 2005 年上海推进此项工作以来，我们不断探索完善网格化管理的体制机制，通过

---

① 上海市住房和城乡建设管理委员会. 上海市城市运行管理信息系统建设经验做法[J]. 城市管理与科技，2020(12)：8—9.

规范作业标准、强化法治保障、开发信息系统等举措，建立起了横向到边（联通各条线业务部门）、纵向到底（贯穿市、区、街镇三级并下沉至网格、居村）的常态化监督，指挥和协调管理体系，实现"发现—立案—派单—处置—核查—结案"闭环管理，为城市管理精细化工作提供了有力支撑。

根据上海市委、市政府大力推进城市运行"一网统管"建设的总体要求，我委紧紧围绕"一屏观天下，一网管全城"的目标定位，按照"三级平台（市、区、街镇）、五级应用（市、区、街镇、网格、社区）"的基本架构，以"云数网端"为新基建基座（即统一的电子政务云、城运主题库、政务外网、移动终端），不断完善升级网格化管理信息系统，为城市运行"观全面、管到位、防有效"提供支撑，为基层"高效处置一件事"赋能助力。目前，已升级形成覆盖市、区、街镇三级的以"1＋3＋N"网格化管理为核心的城市运行管理系统，为本市"一网统管"工作提供了坚实基础。"1"即是城市管理领域的各类部、事件问题，"＋3"即融入了110非警务警情、政法综治和市场监管的业务，"＋N"即逐步纳入了公共卫生、防台防汛、基层治理等内容。

## 二、依托城市信息模型(GIM)平台，打造数字孪生城市

按照住建部 CIM 基础平台建设试点的要求，着力推进包括基础地理信息、建筑物模型和各类基础设施等城市治理各要素的"一图汇聚"。将建筑信息模型（BIM）、地理信息系统（GIS）和物联网（IoT）等多项技术统一集成，作为数字孪生城市建设的基础，探索形成以 CIM 为核心的涵盖城市规划、建设和运营管理全生命周期的应用平台和应用场景，通过构建城市三维空间数据底板，已集成了1 500多万个城市部件26 000多千米地下管线、4 000多个建设工地、14 000多个住宅小区、3 600多处历史保护建筑、近13 000栋玻璃幕墙建筑和实时的执法车辆①、巡逻人员、物联网设备等数据，实现了可视化、标准化的共享和交互，同步建立数据动态更新的维护机制。同时，围绕提升城市安全韧性，推进涉及基础设施、城市环境、城市交通、城市保障、城市安

---

　　①　上海市住房和城乡建设管理委员会. 上海市城市运行管理信息系统建设经验做法[J]. 城市管理与科技，2020(12)：9.

全、城市活力六个维度的城市生命体征监测系统建设，已归集各类体征指标202项。

### 三、聚焦重点领域城市运行风险，开发智能化应用场景

坚持"应用为要、管用为王"的价值取向。以问题为导向，聚焦工程建设、地下空间及管网等市政基础设施安全运行、高空坠物、住宅小区安全运行、城市病害等领域的风险隐患，强化数据汇聚、系统集成和智能化场景的开发应用，努力实现源头管控、过程监测、预报预警、应急处置和综合治理。探索创新研发疫情防控、违建治理、防台防汛、智慧电梯、玻璃幕墙、深基坑、燃气安全、群租治理、渣土管理、修缮工程、历史建筑保护，架空线等高频多发难题顽症的智能化应用场景和数字化解决方案。如，在深基坑施工安全应用场景已监管的113个工地中，及时有效预警并排除险情11次，玻璃幕墙建筑全面纳入智能化监管，及时推送疑似玻璃破碎风险686处，经检查确认风险569处，为应急避险及时提供有效处置。街镇防汛防台场景对近年来出现反复积水区域进行智能分析，在台风来临时，及时预判风险。智慧电梯场景归集了全市26.8万部电梯基础数据，对其中48 813台电梯的运行情况一目了然，电梯困人救援时间大幅缩短。应用上线当日上午，发现7 000多起乘客不文明行为，通知物业及时进行劝阻。① 在2021年疫情防控初期开发的公共卫生应急专栏，自动处理多渠道数据源，提高工作效率的同时，减少了基层"表哥表姐"负担。

### 四、强化流程再造和联勤联动，推进管理模式创新

信息系统的建设表面是技术手段创新，实质是管理服务模式的创新。实践中，我们以线上信息流、数据流倒逼线下业务流程全面优化和管理创新。关键抓住内部管理、部门协同管理、基层联勤管理三大环节，依靠技术手段及时发现问题，倒逼业务部门开展流程再造和业务创新，以跨部门专题协同

---

① 上海市住房和城乡建设管理委员会. 上海市城市运行管理信息系统建设经验做法[J]. 城市管理与科技，2020(12)：9.

应用场景为驱动，深化部门协同和联勤联动，推进构建扁平化管理体系，提高市、区、街镇三级联动处置能力。一是全面梳理内部工作流程。推进处理模式从传统人工处理向"机器派单、智能管理"转变，实现"指令到人"，做好内部事项处理"小闭环"，二是推进外部管理流程再造。依托市、区、街镇三级系统平台，建立统一的管理事项分类标准，规范处置流程，将原"条、条、条"模式转换到"条、块、块"或"条、条、块"模式，着力解决跨区域，跨部门、跨层级的问题。三是推进基层勤务模式再造。推进"多格合一、人进网格"，综合统筹城管、警务、市场监管、综治、作业、服务等基层力量下沉到"网格"、责任细化落实到"网格"，逐步建立起"网格—岗位—部门—人员"的对应关系。同时，信息系统提供的"案件装配中心"和"一键建群"功能，有效助力基层各类业务的灵活应用和联勤联动，全天候承接一般事件的全程处置和风险预警的先期处置。下一步，我们将在住建部的领导下，进一步加强考核评价和数据分析工作，以"管用、爱用、受用"为落脚点，不断完善细化业务流程和应用场景开发，以加快推进城市生命体征监管工作和数字孪生城市建设为抓手，持续推动信息系统迭代升级，抓好管理标准和业务流程的规范化建设，为提升超大城市运行安全管理能力和水平提供更坚强有力的技术保障。

## 打造城市运行管理服务平台 构建新型智慧城市治理体系
### ——临沂市城市运行管理服务平台创新实践案例

引言：2020年10月14日，习近平总书记在深圳经济特区建立40周年庆祝大会上的讲话时强调：创新思路推动城市治理体系和治理能力现代化。经过40年高速发展，深圳经济特区城市空间结构、生产方式、组织形态和运行机制发生深刻变革，面临城市治理承压明显、发展空间不足等诸多挑战。要树立全周期管理意识，加快推动城市治理体系和治理能力现代化，努力走出一条符合超大型城市特点和规律的治理新路子。要强化依法治理，善于运用法治思维和法治方式解决城市治理顽症难题，让法治成为社会共识和基本准则。要注重在科学化、精细化、智能化上下功夫，发挥深圳信息产业发展优势，推动城市管理手段、管理模式、管理理念创新，让城市运转更聪明、更智慧。

摘要：临沂，是山东省人口最多、面积最大的市，下辖兰山区、河东区、罗庄区、高新区及蒙阴、沂南、沂水、莒南、费县、平邑、兰陵、郯城、临沭九县，城镇化率达到 56.5%。中心城区人口 365.2 万，建成区面积 598 平方千米，如何精细、高效地管理好这座城市，考验着城市管理者的智慧。

2007 年 4 月，临沂市被住建部确定为全国数字化城市管理第三批试点城市，系统建设全面启动。2008 年 6 月，《临沂市数字化城市管理系统实施方案》通过专家评审，实施方案涵盖三区九县，实现"城镇全覆盖"的大架构体制。

2019 年年初，市城市管理局按照市委、市政府部署要求，大力实施"互联网＋城市管理"行动，建设智慧城市管理系统，构建并优化适应高质量发展要求的城市综合管理服务工作体系，初步构建起"全域覆盖、全时可用、全程可控"的智慧城管体系。重点建设了"一网""一库""一图""一端""一平台"，即：建设"网格化＋"的城市管理新模式，整合共享各类信息资源建设综合性城市管理数据库，绘制包括视频识别、餐饮油烟、渣土运输、运行安全、智慧停车、智慧防汛等"28＋N"城市管理全要素地图，打造智慧城管 App，构建涵盖基础支撑、行业监管、公众服务、综合运行"4＋6＋3＋3＋N"的智慧城市管理综合系统平台。

2022 年，在充分利用原有智慧城管综合平台及城市综合管理服务平台建设成果经验的基础上，临沂市根据住建部及省住建厅要求，再次升级建设了临沂市城市运行管理服务平台，建成了涵盖业务指导、指挥协调、行业应用、公众服务、运行监测、综合评价、决策建议、数据交换、数据汇聚和应用维护等十大板块的城市运行管理服务体系，为推进临沂市实现城市治理体系和治理能力现代化插上了翅膀。

关键词：临沂；智慧城管；城市运行管理服务平台

## 一、背景情况

临沂，是山东省人口最多、面积最大的市，下辖兰山区、河东区、罗庄区、高新区及蒙阴、沂南、沂水、莒南、费县、平邑、兰陵、郯城、临沭九县，城镇化率达到 56.5%。中心城区人口 365.2 万人，建成区面积 598 平方千米，如何精细、高效地管理好这座城市，考验着城市管理者的智慧。

2007 年 4 月，临沂市被住建部确定为全国数字化城市管理第三批试点城市，系统建设全面启动。2008 年 6 月，《临沂市数字化城市管理系统实施方案》通过专家评审，实施方案涵盖三区九县，实现"城镇全覆盖"的大架构体制。2010 年 3 月，我市被授予全国革命老区第 1 个、山东省内第 3 个、全国第 30 个"数字化城市管理试点城市"，城市管理驶入了发展的"快车道"。2013 年，临沂市对数字化城管系统进行首次升级，改造扩建第一代综合性数字化监督指挥大厅；2015 年，完成"两级监督、两级指挥、分级处置、协同办公"的数字化城市管理系统提升改造；2017 年，数字化城管系统完成第一次智能化升级，同年，第二代大厅上线，并实现市级平台和县区平台一体化建设、一体化运行。

2018 年，建设了临沂市城市管理指挥中心大厅，并于 2019 年投入运行，建筑面积 1 100 平方米，完成了中心机房建设、装修、综合布线，同时设置 100 多平方米智能大屏。2020 年 9 月，率先建设完成"全省领先、国内一流"的智慧城市管理综合平台，并设置市、区、街三级指挥调度座席 94 个，成为临沂市城市管理指挥调度中心和应急管理中心。

2019 年，临沂在全国率先建成了临沂市智慧城管综合平台。同年，临沂市被住建部列为全国城市综合管理服务平台 15 个试点城市之一。

2021 年年初，临沂在原有临沂市智慧城管综合平台建设成果经验基础上，升级建设了临沂市城市综合管理服务平台。

2022 年，在充分利用原有智慧城管综合平台及城市综合管理服务平台建设成果经验的基础上，临沂市根据住建部及省厅要求，再次升级建设了临沂市城市运行管理服务平台，建成了涵盖业务指导、指挥协调、行业应用、公众服务、运行监测、综合评价、决策建议、数据交换、数据汇聚和应用维护等十大板块的城市运行管理服务体系，为推进临沂市实现城市治理体系和治理能力现代化插上了翅膀。

## 二、主要做法

### (一)城市管理像绣花一样精细

临沂市城市管理局按照市委、市政府部署要求，大力实施"互联网＋城市管理"行动，构建并优化适应高质量发展要求的城市运行管理服务工作体系，初步构建起"全域覆盖、全时可用、全程可控"的城市运行管理服务工作体系。重点建设了涵盖业务指导、指挥协调、行业应用、公众服务、运行监测、综合评价、决策建议、数据交换、数据汇聚和应用维护等十大板块的城市运行管理服务体系，重点打造了"一网""一库""一图""一端""一平台"，即：建设"网格化＋"的城市管理新模式，整合共享各类信息资源建设综合性城市管理数据库，绘制包括视频识别、餐饮油烟、渣土运输、运行安全、智慧停车、智慧防汛等"14＋N"城市管理全要素地图，打造智慧城管 App，构建涵盖基础支撑、行业监管、公众服务、综合运行"4＋6＋3＋3＋N"的智慧城市管理综合系统平台。

1."一网"

建设临沂市"网格化＋"管理新模式。基于权力清单的处置体系、监管分离的监督体系、数据说话的评价体系，利用数字城市管理单元网格管理法、部件管理法、监管分离管理体制、闭环化管理流程、长效化考核评价，全部实现问题发现、立案派遣、指挥调度、决策分析的网格化管理。各网格分中心以辖区内社区为基础单元网格，使城市管理职能下沉、重心下移，形成以街道为主体的闭环城市管理工作体系，明确网格人员的具体职责，实现管理主体、管理对象、管理区域的定位，充分调动网格人员工作积极性，增强街道、社区主动发现、快速处置问题的基础管理能力，逐步转变自上而下到自下而上的城市管理模式，提高城市管理效能。网格分中心主要负责通过外网将智慧城市管理系统终端延伸到社区网格内，配置专职网格巡查员，巡查上报、处置和核查辖区内城市管理问题等各项具体事务，使城市管理工作延伸到网格，任务落实到网格，问题解决在网格。

2."一图"(城市运行管理服务大脑)

建设全市统一的地理信息系统平台，实现城市管理一张图。通过一张地图即可查看城市管理涉及的各类数据，实现各类数据的空间维度整合，集中展示城市管理的各类静态动态业务数据、各类主题数据及可调度因素数据。同时通过对接各涉及城市运行安全行业应用子系统数据以及成熟完善的"网格化＋"管理模式，城市运行管理服务大脑监测预警系统可实现对城市运行安全的实时监测、预警展示以及跟踪处置。

（1）运行中心

实现"28＋N"多类数据空间维度的整合，形成资源平台、数据高地。通过共享自然资源、政法、生态环境、市场监管、行政审批、城市管理等部门信息资源，形成城市管理的大数据，实现各类专题数据的智能分析、研判、预警。打通了数据通道，让各类数据关联起来、流动起来，最终实现统一的数据分析、一张图展示和实时的应急指挥调度。

（2）神经元一张图

共享对接城市各类物联网设备，如空气质量监测点、公安交警、治安视频监控、扬尘监测点、PM10 监测信号等，实时感知各类城市管理问题，实现一图感知、智能告警。

（3）行业专题一张图

建设了城市防汛专题、道桥专题、照明专题、油烟监测专题、渣土车监管专题、环卫专题、综合执法专题、广告专题、城市停车专题、市政公用在线监测专题等 28 个专题，实现了"28＋N"多类数据空间维度的整合，形成资源平台、数据高地。通过对接各涉及城市管理行业应用子系统数据以及成熟完善的"网格化＋"管理模式，城市管理大脑监测预警系统最终实现统一的数据分析、一张图展示、一图感知、智能告警和实时的应急指挥调度，为城市管理的科学决策指挥调度提供强大的技术支撑。

3."一库"（城市运行管理服务数据共享中心）

建立城市运行管理服务数据共享中心。不断完善各类基础资源建设，在优化城市建成区的地理编码数据、单元网格数据、城市部件数据等已有普查数据的基础上，按业务梳理数据来源，归纳数据类型，区分结构化数据和非结构化数据，完成视频监控点位数据、经营店铺点位数据、立交下穿排水泵站数据、户外广告数据、排水井盖数据、各种雨量计、城市照明设施数据、建筑工地点位数据等城市管理专题数据普查，建设包含城市运行管理服务平台和公共信息数据库、地理信息数据库、城市管理专题数据库、业务运行数据库等四大数据库的城市运行管理服务云数据中心，夯实"智慧城市管理"数据基础。

4. "一端"（城市运行管理服务 App）

打造城市运行管理服务专业 App。将城市管理运营、数据监管、综合执法、视频监控、决策分析、公众服务，整合至全市统一的 App 平台中，连接城市管理涉及的领导、部门、街道、社区、处置、巡查、公众等一系列人员，依托部门、岗位、人员，划分 App 终端权限，实现全移动办公、全移动共享与全移动决策分析，真正做到通过一个 App，连接城市管理的一切人、一切事。

5. "一平台"（城市运行管理服务平台）

（1）围绕常态长效管理

临沂市智能化数字城管系统。

为解决城市管理中权属不清，责任不明，问题发现不及时，问题处理不高效等问题，满足城市管理日常管理、重点难点管理需要，实现城市运行"干净、整洁、有序、安全、群众满意"的目标。临沂市城管局以贯彻新发展理念为引领，构建新时代工作方式，大力实施"互联网＋城市管理"行动，升级建设了智能化数字城管系统。

经过多次优化升级，目前临沂市的智能化数字城管系统已经由 1.0 、2.0 上升到全国目前最先进的 3.0 版本。系统平台底层按大数据架构进行部署，分布式存储，实现系统千万级数据秒查，全类别案件分析，运行速度大为提高。该系统平台针对中心城区运行面积 473 平方千米，进行地理信息数据普查，共普查包括公用、交通、园林绿化、市容环境等 5 大类 130 小类部件设施 954 592 个，并将普查到的每一个部件设施信息数据进行登记入库。摸清城市管理家底，实现了城市管理由粗放到精细的转变。共划分单元网格 13 483 个，划分责任网格 93 个，根据不同区域的管理实际，划分了三级管理区域。[①]

通过分布在中心城区的 150 名信息采集员，实施将发现的各类城市管理

---

① 临沂市数字化城市管理服务中心 2021 年度工作报告，2021-12-25.

问题通过智慧城管 App 上传到智能化数字城管系统，由各区值班长将各类案件分拨派遣到各专业部门进行处置，实现了城市管理的"信息采集、案件建立、任务派遣、任务处置、处理反馈、核查结案和绩效考核"七步闭环管理。同时系统会自动记录每个案件的办理经过，如环节时间、经办人、部门意见等信息，实现"人过留痕，事过留迹"，这些数据成为综合评价和各项业务考核的有力支撑。

智能化数字城管平台不再拘泥于数字城管"发现案件，处置案件"的模式，而是能够实现城市管理问题点对点、端到端的处置，直达处置末梢，让城市管理的日常事务实现全覆盖，日常管理实现常态长效。通过部门评价、区域评价，定期考核排名，用系统生成数据的"硬杠杠"来撬动考核的公平公正，调动处置单位的积极性，有效促进了部门单位履职尽责。进一步推动了全市城市综合管理工作的统筹协调、指挥调度和监督考核。该系统在抓好城市管理科学化、精细化、智能化和应对重点城市管理任务时，发挥出越来越重要的作用。

临沂市智能化数字城管系统聚焦补齐属地政府城市管理综合协调短板，以评价为抓手，激励属地政府履行城市管理主体责任，自 2019 年 10 月份正式运行以来，中心城区数字城管信息采集量同比增长 400%，立案派遣量增长 300%，结案率达 92% 以上。有效解决各类城市管理问题案件 1 127 216 件，一大批市容环境、公共设施、市容秩序、施工管理等事关人民群众切身利益的问题得到了有效处理。①

(2)围绕痛点难点问题管理

①中心城区视频智能化监管平台。

为了实现对店外经营、乱堆乱放、违法广告等重点城市管理问题的常态长效监管，临沂市城市管理局创新打造了中心城区视频智能化监管平台。

通过共享对接临沂市公安交警视频监控四千路，市委政法委雪亮工程视频监控 18 万余路，以及市城管局自建部分视频监控，精心挑选出中心城区重点城市管理区域监控 1402 路，利用先进的人工智能深度学习算法，实现了对店外经营、乱堆乱放、违法广告等 14 类城市管理问题的智能分析和自动抓

---

① 临沂市数字化城市管理服务中心 2021 年度工作报告，2021-12-25.

拍。同时，系统可将智能抓拍的问题图片进行自动推送、自动派遣、限时处置，实现城管事件从发现、上报到处理的自动化闭环流程。打造了永不疲倦的"城管哨兵"。

中心城区视频智能化监管平台实现了"三端合一"和四级指挥联动体系，直达处置末梢，执法人员通过手机就可以接收到抓拍案件的详细信息，实现智能监管与执法查处无缝衔接，不仅提高了部门的执法效率，节约了执法成本，也为非接触性执法提供了有力证据。截至目前，视频智能化管理系统共抓拍上报城市管理问题案件 80 988 起[①]，视频智能化管理系统的运行大大减轻了视频立案人员巡检工作量，大幅提高工作效率，减轻了一线城市管理执法人员的工作压力，实现了对重点城市管理问题的常态长效监管，成为全省乃至全国城管行业的一大亮点。

②中心城区餐饮油烟在线监控平台。

为了有效监测、监管餐饮油烟的排放情况，解决油烟扰民，污染大气问题，临沂市城管局搭建了中心城区餐饮油烟在线监控平台。

目前通过平台接入的临沂市区内重点业态、重点区域、重点规模（灶头数≥6）的餐饮服务单位有 953 家[②]，可以直观展示餐饮单位分布情况。同时，通过系统对接了环保部门的 35 个空气质量监测点，实现实时的数据共享和分析。系统平台可以对餐饮单位的油烟排放浓度、颗粒物排放浓度、非甲烷总烃、风机开关状态等数据进行全天候采集与监测，实时掌握餐饮油烟的排放情况，并通过智能化闭环流程进行自动处置。从而确保及时发现净化设施和监测设施的异常工作状态，杜绝偷排、漏排、乱排、超排等违法行为。

为实现第一时间发现、第一时间处置，系统搭建了餐饮油烟四级管理指挥体系，实现手机实时推送功能（通过手机上安装的油烟在线监测 App，随时掌握餐饮经营企业油烟排放情况）。一旦超标排放，出现告警，系统会自动报警，并将数据传送到平台，按照四级管理指挥体系架构同时推送到包括市城管局、区城管局、街道中队、社区执法人员和经营业主的手机上，方便执法

---

① 临沂市数字化城市管理服务中心 2021 年度工作报告，2021-12-25.
② 临沂市数字化城市管理服务中心 2021 年度工作报告，2021-12-25.

人员第一时间查处，同时有效提醒业主迅速整改，大大提高了执行效率，确保了油烟治理工作的长效常态。

截至目前，中心城区餐饮油烟在线监控平台共上报处理案件 2936 起，平台在规范中心城区餐饮企业油烟排放管理，提升中心城区空气质量，助力临沂市大气污染防治攻坚，打赢蓝天保卫战中发挥了重要作用。

③中心城区渣土车在线监控平台。

为了规范临沂市中心城区渣土车运输管理，根据市委市政府要求及实际工作需要，临沂市城管局创新搭建中心城区渣土车智能监控平台，实现了建筑工地、渣土车停车场、建筑垃圾消纳场、商砼站和渣土运输路线"四点一线"全过程智能化监管。

目前临沂市中心城区渣土车智能监控平台共接入在线监管备案车辆 2 887 台。[①] 平台可以实时查看在线渣土车辆的分布状态；可以分别对驾驶室，驾驶员，车辆前、后、右侧盲区以及车厢情况进行全方位视频监测，实现了对车辆覆盖不到位、冲洗不到位、沿路抛洒、不按规定路线行驶、不按规定地点倾倒等违法违规问题的智能识别和自动报警。系统通过接入在建工地的视频监控和智能监测，实现了对车辆出入口、冲洗情况、黑车识别等的实时监管。

临沂市中心城区渣土车智能监控平台实现了"三端合一"和四级指挥联动体系，直达处置末梢，执法人员通过手机就可以接收到违规车辆的详细信息，实现智能监管与执法查处无缝衔接，不仅提高了部门的执法效率，节约了执法成本，也为非接触性执法提供了有力证据。截至目前，中心城区渣土车智能监控平台共上报处理案件 946 起，平台在规范中心城区渣土车运输管理，提升中心城区空气质量，助力临沂市大气污染防治攻坚，打赢蓝天保卫战中发挥了突出作用。

（3）围绕运行安全管理

①城区智慧排水防涝平台。

夏季防汛是城市管理部门每年都要面对的严峻考验。我市于 2019 年 5 月建设完成临沂城区智慧排水防涝平台，初步实现了"监测预警、工程调度、风

---

① 临沂市数字化城市管理服务中心 2021 年度工作报告，2021-12-25.

险分析、决策指挥"等功能，形成了"全面感知、科学调度、精准预测"的科学工作体系。

②城市智慧道桥系统。

道路管理最能体现城市管理的精致程度。智慧路桥系统的建成运行，优化了管养工作流程，提高了资金使用效率，有力地推动了不连续人行道等热点问题的解决。

③智慧照明系统。

景观亮化是展示城市形象的重要窗口。智慧照明系统的建成运行，实现了各类照明设施的远程智能控制，打造了沂河、祊河沿岸大场景联动景观，"一轴、三带、十三区、十三路、多节点"的城市景观照明架构正在形成。

④智慧管线。

为了辅助临沂市重大基础设施建设和规划管理工作，节约建设成本，降低风险，减少管线工程施工事故的发生。

临沂市地下管线综合管理信息系统实现了对主城区约 400 平方千米区域内市政道路红线以内的普查，涵盖供水、排水、路灯、交通、燃气、热力、供电、广电、通信等涉及 35 家管线单位的 26 类地下管线，各类管线点 49 万余个，普查管线总长度 12 965 千米[①]，根据普查结果生成系统所需的 MDB 数据，建立了种类齐全、数据精准的地下管线数据库。系统实现了横断面分析、纵断面分析、开挖分析、爆管分析和二三维联动、管线检查入库、数据更新等功能，为城市规划、建设、管理提供可靠的基础数据。

地下管线综合管理信息系统已为 200 余项工程提供数据查询服务，有效地辅助了重大基础设施建设和规划管理工作的开展，节约了建设成本，降低风险，减少了管线工程施工事故的发生。该项目荣获 2016 年度中国人居环境范例奖。

(4)围绕行业管理(数据赋能)

①智慧停车。

为缓解市区停车难压力，市城管局组织建设了智慧停车管理系统，推出

---

① 临沂市数字化城市管理服务中心 2019 年度工作报告，2019-12-26.

"乐泊临沂"App，整合市区公共停车场、配建停车场、路内临时停车泊位等各类停车资源，初步实现"一张网、一平台、一体化"管理，市民可随时通过手机查询、查找、预定停车泊位，交纳停车费用，停车泊位平均周转次数提高5倍以上，有效缓解了市区停车压力。

截至2022年12月，"乐泊临沂"App注册用户数达16.86万余个，绑定车牌号8.09万个。用户停车数据分析显示，半小时内停车占79％，0.5～1小时内停车占11％，1～3小时内停车占4％，3～6小时内停车占2％，6小时以上占4％，泊位平均周转次数提高5倍以上，最高的提高12倍[①]，有效遏制了长时间占道停车现象，提高了停车资源使用效率，市政道路通行属性得到更好发挥，市民逐步养成了停车消费习惯。

②综合执法。

临沂市综合执法系统以"执法行为规范化、执法手段数字化、执法取证程序化、执法保障联动化、执法指挥可视化"为指导思想，针对临沂市综合行政执法一线需求，结合智能终端、大数据、视音频通信等先进技术，构建决策层、指挥层、管理层、执行层"四层服务"架构，临沂市综合执法系统包含移动执法子系统、受理平台子系统、协同办案平台子系统、行政处罚办案子系统、行政强制子系统、专项任务执法子系统、监督指挥平台子系统、辅助支撑系统、应用维护子系统、统计查询子系统、专项管理系统、勤务管理子系统、社会主体管理子系统。

临沂市综合执法系统全面覆盖了数据分析研判、执法指挥调度、执法监督考核、执法勤务管理、执法辅助管理、执法案件处置、执法专项应用、公众参与监督等九大执法管理体系，全线打通综合行政执法全流程，全面提升精细化、智能化水平。将执法涉及的人、案件、部门通过网上标准化流程实现精细化执法，强化统一指挥，让管理者能"看得见、呼得通、调得动"，让市民参与到执法体系中，共建法治文明城市。随着兰山区、罗庄区、河东区以及市城市管理局综合执法系统的上线使用，服务、管理、执法"三位一体"的大城管体制进一步理顺，综合协调、综合考核、司法保障等工作机制进一

---

① 临沂市城市管理局2022年度工作报告，2022-12-21.

步健全，全线打通综合行政执法全业务流程，做到了方便执法业务工作，规范了执法工作流程，全面提升临沂市综合行政执法工作的科学化、精细化、智能化水平。

③智慧广告管理。

为了适应城市广告管理工作需求，解决城市广告管理不规范的问题，临沂市城市管理局建设了智慧广告管理系统，涉及户外广告的全流程、全生命周期管理，包括户外广告设置的规划管理、户外广告设施设置后的备案管理，以及户外广告日常的运行监督管理和针对户外广告设置人的档案管理。采用网格化管理模式，摸清户外广告的数据情况、地域情况、责任情况，实现临沂市户外广告问题的快速发现、快速调度、快速处置、科学考评，并实现对户外广告的精细化管理、实时动态更新，从而提高临沂市户外广告管理的水平。临沂市智慧广告管理系统涉及户外广告的全流程对接展示、全生命周期管理、决策分析，为规范临沂中心城区的城市广告管理提供了有力的抓手和保障。

④临沂共享单车大数据平台。

共享单车在给城市生活带来便利的同时，也伴随出现乱停乱放、阻碍交通、影响市容等问题。我市经过多方调研和考察，搭建了首个从市级顶层规划设计建设的共享单车大数据平台。

首先，解决投放过量问题。根据城市空间承载能力、停放资源、公众出行需求等实际情况，科学制定投放总量，合理规划企业配额。按照"一车一牌"，对所有投放单车进行电子注册登记，目前已注册控制总量为 32 020 辆，同时建设户外电子驿站牌及蓝牙嗅探器各 210 套[①]，平台可以通过电子驿站牌及蓝牙嗅探器，精准识别登记注册车辆和未注册车辆，并对非法投放车辆予以收缴。

其次，解决精准定点停车问题。通过安装蓝牙定位地桩，为每个站点建设高精度的电子围栏。目前，已铺设蓝牙道钉 9 304 个，建设户外电子驿站牌

---

① 临沂市城市管理局 2022 年度工作报告，2022-12-21.

及蓝牙嗅探器各 210 套，建设共享单车还车站点 1 750 处。① 市民必须在"共享单车停放区"内才能准确租还，如果超出范围，将无法上锁还车，精准度可达亚米级。以此引导市民文明停车，从源头上对单车停放秩序进行了有效矫正。同时，电子围栏停放站点可以主动识别站内和周边车辆，通过大数据中心可以实时分析车辆运转的数据。

三是解决围栏内停放秩序问题。无序停放、车辆违停等问题将由信息采集监督员采集上报，派单给周边工作人员进行摆齐处理。

从共享单车由散乱无章到整齐划一，真正实现了"一个围栏管住乱，一个平台管住量"。

2020 年，"中国城市绿色出行创新发展论坛"在临沂召开，省、市高度评价了我市做法。2020 年首届中国慢行交通大会上，城市单车管理"临沂模式"被评为"2020 年度中国慢行行业十大事件"。

**(二)保障措施**

**1. 体制机制**

按照市委、市政府"对标先进、流程再造"的部署要求，建立实施五大城市管理长效机制。

**(1)高位协调机制**

市城市管理指挥中心横向连接 28 个市直部门单位，纵向连接 5 个区指挥中心、10 个街道、428 个社区，创新实行市、区、街道三级座席集中设置、联席办公模式，进一步实现城市管理的高效联动、协同指挥。

**(2)主动发现机制**

一是通过市场化服务外包，组建了一支专业的信息采集监督员队伍，实现对中心城区 473 平方千米的信息全区域、全要素、全时段采集。二是在日常巡查的基础上，针对多发易发、单纯靠人工无法实现 24 小时全时段监控的情况，按照"机器补人"的管理思路，创新搭建了智能化视频识别平台、餐饮油烟在线监控平台、渣土车在线监控平台、共享单车大数据平台，对接共享了道桥、防汛、照明等市政公用物联感知智能化平台，打造永不疲倦的"城管

---

① 临沂市城市管理局 2022 年度工作报告，2022-12-21.

哨兵"。三是按照"科技领航,打造智慧管理新高地"要求,组建了集"全域巡航、智能监管、实时采集、精准考核"于一体的 46 人的无人机巡查大队。利用无人机采集的效率和范围优势,为全市大气污染防治、城乡环卫一体化、违建点位巡查、"双城同创"等工作,提供信息支撑,提高了工作效能。四是通过"临沂城市管理"微信公众号、"市民通"App、"爱山东容沂办"和 12319、12345 服务热线等方式,拓宽市民参与城市管理渠道,形成多元共治、良性互动的城市治理新模式。

(3)快速处置机制

在此基础上,我们建立了问题快速处置机制。指挥中心根据问题属性分类派遣案件,市、区、街、居四级协同联动,确保问题第一时间解决。通过效能督办,逐级督查考核,确保责任落实到位。

(4)综合考核机制

建立城市运行管理服务综合考核制度,将数字城管考核作为重要的考核方式,考核结果纳入全市经济社会发展综合考核和文明单位创建测评,有效调动了各级有关部门单位参与城市管理的积极性和主动性。

(5)平急转换机制

我市根据管理实际,将数字城管国标涉及的 204 类管理对象拓展为 215 类,全部纳入常态化日常管理,实现每天对常规性问题的立案派遣、限时处置,确保精细化管理常态长效。遇到大气污染防治、夏季防汛、冬季除雪、活动保障等重大、紧急任务时,随时变身应急指挥部,为领导指挥决策提供信息支撑。

2. 智慧赋能

随着智慧城市建设的快速发展,越来越多的互联网企业主动积极投入智慧城市的规划建设中,近年来,临沂市城市管理局与北京数字政通科技股份有限公司、正元地理信息有限责任公司、海康威视、锐明技术、深圳市大疆创新科技有限公司等多家企业开展战略合作,在网格化城市管理、综合执法管理、综合管网管理、市政管理、视频处理和分析、视觉算法、视频安防技术、智能车载视频、无人机飞行影像系统平台、管线地理信息整合等方面实现共建、共享,搭建起空中、地面、地下多要素汇聚的智慧城市管理综合平台，以科技力量赋能城市管理。

3.队伍建设

座席员：市城市管理指挥中心横向连接 28 个市直部门单位，纵向连接 5 个区指挥中心、10 个街道、428 个社区，创新实行市、区、街道三级座席集中设置、联席办公模式，进一步实现城市管理的高效联动、协同指挥。

信息采集监督员：我市招标选定两家专业信息采集公司，组建 150 余人的专业信息采集监督员队伍，按照城市繁华程度划分三级管理区域，根据工作需要每日对责任区域内的问题进行采集上报及核查结案，并在文明城市创建、汛期、重大活动期间实现灵活机动的专项采集。

无人机大队：为开展空中信息采集拓宽城市管理广度，我市按照"科技领航，打造智慧管理新高地"要求，组建了集"全域巡航、智能监管、实时采集、精准考核"于一体的 46 人的临沂市城市管理无人机大队，强力推动实现村容村貌明显改善，大幅提高我市城乡居民文明程度。

**(三)运行成效**

1.城市管理精细化、常态化水平显著提升

横向上，临沂市智能化数字城管平台底层按大数据架构进行部署，实现了各类应用模块千万级数据的秒查，运行速度大为提高，在实现全市(四区、九县)数字城管一体化建设运行的基础上，完成了与省和住建部平台的互联互通。

纵向上，大城管运行日趋完善，配合城市管理重心下移，通过对工作流程的优化再造，实现了城市管理问题点对点，端到端的处置，直达处置末梢，城市管理日常事务实现全覆盖常态化管理。全市 90% 以上的城市管理问题得到了及时反馈和有效处理，主动发现问题、解决问题已经成为常态。一是问题的发现能力极速提升，目前中心城区数字城管日均案件受理量达 1 100 多件，是系统运行初期的 5 倍；二是问题的处置能力大幅上涨，问题的处置率达到 93% 以上，中心城区和驻城街道的问题处置率目前已达到了 99% 以上。

2.城市管理信息化、智能化水平显著提升

城市运行管理服务平台是数字城管的拓展与升华。"城市大脑"建设，数据赋能、智慧互通、标准统一、应急指挥、安全保障五位一体，加强应急管理与常态化建设，实现技术先进、保障有力、互联互通。

①标准先行。我市以"标准先行，规范引领"指导城市运行管理服务系统的建设与运行，将国家标准同临沂实际相结合，构建一套具有临沂特色的城市运行管理服务标准规范。通过城市运行管理服务技术标准、数据标准、运行标准、管理标准、事部件手册等一系列标准的搭建，形成临沂市指挥城市管理标准体系，不断规范城市运行管理服务建设路径、运行路径和管理路径。

②运行中心。实现"28＋N"多类数据空间维度的整合，形成资源平台、数据高地。通过共享自然资源、政法、生态环境、市场监管、行政审批、城市管理等部门信息资源，形成城市管理的大数据，实现各类专题数据的智能分析、研判、预警。打通数据通道，让各类数据关联起来、流动起来，最终实现统一的数据分析、一张图展示和实时的应急指挥调度。

目前，已接入社会综治"雪亮工程"、公安交警、治安等视频监控近 18 万路，获取法人信息 19.8 万家、审批数据 350 余万条，共享 35 个空气质量监测点、447 个建筑工地扬尘监测点、60 家商混站的 PM10 监测信号、3 203 个建筑工地视频监控信息。[①]

3. 城市管理科学化、专业化水平明显提升

科学施策"城市病"治理，精准定位，解决城市管理难点痛点问题，促进城市管理和城市创建工作由被动向主动、静态向动态、粗放向精细、无序向规范转变。

①科技助力大气污染防治工作。一是通过中心城区油烟在线监控平台对 953 家重点业态、重点规模、重点区域餐饮服务单位实现在线监控，餐饮油烟防治成效显著；二是累计淘汰国Ⅲ、国Ⅳ排放渣土车 530 台，改造更新国Ⅴ以上排放渣土车 1 936 台，通过渣土车在线监控平台对中心城区 30 家企业 2 887 台渣土车、398 个建筑工地及商砼站纳入进行在线监管成效初显[②]，市城管局加大与住建、公安交警、行政审批等部门的合作力度，严厉查处渣土扬尘污染行为，严格落实"一次处罚、两次关停、三次列入黑名单"信用联合惩

---

① 临沂市城市管理局 2021 年度工作报告，2021-12-23.
② 临沂市城市管理局 2021 年度工作报告，2021-12-23.

戒措施，形成了严管重罚的高压态势。三是结合我市大气污染防治攻坚工作需要，适时调整信息采集重点，增设大气污染数字化监管专项模块，重点选取市容环境、工地管理、餐饮油烟、渣土扬尘等4大类43小类城市管理问题，纳入常态化管理，实现日常管理限时办结。

②智慧赋能城市创城工作。一是通过城市运行管理服务系统进行专项定制，打造城市运行管理服务创城督办专项模块，增设公共设施、施工管理、宣传广告、市容秩序、交通设施、园林绿化、环境卫生等8大类、45小类创城督导问题。借助网格化管理和问题处置"点到点、端到端"优势，打通管理脉络，直达末梢神经，提升创城督办的工作效率，智慧赋能临沂文明城市创建常态长效。二是加快梳理智慧城管平台热点、难点问题，借力创城督导，提高"城市病"问题的处置效率，构建起沟通快捷、责任到位、处置及时、运转高效的城市管理、公共服务的监督和处置新机制，全面提高城市管理和公共服务水平。三是充分利用城市管理大数据汇聚分析优势，通过创城专项模块对创城热点问题进行数据统计和热点分析，为创城督办提供数据支持。

③助力"夜经济"有序发展。一是对平台的划转及组织架构进行调整，实现了中心城区数字化城管案件的跨区派遣，创新实现5小类"夜经济"案件区域内案件"点对点"直派功能；二是采用"实地查看＋视频巡查"方式对中心城区重点区域、重点路段占道经营、店外经营等夜间市容秩序管理工作进行巡查；三是实行错时上下班制度，加大对早市、夜间问题的巡查力度。

### 三、经验启示

近年来，临沂市城市管理局牢固树立以人民为中心的发展思想和为人民管理城市的工作理念，深入践行"721工作法"，推进重心下移，实施"绣花工程"，创新城市治理，持续提高城市管理科学化、精细化、智能化水平，充分发挥现代信息技术优势，推动城市管理手段、管理模式、管理理念创新，让城市运转更聪明、更智慧。创新思路，推动城市治理体系和治理能力现代化。

临沂市城市精细化管理的经验做法，主要体现在"六个到位"。一是思想认识到位。市区两级党委政府高度重视城市管理工作，市城市管理局组织、指导有力，镇、街将城市管理作为主责主业，真抓真管，形成思想共识和管理合力。二是体制机制到位。深入推进城市管理重心下移,明确镇街主体责任,建立健全党委政府主导、城市管理部门主管、镇街社区主抓的工作机制,形成了上下贯通、齐抓共管的工作格局。三是网格管理到位。高标准配备基层城市管理人员、装备、车辆,科学划分单元网格,明确网格管理责任,借助数字化城管系统,提升网格管理信息化、智慧化水平。四是管理创新到位。认真践行群众路线,牢固树立服务意识,创新"三长一会"模式,动员市民参与,推动商户自治,搭建志愿服务平台,奏响城市管理"协奏曲"。五是监督考核到位。建立城市运行管理服务综合考核评价制度,采用第三方测评结果,将城市管理纳入市对县区经济社会发展综合考核,奖优罚劣,形成争先创优的新局面。六是创新管理手段到位,充分利用现代信息技术优势,创新管理手段、管理模式、管理理念,创新打造了多个实用好用的系统平台,解决了一系列城市管理痛点难点问题,让城市管理运转更聪明、更智慧。

该案例适用于全国城市管理系统发挥现代信息技术优势,创新城市管理手段、管理模式、管理理念,建设城市运行管理服务体系,提高城市管理科学化、精细化、智能化水平,推动城市治理体系和治理能力现代化。

## 创新为民谋发展 打造临沂特色城市运行管理服务平台

临沂市城市运行管理服务平台以城市运行管理"一网统管"为目标,以城市运行、管理、服务为主要内容,以物联网、大数据、人工智能、5G移动通信等前沿技术为支撑,具有统筹协调、指挥调度、监测预警、监督考核和综合评价等功能。临沂市高度重视城市运行管理服务平台建设,将加快推进数字化城市管理向智慧化升级作为提升城市治理体系治理能力的重要举措,坚持"市级主导、统筹谋划,量力而行、务实管用,分级负责、分步推进,上下联动、横向互动"的工作原则,着力构建一网统管、全域覆盖、全网共享、全程可控的城市运行管理服务新体系。该平台推动了城市管理手段、管理模式、管理理念创新,提升了城市运行效率和风险防控水平,提高了城市科学化、精细化、智能化管理水平,促进了城市治理体系和治理能力现代化,推动了城市高质量发展。

## 一、建设背景

2020 年 8 月，习近平总书记在中办调研时《委托研究成果专报》"特大城市治理中的风险防控问题"上作出重要批示。住建部认真研究落实总书记重要批示精神，针对当前大城市治理中的风险和不足，住建部党组指示要求把安全放在更加突出的位置，在城市综合管理服务平台的基础上，扩展"城市安全运行"有关内容，搭建城市运行管理服务平台，推动城市运行管理"一网统管"。2021 年 12 月，住建部印发《关于全面加快建设城市运行管理服务平台的通知》，以城市运行管理"一网统管"为目标，整合城市运行管理服务相关信息系统，汇聚共享数据资源，构建全国城市运行管理服务平台"一张网"。2022 年3 月 27 日，山东省住房和城乡建设厅印发了关于转发《住建部办公厅关于全面加快建设城市运行管理服务平台的通知》的通知，通知要求，2022 年 12 月底前，济南、青岛、临沂等市应当建成运管服平台，其他设区市在 2023 年年底前建成，县（市）城市运管服平台应当于 2024 年年底前建成。

根据上级指示精神，临沂市城市管理局迅速开展行动，在充分利用原有临沂市智慧城管综合平台以及临沂市城市综合管理服务平台建设成果的基础上，加快推进数字化城管向智慧化升级，加快推进城市运行管理服务平台建设。

## 二、建设过程

由于临沂市城市运行管理服务平台建设并无太多经验可循，我们在前期方案编制、规划设计时既要考虑系统的前瞻性，又要考虑其延展性，符合临沂市城市运行管理需要，还要注重落地实效，让系统好用、管用、实用。为此，我们先行先试，进行了充分的学习、调研、分析论证和精心筹备，在充分利用原有临沂市智慧城管综合平台以及临沂市城市综合管理服务平台建设成果的基础上，形成项目建设总体规划。与此同时，临沂市政府与市财政局在项目建设方面给予了大力支持，将智慧城市运行管理平台建设列入市政府工作报告。经前期充分准备，在 2022 年 4 月完成了《临沂市城市运行管理服务平台建设方案》编制的工作，并顺利通过省住建厅备案评审。5 月份我市正式启动了项目建设，我们本着打造开放性、共享性平台，建设综合性、实用性系统的目的，在系统建设、数据建设和硬件设备建设时，既注重内涵，又考虑外延。我们严格按照部颁标准要求——《城市运行管理服务平台建设指南》《城市运行管理服务平台技术标准》《城市运行管理服务平台数据标准》《城市运行管理服务平台管理标准(试行)》《城市运行管理服务平台运行标准(试行)》，按照急用先建原则进行项目建设，建设了包括业务指导、指挥协调、行业应用、公众服务、运行监测、综合评价、决策建议、数据交换、数据汇聚和应用维护等十大板块系统，同时为解决城市运行管理中的痛点难点问题，结合临沂实际建设了中心城区视频智能化管理平台、中心城区油烟在线监测平台、中心城区渣土车智能监管平台、无人机综合管控平台、共享单车平台等系统平台，打造了一系列具有临沂特色的应用场景。目前，临沂市城市运行管理服务平台各项系统、数据、硬件等均已建设完成并投入试运行，以临沂市城管委为主体的城市运行管理服务体系架构也已正式组建完成并投入运行，经过半年多的运行，各组成系统运行正常稳定，平台运行效果良好，作用发挥明显。

## 三、建设内容

### (一)组织机构与制度建设

临沂成立了市政府主要领导任组长的平台建设领导小组，建立了城市运行管理服务监督指挥中心，依托市城管委，建立了市城管委办公室牵头的城市运管服平台运行协调机制，制定了完善的管理制度，加强对全市城市运行管理工作的组织协调、业务指导、监督检查，制定了关于城市运行安全方面的监测预警和分析研判制度，搭建完成了包括餐饮油烟、渣土车、道桥、供水、供气、供暖、城市防汛等一系列涉及城市运行安全问题处置的市、区、街三级联动指挥体系，建立了完备的综合评价制度，将综合评价结果纳入政府部门绩效考核与文明单位创建测评，构建了城市运行管理服务新模式新体系。

### (二)平台建设

临沂市城市运行管理服务平台严格按照住建部部颁标准要求，建设了包括业务指导、指挥协调、行业应用、公众服务、运行监测、综合评价、决策建议、数据交换、数据汇聚和应用维护等十大板块系统，重点完成了系统、数据以及硬件设备建设任务。具体情况如下。

1. 系统建设

临沂市城市运行管理服务平台重点建设完成了智能化数字城管系统、城市管理大脑综合平台、中心城区视频智能化管理平台、城市管理数据共享中心、综合执法系统、智慧广告管理系统、市政公用监测预警系统、城市管理综合考核平台、智慧城市管理 App、临沂城管市民通 App、中心城区油烟在线监测平台、中心城区渣土车智能监管平台、无人机综合管控平台、地下管线综合平台、智慧停车平台、共享单车平台、城区智慧排水防涝平台等行业应用子系统建设，这些系统分别发挥了不同的功能，为推动城市管理科学化、精细化、智能化工作提供了参照蓝本。

2. 数据建设

我市在大数据局的支持下，建设了数据汇聚与数据交换系统，建设综合性城市运行管理数据库，将涉及城市管理的各类数据汇聚共享为城市管理服务，为打造城市运行管理服务平台各类应用场景提供数据支撑。城市运行管理服务平台数据主要是普查数据、专题数据、共享对接数据。一是普查基础数据。按照"底数清、情况明"要求，摸清城市家底，普查中心城区 473.6 平方千米、部件设施 95 万多个、事件 6 大类 85 小类[①]，实现了城市管理由粗放到精细的转变。二是专题运行数据。实现了智慧广告专题数据、市政公用专题数据、地下管线专题数据、执法平台专题数据、油烟监测专题数据、停车及共享单车专题数据等的运行汇集。三是共享对接数据。目前，已覆盖市大数据局、市住建局、市委政法委、市公安局、市自然资源局、市环保局、市交通局等外部单位数据；已对接共享了城市供水、供气、供暖、道桥、城市防汛、污水处理等涉及城市运行安全的行业数据，实现了路灯、环卫、执法、广告等城管系统行业主管部门数据上线运行。

---

① 临沂市数字化城市管理服务中心 2022 年度工作报告，2022-12-26.

3. 硬件设备建设

目前已完成云平台扩展建设，包括超融合节点扩容、云安全管控平台、万兆交换机扩容、企业级备份软件及备份服务器、备份存储、集群 NAS 存储系统、独立全闪存 SAN 存储、数据库服务器、SAN 交换机、云管理平台扩容、数据库容灾服务器、数据库服务器；安装视频智能识别服务器；设置前端智能监控及存储，设置统一身份认证一体机；设置网络安全运维设备及座席电脑等。

## 四、运行机制

为确保平台运行顺畅高效，临沂市城管局聚焦常态长效，重点建立健全 5 项工作机制。

### (一)高位协调机制

依托市城管委工作机制，建立城市运管服平台运行协调机制，加强对全市城市管理工作的组织协调、监督检查和考核奖惩。建设市城市管理指挥中心，横向连接 10 个市级部门、18 个企业公司，纵向连接 5 区、9 县指挥中心以及中心城区 20 个街道和 428 个社区。[①] 创新实行市、区、街道三级座席集中设置、联席办公模式，设置座席 94 个，形成市、区、街、居四级互联互通、数据共享、业务协同"一张网"。

### (二)主动发现机制

以政府购买服务方式组建专业信息采集监督员队伍，通过全市 190 余名专职信息采集员，对中心城区 473.6 平方千米城市管理信息进行全要素采集。利用物联感知、无人机巡查、视频抓拍等 16 种方式，构建起全方位、立体式的发现采集新机制。市民可通过 12345 政务服务热线、"临沂城管市民通"App、"临沂城市管理"微信公众号及"爱山东容沂办"App 等渠道，快捷反映城市管理问题，并及时在线了解办理进展情况。

### (三)快速处置机制

通过统一的市级指挥平台，按照问题属性分类派遣案件，市、区、街、

---

① 临沂市数字化城市管理服务中心 2022 年度工作报告，2022-12-26.

居四级协同联动，确保问题第一时间解决，实现城市运行管理服务"横向到边、纵向到底、上下联动、齐抓共管"。同时，建立"双流程"管控机制，通过效能督办，逐级督查考核，确保责任落实到位，案件处置反馈快速高效。

### (四)综合考核机制

每个月对 16 个渠道汇聚的 9 万余件数字化城市管理案件信息进行综合分析，作为中心城区各区(开发区)和市直有关部门单位城市管理综合考核的依据，并将考核结果纳入经济社会发展考核与市直部门文明单位创建测评，有效调动了各级有关部门单位落实城市管理职责的积极性和主动性。目前，市级平台已优化完毕，正逐步推进九县平台升级，待统一部署完成后对接省级平台。

### (五)平急转换机制

日常管理中，将数字化城市管理国标涉及的 204 类管理对象拓展为 235 类，全部纳入常态化日常管理。当遇到夏季防汛、冬季除雪、活动保障、大气污染防治等重大、紧急任务时，市城市运管服平台可以随时变身为应急指挥中心，为城市管理领域应急指挥调度提供信息支撑。

## 五、特色亮点

根据工作需要，结合临沂实际，形成了具有临沂特色的城市运行管理服务平台，在抓好城市管理精细化、监督考核科学化、创城监督信息化和应对重大急难险重任务时，发挥出越来越重要的作用。

### (一)城市管理大脑"思考"缜密

一是实现"28＋N"多类数据的空间维度整合，共享整合自然资源、政法、生态环境、住建、交通、市场监管、行政审批、供水、供气、供暖、城市管理等部门信息资源，形成城市运行管理服务大数据。二是实现各类专题数据的智能监测分析、研判和预警。三是打通数据通道，让各类数据关联起来、流动起来，最终实现统一的数据分析、一张图展示、科学的决策建议和实时的应急指挥调度。四是各系统采用大数据架构建设，建设城市运行管理服务大数据中心，实现各类城市管理运行统计数据的千万级秒查，数据处理能力大幅提高。

### (二)综合评价"考核"有力

我们按照住建部《城市运行管理服务评价标准(征求意见稿)》评价需要,结合临沂实际,建设了城市综合评价系统,从"干净、整洁、有序、群众满意"四个维度,设计"平台上报类、问卷调查类、实地考察类、自动采集类"等四大类核心指标的采集方式,从城市运行安全维度设计运行评价指标,构建起完善的城市综合评价工作体系。临沂在平台建设方面,一是实现市、区县一体化建设,一体化运行,创建"两级监督、分级指挥、属地为主、协同处置"的城市运行管理服务平台,实现平台轻量化、办公移动化、管理扁平化、服务全时化,实现主要数据上下一张网,在提高工作效率的同时,避免了重复建设。二是考核"指挥棒"作用明显。系统将每个案件的办理经过,如环节时间、经办人、部门意见等信息进行自动记录,实现"人过留痕,事过留迹"。这些数据已成为考核各区、办事处和业务部门的有力抓手。各区、各职能部门履职尽责的自觉性和参与城市管理的主动性得到充分调动。

### (三)城市运行更加"安全"高效

我市聚焦城市运行安全监管,加强实时监测,关注重点民生行业运行情况,重点打造运行监测系统与市政公用综合监管平台,对接四供两排企业基础信息,加强运行实时监测预警,建立涉及城市管理痛点难点问题处置的四级联动指挥体系与城市运行安全联动处置指挥体系。接入了四供两排监测点位 2 000 余个,日接入数据量达到 300 多万条。[①] 根据行业特点打造行业运行监测预警专题:①道桥智能监管平台。实现了重点桥梁的主要受力构件应力、变形、移位的实时在线检测,建立了联动应急处置体系,确保问题第一时间发现、第一时间进行处置。②供热智能监管平台。实现了对换热站的室外温度、供水、回水温度,压力、流量等运行参数实时监测,发现异常运行数据,及时生成预警信息派送一线人员处置。③燃气智能监管平台。该场景可通过压力传感器、燃气泄漏报警装置等对市区重点调压站点等进行 24 小时不间断监测,将异常数据即时上传燃气企业监控中心,准确定位发生地点,确保处置人员第一时间到达,确保城市燃气运行安全。④供水智能监管平台。该场

---

① 临沂市数字化城市管理服务中心 2019 年度工作报告,2019-12-26.

景可通过供水主管道的压力传感器，实时监测供水压力，数据异常时，及时生成预警信息派送一线人员处置。⑤地下管线综合管理信息系统。实现了对主城区约 400 平方千米区域内地下管线普查，涵盖供水、排水、路灯、交通、燃气、热力、供电、通信等 35 家管线单位的 26 类地下管线，普查管线总长度 12 965 千米①，建立了种类齐全、数据精准的地下管线数据库，可实现横断面纵断面分析、开挖分析、爆管分析和二三维联动、管线检查入库、数据更新等功能，为城市规划、建设、管理提供可靠的基础数据。⑥城市防汛指挥平台。针对城市防汛应急指挥难题，搭建临沂城区智慧排水防涝平台，全面实时共享气象、水利、水文等信息，依托物联网技术实时监测城区立交下穿、低洼路段水位，对城区 63 座闸坝、74 座泵站实行远程一键启闭②，大幅提高了城市防汛指挥调度和应急处置能力。除上述城市运行监测场景外，我市城市运管服平台还将共享接入应急局牵头在建的城市安全风险综合监测预警平台，对城市运行风险进行识别、评估、管理、监测、预警和处置，实现城市运行全生命周期监测管理。

**(四)视频智能化监管"优势"凸显**

针对非现场执法需求，对共享对接的公安交警、"雪亮工程"等 18 万路视频监控进行梳理分析，聚焦重点路段、商业区、农贸市场、学校、医院周边等重点区域，选取 1 402 路超高清视频，依托人工智能技术，对流动摊点、占道经营、悬挂条幅等 29 类高发频发问题进行智能抓拍、自动派遣、限时处置，有效提高了执法效能。目前，抓拍准确率达 90% 以上③，基本做到对中心城区市容秩序类问题的智能管控，打造了永不疲倦的"城管哨兵"。

**(五)市民参与城市管理更加"方便"多元**

为拓宽市民参与城市管理渠道，践行"你说我办、临沂城管"口号，我们建设了公众服务系统，内容涵盖了市民通、微信、12345 热线、舆情监测、创城督办、大气污染治理以及各类评选与问卷调查等部分，拓展了市民参与渠道，让市民参与城市管理更加"方便"多元。重点建设了"临沂城管市民通"

---

① 临沂市数字化城市管理服务中心 2019 年度工作报告，2019-12-26.
② 临沂市数字化城市管理服务中心 2019 年度工作报告，2019-12-26.
③ 临沂市城市管理局 2022 年度工作报告，2022-12-21.

App，市民可通过 App 上报环境卫生、市容秩序、园林绿化等 8 大类、42 小类城市管理问题，这些问题将自动上传至数管平台进行处置。目前，该 App 注册用户达 1.1 万个，日均上报量达 600 余件①，成为市民参与城市治理工作的重要渠道。

**(六)城管痛点难点问题"短板"有效破解**

中心城区油烟在线监测和渣土车智能监管上线运行，解决了一大批餐饮企业油烟监管治理、建筑垃圾运输渣土扬尘治理难题，有效助力全市大气污染攻坚整治工作，得到了市委市府主要领导的高度认可。

## 六、应用成效

临沂市城市运行管理服务平台建设启动以来，我市的城市管理科学化、精细化、智能化水平显著提升，实现了城市"干净、整洁、有序、群众满意"目标，让城市运行更加安全有保障。

**(一)问题发现处置能力大幅提高**

从主动的市场化信息采集，到智能化的感知识别，以及社会化的公众参与，大大提升了我们对城市管理问题发现的聚集能力，平台正式运行以来，立案派遣量增长 300%，结案率上升到 95% 以上。特别是实施全市经济社会发展综合考核和文明单位创建测评以来，中心城区和驻城街道的问题处置率目前已达到了 99% 以上。自运行以来，通过平台共上报各类城市管理问题 2 694 782 件，有效解决 2 546 595 件②，得益于完备的体制机制保障和高效顺畅的系统平台运行，运行成效远超预期，仅用几个月就达到了 2 至 3 年才能完成的效果，一大批市容环境、公共设施、施工管理等事关人民群众切身利益的问题得到有效处理。

**(二)城市管理的痛点难点问题得到有效解决**

困扰城市管理部门的痛点难点问题通过运管服平台的建设得到了破解。一是餐饮油烟污染防治成效显著。针对餐饮服务单位面广、量大、分散的特

① 临沂市城市管理局 2022 年度工作报告，2022-12-21.
② 临沂市城市管理局 2022 年度工作报告，2022-12-21.

点，搭建中心城区餐饮油烟治理在线监控平台，要求所有餐饮服务单位按照市里统一标准安装油烟净化设施和油烟排放在线监测设备，对油烟超标排放问题自动报警、智能派遣，并推送经营业主督促整改。目前，中心城区 1.4 万家餐饮服务单位油烟净化设施安装率达 100%，2 209 家重点单位实现在线监控。今年上半年，平台共派单 1 349 个，同比减少 59%；8 000 余家餐饮服务单位油烟净化设施维保工作实现在线审核，大幅降低了执法人员入店检查频次，优化了营商环境①。二是渣土扬尘污染得到有效管控。针对渣土运输扬尘问题，搭建渣土车智能监管平台，要求所有渣土车按照市里统一标准安装前端信息化监控设备，对车辆覆盖不到位、冲洗不到位、沿路抛洒、不按规定路线行驶、不按规定地点停放等违法行为进行智能识别、在线预警，方便城管执法人员第一时间查处。中心城区 92 家企业 2 368 台渣土车、209 个在建工地全部纳入智能化监管，平台立案 1 890 个，处置率达 100%。本年度市、区县两级城市管理部门累计办理扬尘污染类案件 1 204 起，各类渣土扬尘污染问题得到有效治理②。三是助力大气污染防治攻坚成效显著。结合我市大气污染防治攻坚工作需要，适时调整信息采集重点，增设大气污染数字化监管专项模块，重点选取市容环境、工地管理、餐饮油烟、渣土扬尘等 4 大类 43 小类城市管理问题，纳入常态化管理，实现日常管理限时办结。截至 2022 年底，共上报立案各类大气污染防治问题 130 533 件，有效处置122 448件，处结率 93.8%。③

**（三）数据赋能为城市运行安全保驾护航**

通过建设数据汇聚、数据交换系统，建设综合性城市管理数据库，依托市大数据局，跨部门共享各类信息资源，同时整合市政公用、市容环卫、园林环卫、综合执法、城市停车等自有信息资源形成城市管理大数据，建立涵盖基础支撑、行业监管、公众服务、综合运行"4＋6＋3＋3＋N"的城市运行管理应用体系，实现各类数据的空间维度整合，通过各类市政公用物联网传感设备，实现了一图感知、智能告警，实施感知城市的运行体征，同时做到了

①　临沂市城市管理局 2022 年度工作报告，2022-12-21.
②　临沂市城市管理局 2022 年度工作报告，2022-12-21.
③　临沂市城市管理局 2022 年度工作报告，2022-12-21.

对城市运行管理指挥调度和监管考评。实现了"用数据说话、用数据决策、用数据管理、用数据创新",充分发挥各类城市管理数据的价值,为城市运行安全保驾护航。

下一步,临沂市将认真学习贯彻党的二十大精神,按照住房城乡建设部及省住建厅的部署要求,继续完善平台功能,拓展平台应用,加快实现城市管理领域"一网统管",不断提升临沂市城市治理体系、治理能力现代化水平,为全国城市运管服平台建设贡献更多的"临沂智慧"。

## 太原加快平台拓展和升级　促进城市高质量发展[①]

太原市城乡管理局按照"务实应用、守正创新"的平台建设理念,加快城市运行管理服务平台的拓展升级,积极探索城市运行"一网统管",推进数据服务"一个库",指挥协调"一张网",行业应用"一张图",业务运行"一平台",打造符合太原实际的城市运行管理服务体系,推动城市治理体系和治理能力现代化。

### 一、以完善机制为引领,实现城市管理一体化运行

#### (一)建立高位监督协调机制

太原市委成立了城市工作委员会,主任由省委常委、市委书记担任,第一副主任由市委副书记、市长担任。成员由市委改革办、市住房和城乡建设局、市城乡管理局等28个委局办组成,形成了党委政府统一领导、各部门协同合作的城市管理工作体系。

组建太原市城市综合管理服务指挥中心,负责市级城市运行管理服务信息系统的发展规划、开发建设、运行维护和推广使用,对全市城市综合管理工作统筹协调、指挥调度和考核评价等工作。

制定太原市城市运行管理服务工作评价办法,采取"数量考核、质量考核、效率考核"相结合的方式,考核评价各区(县、市)政府、市直部门、社会

---

① 大城管. 太原加快平台拓展和升级　促进城市高质量发展　"一网统管"探索与实践系列之四 [EB/OL]. [2022-07-27]. https://mp.weixin.qq.com/s/fl2u2nBLHTniYJ44bsULFg

责任单位等 72 家二级平台单位工作绩效，激励各方在城市管理中履职尽责。

**(二)提升业务覆盖面和运行规范化**

按照城市运管服平台建设目标，太原市不断扩充平台业务覆盖面，实现城市运行管理相关部门全联通、全接入。

结合创文、创卫等重点工作，修编《太原市城市运行管理服务立案、处置和结案规范》，对城市管理事件和部件进行了扩展，将数字城管国家标准中 121 小类部件扩展为 159 小类，83 小类事件扩展为 108 小类。①

同时，在原数字城管"部件"、"事件"两大类型外，专门增设"城市管理服务事项"类型，增加了市政公用、公交客运、物业管理、园林绿地、房屋建筑、行政执法、城市规划 7 大类、22 小类城市管理服务事项，将供水、供热、供气、供电、物业、客运等纳入城市运行管理服务平台业务范畴。通过对这些事项的闭环管理，压实城市管理各相关部门为民服务责任。

**(三)建立市域一体化工作机制**

太原市印发《推进三县一市城市运行管理服务平台联网和提升工作方案》，多次组织召开"三县一市"平台建设联网推进会，听取工作进展，明确目标要求，建立"一对一"包联制度和通报约谈机制，推动各县市理顺城市管理体制机制。

2021 年 9 月，完成市属三县一市、六城区政府、两个开发区管委会城市运行管理服务平台的全联网、全覆盖，实现城市管理市域一体化运行。

**(四)完善服务功能，提升服务水平**

太原城市运行管理服务平台公众服务系统整合了数字城管微信公众号、12345 政府便民热线转办、"文明亮剑随手拍"App、媒体舆情监测等多种问题来源渠道，实现公众诉求统一处理，通过平台立案、派遣、处置、核查、结案，对各项服务满意度进行评价回访，实现群众诉求受理、办理、回访全流程贯通。一年来，公众服务系统受理公众诉求案件 23.8 万件，平均结案

---

① 大城管. 太原加快平台拓展和升级 促进城市高质量发展 "一网统管"探索与实践系列之四 [EB/OL]. [2022-07-27]. https://mp.weixin.qq.com/s/fI2u2nBLHTniYJ44bsULFg

率94.3%。①

## 二、以数据为基座，夯实治理基础

### (一)全面推动城市管理要素数字化，实现数据服务"一个库"

太原市将大数据作为关键性生产资源，采用国产自主可控分布式数据库，建成集数据管理、数据汇聚、数据交换、数据检索查询等于一体的城市管理数据服务支撑体系。

持续在数据"聚、通、管、用"上下功夫，利用数据汇聚系统，加强城管行业内外数据整合汇聚，并整合事部件词库、道路词库、小区词库、标志性建筑词库、专项活动词库等，实现数据服务一个库。目前，累计汇聚数据2 353余万条，业务范围覆盖13个条线。②

### (二)高质量编制数据资源目录，实现数据标准化、规范化、清单化

结合太原市实际，对城市公共管理部件和事件专业责任部门进行认定及编码，制定了《太原市城市运行管理服务部件、事件、城市管理服务事项、专业部门分类编码规则》手册。

根据《城市运行管理服务平台技术标准》和《城市运行管理服务平台数据标准》要求，按照城市基础数据、运行数据、管理数据、服务数据、综合评价数据等五大类编制，规范管理形成数据资源目录。其中，城市基础数据7小类588.9万条、运行数据5小类565.6万条、管理数据9小类1 161.8万条、服务数据3小类10.3万条、综合评价数据2小类26.5万条。数据在标准化、规范化的基础上，实现了目录化、清单化。③

### (三)数据采集普查常态化，实现数据的时效性、鲜活性、可用性

太原市连续多年采用专题数据普查建库和常态化采集更新相结合的办法，持续开展基础地理信息数据更新工作，完成专题数据图层普查建库234项，

---

① 大城管．太原加快平台拓展和升级　促进城市高质量发展　"一网统管"探索与实践系列之四[EB/OL]．[2022-07-27]．https：//mp．weixin．qq．com/s/fI2u2nBLHTniYJ44bsULFg

② 大城管．太原加快平台拓展和升级　促进城市高质量发展　"一网统管"探索与实践系列之四[EB/OL]．[2022-07-27]．https：//mp．weixin．qq．com/s/fI2u2nBLHTniYJ44bsULFg

③ 大城管．太原加快平台拓展和升级　促进城市高质量发展　"一网统管"探索与实践系列之四[EB/OL]．[2022-07-27]．https：//mp．weixin．qq．com/s/fI2u2nBLHTniYJ44bsULFg

建立零星部件普查机制，开展城市部件快速更新。

累计采集更新城市道路 2 901 条(3 440 千米)、地理编码(兴趣点)5.8 万个、普查部件 238.3 万个、单元网格 3.1 万个、责任网格 253 个，覆盖建成区全域。[①]

**(四)形成数据交换枢纽，实现跨系统、跨部门、跨区域数据共享**

太原城市运行管理服务平台建设数据共享服务 API 开放接口，提供 API 安全认证管理和 API 资源目录管理等功能，打通了业务系统间，区域、部门间的数据双向交换共享通道。

目前已为供热、供水、供气、排水 4 个业务系统、15 个行业单位提供数据共享服务，与国家平台和市属六城区、三县一市实现了数据联网，预留了与省级平台联网的接口，发挥了数据交换共享服务枢纽的作用。

## 三、以场景为牵引，丰富应用体系

### (一)指挥协调"一张网"

基于网格化管理机制，构建市区两级垂直贯通的全市指挥协调"一张网"，形成全面感知城市问题、精准确权确责、科学评价处置的全流程、全周期城市管理工作体系。

在市、区(县、市)两级协同指挥体系全面确立的基础上，将涉及城市运行管理服务的所有专业部门全部接入平台，实现应接尽接。指挥中心二级平台包含 6 区 4 县、13 个市直部门以及 47 家社会责任单位，三级平台包括各街镇、区级部门、社会责任单位 422 家，四级平台包括社区、工段、场站 3 155 个，构建了全市最大的城市管理公共服务网络。2021 年平台上线以来，累计收集各类城市管理问题 211.8 万件，受理问题 170.8 万件，日均受理 3 022 件，累计结案 158.4 万件，结案率达 92.69%。[②]

---

① 大城管. 太原加快平台拓展和升级 促进城市高质量发展 "一网统管"探索与实践系列之四[EB/OL]. [2022-07-27]. https://mp. weixin. qq. com/s/fI2u2nBLHTniYJ44bsULFg

② 大城管. 太原加快平台拓展和升级 促进城市高质量发展 "一网统管"探索与实践系列之四[EB/OL]. [2022-07-27]. https://mp. weixin. qq. com/s/fI2u2nBLHTniYJ44bsULFg

## (二)行业应用"一张图"

建设市政公用行业数据共享平台和市政排水管网地理信息系统,对接市容环卫、供水、供热、供气、城市照明、综合管廊、停车管理、共享单车等现有信息化系统建设成果,以"一张图"对行业管理数据综合展示应用,覆盖地面"看得见"的部件、事件和地下"看不见"的管网空间设施。

供气监测"一张图"接入太原市 3 家燃气经营企业 17 座门站监测点数据,供热监测"一张图"接入太原市 3 家供热企业 2 780 座换热站数据,智慧环卫系统接入 359 处餐厨废弃物收运点、135 座垃圾中转站、2 374 处医疗废弃物收运点监测数据,道路桥梁养护系统已接入 2 812 条道路、1 658 座桥梁数据等。[①]

## (三)业务运行"一平台"

依托"一级监督,两级指挥"运行模式,构建起太原市城市运行管理服务平台 10 个系统的框架,通过集成、互联等方式打通与其他信息系统间的互通渠道,形成了一个主平台指挥调度、一个主数据中心汇聚共享的工作格局。

行业应用系统已涵盖智慧环卫系统、市政排水管网地理信息系统、道桥养护系统和智慧照明系统等。

运行监测系统方面,建设了汇聚供水、供热、燃气监测在内的市政公用产品质量在线监测系统,对接了城市下穿通道积水监测系统和智慧管廊监测系统。

综合评价系统方面,利用原有的城市体征系统从不同维度对案件高发问题、问题高发区域、责任单位工作成效进行分析展示。

## 四、工作体会

在城市运行管理服务平台建设过程中,太原市走出一条"投资少、见效快、效果好"的新路,为山西省推进城市运行管理服务平台全覆盖目标和城市管理现代化、智能化、精细化探索了路径。

---

① 大城管. 太原加快平台拓展和升级 促进城市高质量发展 "一网统管"探索与实践系列之四[EB/OL]. [2022-07-27]. https://mp. weixin. qq. com/s/fI2u2nBLHTniYJ44bsULFg

**（一）因地制宜，分类施策，平台建设投资少、见效快**

主动担当作为，克服经费紧缺的困难，深入调研城管各部门信息化建设现状，在原有数字化城市管理信息系统的基础上，通过资源整合、分类施策，充分利用已有成果，因地制宜统筹推进城市运管服平台建设，改造提升拓展各系统模块的功能，避免重复建设和投资浪费。

**（二）谋深谋细，抓深抓实，平台运行管理规范严谨**

注重管理体系建设，围绕平台运行全周期管理，制定完善规章制度。制定了《行政工作精细化管理手册》《太原市城市运行管理信息系统安全方案》等。

探索创新部件数据类别精细化、内容专题化、更新常态化，通过持续开展部件权属调查，明确养护单位及监管责任，提高案件派单准确率。

落实业务工作有职责、有制度、有标准、有流程，连续 8 年通过国际质量体系和职业健康体系、信息安全体系认证，为保障平台高效运行提供持久动力。

**（三）竞进有位，善作善为，推动人才队伍全面发展**

太原城市综合管理服务指挥中心参与编制数字城管国家标准 3 项、行业标准 4 项，牵头编制山西省城市管理信息化行业标准 3 项，10 项技术创新获得国家版权局计算机软件著作权登记证书。

在人才队伍建设方面，太原城管指挥中心连续两年承办了全市"城市管理网格员、城市管理受理派遣员"新兴职业劳动竞赛，培养和选拔出一批优秀人才，目前已有 3 名同志荣获太原市劳动竞赛委员会个人一等功、6 名同志荣获个人二等功、9 名同志荣获个人三等功、6 名同志被太原市委、市政府命名为"晋阳工匠"。

下一步，太原市将把城市运行管理服务平台和建设城市基础设施安全运行监测试点示范城市这两项工作结合起来，不断丰富城市运行管理服务平台建设内容，拓展城市运行管理服务监测场景，强化数据汇聚共享和分析应用，提高城市科学化、精细化、智能化管理水平，促进太原市城市高质量发展。

# 智慧赋能城市治理"宿迁样板"①

江苏省宿迁市认真贯彻住建部关于城市运行管理服务平台建设的工作部署，结合城市治理实际，围绕"一屏观全城、一网管全城、一端惠全城"目标，聚焦城市治理、民生服务、智慧经济三大领域，以推进"综治、城管、应急"三网融合和构建"大综治、大城管、大应急、大交通"四大治理体系为核心，以大数据、云计算、人工智能、物联网、5G 等新一代信息技术为支撑，大力实施数据、系统、网格、资源、业务、人员等要素深度整合，不断完善城市运管服平台，整体构建"1＋9＋N"的三级指挥体系和"1334＋N"应用体系，实现指挥调度、协调联动、综合分析、预测预警、高效便民、效能监察等六大功能，积极打造"一网统管"智慧赋能城市治理现代化"宿迁样板"。

## 对照国家标准，完善提升城市运管服平台

根据《住建部办公厅关于全面加快建设城市运行管理服务平台的通知》要求，对照《城市运行管理服务平台建设指南（试行）》《城市运行管理服务平台技术标准》和《城市运行管理服务平台数据标准》等，宿迁不断完善提升城市运行管理服务平台，推动城市运行"一网统管"。

## 一、应用体系建设

按照城市运管服平台架构设计，建设了指挥协调、公众服务、行业应用、数据汇聚、数据交换、综合评价、决策建议、应用维护等系统。

主要内容是打造"四大系统"，即城市综合运行系统、综合监管系统、综合评价系统、城市运行指挥协调系统；拓展了 N 个行业应用，包括智慧环卫、智慧执法等 12 个城管行业应用及接入智慧水务、智慧燃气、智慧工地等城市管理相关行业应用；创新了 3 个专题应用，即宿迁市民城管通微信小程序、物联网井盖管理系统、融合视频 AI 识别系统。

---

① 宿迁数字城管. 宿迁市：加快建设城市运行管理服务平台用智慧赋能城市治理"宿迁样板"[J]. 城乡建设，2022(7)：33—36.

基本具备了城市管理一屏总览、综合监管、综合评价、分析研判、指挥调度、智慧分拨六大功能。同时，在应用体系建设过程中，按照"一级建设，多级使用"的原则，同步推进市、县、区一体化建设，通过应用维护模块分配各县区使用权限，实现共享使用。

## 二、数据体系建设

依托全市统一"京东云"政务数据共享交换平台，通过数据归集和共享标准整合历史数据、汇聚部门数据，建设城市运行基础数据库和主题库，为城市综合管理提供数据支撑。同时，加强数据治理和数据应用，利用数据分析模型联动分析，充分挖掘数据价值，为城市高质量运行提供更为精准、更有价值的决策参考。

## 三、管理体系建设

主要包括三个方面的内容：一是组织机构。按照构建市委市政府领导下的"大城管"工作格局要求，整合宿迁市现有的城市管理信息化平台的组织机构和工作体系，由宿迁市城市管理委员会履行城市运行管理服务平台运行的统筹协调、指挥调度、监督考核职能。

二是运行机制。以宿迁智慧城市建设和市域治理现代化工作为基础，充分融合运行机制与管理体系。建立智慧化城市运行管理服务运行模式，实现城市管理的精细化、科学化和智能化，推进城市治理体系和治理能力现代化。

三是考评机制。根据《城市管理综合考核工作实施意见》，对下辖县、区和各职能部门高质量发展考核体系中涉及的城市管理相关重点工作落实情况、城市管理日常工作开展情况、数字化城管监督指挥中心运行情况等8项内容，包含市容秩序、环境卫生、违法建设管理等15个项目类别，采取"日检查、周会办、月调度、季考评、年总结"的方式进行综合考核评价。

## 四、基础环境建设

依托宿迁市政务服务云平台，以"电子政务外网"为主交换网络，实现平台间数据共享、业务协同。同时，建立了由物理安全、网络安全、主机安全、应用安全、数据安全及管理安全等构成的安全保障体系。

### 创新管理手段，完善系统功能和智能化应用场景

根据宿迁市新型智慧城市总体规划和城市实际需要，完善了应用系统，丰富了应用场景。

### 一、业务指导系统

按照通知要求，预留了与国家平台、省级平台业务指导系统的对接接口，具备了接入国家平台、省级平台业务指导系统的能力。

### 二、指挥协调系统

在 2009 年上线运行的数字城管系统运行基础上，进行全面系统升级，建设了智慧城市综合运行中心指挥协调系统，建立统一的事件分拨处置体系和业务平台，目前已实现市、县、区一体化，各县区均已统一共用市级系统。

拓展建设了三个创新场景应用：一是物联网井盖管理系统。目前主城区重点路段共安装了 6 371 个[①]多功能智能井盖传感器，用于对井盖位移缺失、液位满溢、甲烷气体超标等 3 种情况进行实时监控预警，井盖报警信息自动推送至数字城管智慧分拨系统，进行统一分拨，有效提高快速处置能力，最大限度地避免了井盖安全突发事故。

二是市区视频汇聚和视频 AI 识别系统。整合接入了市公安、政法委"雪亮工程"视频 6 万余路，同时，新建市区重要路口、商业集中区高清摄像头800 多路，利用最新人工智能识别技术，实现自动抓取店外经营、乱堆物料、沿街晾晒、违规广告等 13 类违规行为，自动报警生成案件，后台工作人员对案件进行审核后即进入指挥协调系统进行统一派遣。

三是"专项排查子系统"模块运行。在信息员案件上报模块上嵌入了专项排查子系统，针对突出问题，第一时间下指令、第一时间快速普查响应、第

---

① 宿迁数字城管.宿迁市：加快建设城市运行管理服务平台用智慧赋能城市治理"宿迁样板"[J].城乡建设，2022(7)：34.

一时间汇总问题清单、第一时间交办整改，配合城市各类创建活动，有效地推动了问题整改。

### 三、行业应用系统

城市运管服平台整合对接了智慧工地、智慧燃气、智慧水务、智慧社区、智慧化工等市级相关部门信息系统，开发新建了 12 个智能化应用场景，初步实现城市管理领域行业管理及指挥调度信息化全覆盖。

智慧环卫管理系统将市、县区两级的环卫企业、人、车、公厕和转运站等资源全部采集入库，建立动态更新机制，实现环卫家底"全覆盖"、实时监管和统一调度。

智慧渣土管理系统对全市 426 台渣土清运车①安装了北斗卫星定位、全过程视频监控、车厢密闭监测、右转盲区监测和远程喊话提醒等智能化设备，实现对渣土车辆从装载到卸载的全流程闭环监管。

阳光执法系统全面对接行政执法全过程记录制度、行政执法公示制度、重大行政执法决定法制审核制度等 3 项制度要求，开发执法办案和指挥调度两大核心模块。

违法建设管理系统主要由违建云图、无人机管理、识别比对、预警处置、考核统计、信用监管、系统管理七大核心模块组成。

流动摊点疏导管理系统立足于建立全市统一管理的疏导点、摊位、摊主信息库，实现对流动摊主的全方位管理。

智慧信用管理系统针对不同的管理相对人，建立全量数据库，定期更新信用加减分，全面实施常态化监管。目前，宿迁主要在沿街商铺、工程渣土、环境卫生、单位庭院、住宅小区、市场商城、流动摊点、户外广告、亮化照明管理等 9 个领域实施，已全部纳入市信用奖惩体系。

智慧路灯管理系统通过单灯控制器，结合集中监控站点，优化智慧路灯管控平台，按照重点路段、重要区域及春夏秋冬四季特点，对路灯进行科学

---

① 宿迁数字城管. 宿迁市：加快建设城市运行管理服务平台用智慧赋能城市治理"宿迁样板"[J]. 城乡建设，2022(7)：35.

分组，实施亮灯管控。

餐饮油烟管理系统主要是针对餐饮单位的油烟排放、设备运行情况进行监督管理。

智慧户外广告管理系统建立健全了广告类案件从发现到处置的信息化平台和处理机制，确保户外广告设施和店铺标牌设施设置的安全性、有序性。

智慧城市家具管理系统以三维倾斜摄影模型集中化展示了城市家具的相关信息。通过一张图展示宿迁市所有的城市家具内容。

智慧停车管理系统、智慧公共自行车管理系统引入社会资本进行建设，用于日常运营管理。这些系统的运行数据，都同步接入了平台的智慧城管综合监管系统。同时，鼓励各县区根据自身实际，创新建设行业管理系统，并接入市平台，如智慧物业系统、"市民通"便民服务系统、智慧环保系统等。

## 四、公众服务系统

开发了"宿迁市民城管通"微信小程序，市民通过对微信小程序简单注册后，即可以对身边的市容环卫、公共设施、公厕管理 3 大类 15 小项城市管理问题以及中心城区 368 个小区内管理的 6 类问题进行上报，城市运管服平台受理成功后，市民即可获得 3～8 元微信红包奖励[①]，案件通过指挥协调系统进行统一派遣、处置、核查和结案。

## 五、运行监测系统

创新开发的智慧城管综合监管系统，整合了 12 个行业应用涉及的 14 个城市管理领域数据，进行清洗、分析、展示、监管。基本实现了综合监管全覆盖、全过程、全链条、全生命周期。2022 年 7 月 1 日，宿迁被住建部列入全国 22 个城市基础设施安全运行监测试点市（区）之一，基于城市运行管理服务平台，建设城市基础设施安全运行监测系统，着重从燃气、供水、排水三个领域，建设城市基础设施安全运行监测体系。

---

① 宿迁数字城管. 宿迁市：加快建设城市运行管理服务平台用智慧赋能城市治理"宿迁样板"[J].
城乡建设, 2022(7)：35.

## 六、综合评价系统

围绕"干净、整洁、有序、安全、群众满意"五个方面，结合宿迁实际，制定了《宿迁市城市运行管理服务平台自评自测办法》，对综合运行指数进行自评自测，辅助城市运行对标国家标准。同时对城市运行管理各行业现状进行综合评价，查找城市运行管理过程中存在的不足，为及时制定行之有效的城市治理办法措施提供决策依据。

## 七、决策建议系统

创新搭建了宿迁市智慧城市综合运行分析系统，该系统主要是在充分利用市大数据共享平台21亿条政务数据的基础上，引入"指挥协调""交通大脑""雪亮工程""智慧水务""12345政务热线"等28个"大城管"职能部门的智慧化应用数据。围绕"干净、整洁、有序、安全、群众满意"5个核心指标，将有关评价数据进行清洗、汇聚，建立综合性城市管理数据库。以数据可视化的形式动态展现城市运行体征和变化态势。

## 八、数据交换系统

以全市统一的政务数据共享交换平台为基础，按照国家平台、省级平台数据共享与交换标准和规范完成与国家平台的联网对接工作实现单点登录。

## 九、数据汇聚系统

依托京东云政务服务数据交换平台，建设了数据汇聚系统，汇聚城市管理基础数据、城市管理部件事件数据、城市管理行业应用数据、相关行业数据、公众诉求数据等，对各类数据进行清洗、校验、抽取、融合，形成宿迁市城市管理数据库。

## 十、应用维护系统

平台的各个行业应用系统均配置了应用维护模块，用于组织机构、人员信息、业务流程、功能参数等基础数据录入，以及业务管理过程人员、权限配置等。

## 深化城市运管服平台运行，有效助力城市安全运行

### 一、提高城市基础设施的动态服务能力和效率

城市问题一个主要痛点就是有限的基础设施和服务能力与高速增长的需求之间的矛盾。通过汇聚与城市运行相关的各类设施数据，发现城市基础设施的不足，推动相关部门优化规划、建设，不断完善城市基础设施。通过智能预警、研判分析，结合智能化的技术手段，不断提升管理质量和设施的服务能力，满足人民群众的需求。

城市运行监测手段拓展多元化。基于视频融合平台自建的 889 路高清视频监控，智能发现违规问题并立案 19 565 件，处置 18 900 件，处置率96.6％。智能井盖实现预警更高效。累计发生位移报警 20 313 次，打开报警21 670 次，液位满溢报警 15 382 次，甲烷超标 683 次。智慧路灯管理实现节能减排。对全市路段实行分组管理，根据实际需要分配不同开关灯及半夜灯策略，较系统上线前每小时平均用电量下降超过 20％。[①]

### 二、促进突击式治理到长效机制的转变

有效解决城市"管理"到"治理"的转变，推进城市管理的长效机制建立，并通过采集、整合、协同、管控、分析等全方位智慧应用，真正做到了"静态、动态"的管控，"平时、战时"的调度。实现"智"管全局，有效解决了城市管理中的问题，实现了城市管理的制度化、规范化、智慧化。

在 2021 年"烟花"台风防御期间，平台的信息化手段发挥了重要作用，大大提高了台风防御的效能。在台风来临前提前预警预测，形成 4 期预警专报，及时交办各责任单位，并抄送市领导。台风暴雨来临期间，市分管领导陪同省防汛督导组至指挥中心，查看全市台风防御现场工作开展情况及市区积水

---

① 宿迁数字城管. 宿迁市：加快建设城市运行管理服务平台用智慧赋能城市治理"宿迁样板"[J].
城乡建设，2022(7)：36.

情况，并进行指挥调度。

### 三、城市运行管理热点难点问题整治效果明显

通过智慧赋能城市运行管理，城市机械化保洁效能、公厕建管标准、垃圾分类水平稳步提升，路灯亮灯率、公共自行车使用率、公共停车场周转率进一步提高，流动摊点整治规范初见成效，渣土车事故率大幅下降，户外广告管理更安全有序，城市运行管理案件处置效率显著提高，市民参与城市管理积极性不断提高。

流动摊点管理实现常态长效。摊点疏导监管系统运用以来，疏导点使用率显著提高，目前共有 950 个疏导点位，已有摊主入驻 818 个，入驻率达 77.6%。智慧停车有效缓解停车难。通过实施智慧停车管理，道路停车泊位周转率显著提高，日周转率由 2019 年的不足 3 次提高到了当前的 6.4 次，占用率由 85% 下降到了 16.5%，缓解了市区停车和交通压力。"市民城管通"实现运用服务更高效。小程序上线以来已注册 30 033 人，共上报案件 58 254 条，立案 47 558 条，结案 46 626 条，结案率 98.04%。[①]

---

① 宿迁数字城管.宿迁市：加快建设城市运行管理服务平台用智慧赋能城市治理"宿迁样板"[J].城乡建设，2022(7)：36.

# 参考文献

[1]盘和林."让城市更聪明一些、更智慧一些"|人民时评[EB/OL]. [2019-01-07].
　　https：//mp. weixin. qq. com/s/PjK ＿ WHWczotIjQWmAOl00Q.

[2]刘丽靓. 加快推动 5G、智能网联汽车等产业集群化发展[N]. 中国证券报，2020-03-23
　　(3).

[3]王舒嫄. 推进城市智慧化转型发展[N]. 中国证券报，2022-07-30(2).

[4]习近平在网络安全和信息化工作座谈会上的讲话[N]. 人民日报，2016-04-26(1).

[5]从智慧城市到新型智慧城市[EB/OL]. [2021-01-06]. https：//mp. weixin. qq. com/
　　s/f0MRdV9khW2v6wIynvh－Lg.

[6]习近平对网络安全和信息化工作作出重要指示强调：深入贯彻党中央关于网络强国的
　　重要思想 大力推动网信事业高质量发展[N]. 人民日报，2023-07-16(1).

[7]王益民. 以数字政府建设推进职能转变[N]. 经济日报，2022-07-31(2).

[8]王晶晶."智慧政府"推动"智慧城市"建设步伐[N]. 中国经济时报，2018-09-13(3).

[9]中国国家标准化管理委员会. 智慧城市顶层设计指南：GB/T 36333-2018[S]. 北京：中
　　国标准出版社，2019.

[10]韧性城市交流. 两项智慧城市建设的国家标准发布 [EB/OL]. [2019-01-07].
　　https：//mp. weixin. qq. com/s/Rj6Y3oN6qXKWXIBL3dh34Q.

[11]国家智慧城市标准化总体组 智慧城市标准化白皮书[R/OL]. [2022]. https：//www.
　　xdyanbao. com/doc/1o1pgychc? bd ＿ vid＝7547945371597590069.

[12]郭周祥. 新型智慧城市考核评价指标体系研究[J]. 数字社会，2021(10).

[13]庄广新，方可，王妍. 新型智慧城市评价指标体系研究[J]. 信息技术与标准化，2021
　　(3).

[14]王德培.中国经济2021[M].北京：中国友谊出版社，2021.

[15]中国通广.深度观察 ｜"新基建"正在催生城市未来[EB/OL].[2022-8-15].https：//
mp.weixin.qq.com/s/9E8aWzXPltXZHrQKRAoz－A.

[16]万旺根.建设智慧城市，公共安全不容忽视[J].城市发展研究，2022(7).

[17]李鑫.数字化赋能高质量发展[N].人民邮电报，2020-06-21(2).

[18]数字化转型工作室.数字政府与智慧城市协同建设路径思考[J].产业与政策，2022
(8).

[19]汤宏琳.新型智慧城市建设八大问题全面解析[J].电子工程世界，2022(3).

[20]李瑶.县域新发展，"智"在何方[J].国家财经周刊，2021(6).

[21]葛亮.列数国外智慧城市经典案例[J].中国云计算，2017(3).

[22]智慧城市研究院.智慧城市如何在云计算的助力下加快发展？[N]电子半导体产业联
盟，2022-06-06(4).

[23]中国信通院 大数据白皮书[R/OL].[2022].https：//data.mofcom.gov.cn/
report/％E5％A4％A7％E6％95％B0％E6％8D％AE％E7％99％BD％E7％9A％AE％
E4％B9％A6％EF％BC％882022％E5％B9％B4％EF％BC％89.

[24]科大讯飞.人工智能 科大讯飞志在何方？[EB/OL].[2014-10-29].https：//mp.
weixin.qq.com/s/_eEWvu4mwv21－nSpDY0wBw.

[25]深圳市人工智能行业协会2021人工智能发展白皮书[R/OL].[2021].https：//www.
xdyanbao.com/doc/24upthq7kg？bd_vid=9583188678185935267.

[26]姚忠将，葛敬国.关于区块链原理及应用的综述[J].科研信息化技术与应用，2017(2).

[27]链塔智库 2020中国区块链产业政策年度报告[R/OL].[2020].https：//www.
panewslab.com/zh/articledetails/D82236093.html.

[28]睿测仪器.5G的现状发展和前景趋势[EB/OL].[2023-09-30].https：//mp.weixin.
qq.com/s/0C7Jvh3bewEMXmG2vKXcQA.

[29]5G Plus.5G商用4年 进入规模化发展关键期[EB/OL].[2023-07-03].https：//mp.
weixin.qq.com/s/－KP5dIVeM5ErLv5HdehTvQ.

[30]高付明.打造城市信息模型(CIM)基础平台[EB/OL].[2023-07-16].https：//mp.
weixin.qq.com/s/1E2DZLOn－Hm_M5HKgxMLXA.

[31]王晓晖.新时期我国推进智慧城市和CIM工作的认识和思考[N].中国建设报智慧城
市，2021-04-23(2).

[32]中国信息通信研究院 中国互联网协会 中国通信标准化协会 数字孪生城市白皮书[R/

OL]．[2021]．https：//www. xdyanbao. com/doc/ccwsmsp80t.

[33]左鹏飞. 最近大火的元宇宙到底是什么？[N]．科技日报，2021-09-13(3).

[34]曹海军，侯甜甜. 我国城市网格化管理的注意力变迁及逻辑演绎——基于2005—2021
年中央政策文本的共词与聚类分析［J］．南通大学学报(社会科学版)，2022(2).

[35]张璐. 推动城市运行管理服务平台建设全面落地[J].城乡建设，2022(7).

[36]武斌. 关于加强城市运行管理服务平台数据标准贯彻落实的建议和思考[J].城市管理
与科技，2022(5).

[37]王伟. 治理现代化视角下城市运行管理服务平台的价值思考：推进治理体系标准化
［J］.城市管理与科技，2023(1).

[38]上海市住房和城乡建设管理委员会. 上海市城市运行管理信息系统建设经验做法[J].
城市管理与科技，2020(12).

[39]临沂市数字化城市管理服务中心2021年度工作报告，2021-12-25.

[40]临沂市数字化城市管理服务中心2019年度工作报告，2019-12-26.

[41]临沂市城市管理局2022年度工作报告，2022-12-21.

[42]临沂市城市管理局2021年度工作报告，2021-12-23.

[43]大城管. 太原加快平台拓展和升级 促进城市高质量发展｜"一网统管"探索与实践系列
之 四 ［EB/OL］．［2022-07-27］．https：//mp. weixin. qq. com/s/
fI2u2nBLHTniYJ44bsULFg.

[44]宿迁数字城管. 宿迁市：加快建设城市运行管理服务平台用智慧赋能城市治理"宿迁样
板"[J].城乡建设，2022(7).